女子安 天下安 系列之

成就孩子
先成就妈妈

安先生工作室／著

人民日报出版社

图书在版编目（CIP）数据

成就孩子先成就妈妈 / 安先生工作室著 . —北京：人民日报出版社，2017.4
ISBN 978-7-5115-4673-9

Ⅰ．①成… Ⅱ．①安… Ⅲ．①家庭教育 Ⅳ．① G78

中国版本图书馆 CIP 数据核字（2017）第 093088 号

书　　　名：	成就孩子先成就妈妈
著　　　者：	安先生工作室
出 版 人：	董　伟
责任编辑：	杨冬絮
封面设计：	艺海晴空
出版发行：	人民日报出版社
社　　　址：	北京金台西路 2 号
邮政编码：	100733
发行热线：	(010) 65369527　65369509　65369510　65369846
邮购热线：	(010) 65369530　65363527
编辑热线：	(010) 65363105
网　　　址：	www.peopledailypress.com
经　　　销：	新华书店
印　　　刷：	大厂回族自治县彩虹印刷有限公司
开　　　本：	710mm×1000mm　1/16
字　　　数：	243 千字
印　　　张：	16
版　　　次：	2017 年 6 月第 1 版　2017 年 6 月第 1 次印刷
书　　　号：	ISBN 978-7-5115-4673-9
定　　　价：	38.00 元

安先生工作室讲师团队

刘 虹

国家二级心理咨询师;中科院心理研究所医学心理研究生;10余年的心理咨询和幸福家庭培训课程经验;系统学习萨提亚模式家庭治疗、催眠治疗、沙盘游戏治疗、舞动表达性艺术、企业EAP教练、领导力教练、Reiki自然能量疗愈等其他心理学基础精神分析、认知、行为等专业知识。

社会服务中,一直积极参与"留守儿童公益志愿者"活动,坚持爱的传递,也曾为"心理育儿"等多家杂志心理撰稿。

赵 君

　　国家二级心理咨询师；中国心理卫生协会会员；济南市心理卫生协会精神分析专业委员会主任委员；10余年的心理咨询和精神分析系列课程培训经验；系统学习精神分析、认知、行为等心理学专业知识；曾为齐鲁晚报等报刊杂志特约心理顾问。2016年度"济南十佳领航心理咨询师"。

杨 谨

　　国家二级心理咨询师；北京师范大学发展与教育心理学研究生；系统学习催眠治疗、家庭治疗、沙盘游戏治疗等技术。

　　社会服务中，先后服务于CCTV-2《宝贝一家亲》、中国教育电视台《成长不烦恼》、央视少儿节目《最野暑假》、北京电视台《生活广角》等心理栏目。

邢潇月

　　国家二级心理咨询师；北京林业大学心理学专业；系统学习催眠治疗、沙盘游戏治疗、萨提亚模式家庭治疗、超个人心理治疗等专业技术。

　　社会服务中，担任"留守儿童公益志愿者"，坚持爱的传递。

王丽芳

国家二级心理咨询师；中科院心理研究所青少年心理研究生；系统学习催眠治疗、高阶情商训练、青少年心理健康教育等专业知识。

王彩虹

国家二级心理咨询师；婚姻家庭咨询师；多家企业教练顾问；系统学习催眠治疗、萨提亚模式家庭治疗、沙盘游戏治疗等专业知识。

郎　迪

国家二级心理咨询师；北京师范大学教育学硕士研究生；北京市初中生科学实践心理成长课堂特聘教师；系统学习沙盘游戏治疗、儿童情商指导、禅绕画分析等专业知识。

艾 香

  国家认证心理咨询师；中科院心理研究所儿童发展心理学硕士研究生；系统学习催眠治疗、认知、行为、团体绘画等专业知识。曾为"人民艺术家"等多家杂志社心理撰稿。

  社会服务中，担任"留守儿童公益志愿者"，坚持爱的传递。

钟永恒

  国家二级心理咨询师；系统学习沙盘游戏治疗、皮纹心理学、家庭教育等专业技术。

  中国妇女发展基金会母亲文化教育公益项目"妈妈课堂"讲师团讲师。

焦 晴

  国家二级心理咨询师；英语语言学硕士研究生。

  中国妇女发展基金会母亲文化教育公益项目"妈妈课堂"讲师团讲师。

序一
PREFACE

两年前，安先生工作室创始人唐燕飞先生送给我一本人民日报出版社出版发行的《女子安 天下安》。当时一看到"女子安 天下安"六个字，就觉得这个选题太符合这个时代的需要了。今日又看到其系列篇《成就孩子先成就妈妈》，这本书的书名也突出地表达了本书的核心内涵。书中所描述的真实的家庭教育案例，有力地说明，妈妈在陪孩子成人与成才的路上，起着任何人都不可替代的作用。妈妈的一言一行都深刻地影响着孩子的精神世界，决定着孩子的未来。孩子是种子，妈妈是土壤。有什么样的土壤，就会培育出什么样的种子；同样，有什么样的妈妈，就会带出什么样的孩子。在这本书中，作者告诫天下的妈妈，包括单亲妈妈、再婚妈妈和所有为孩子担心焦虑的妈妈：正人先正己，成就孩子先成就自己。妈妈有了强大的内心，孩子才能幸福地做他自己，而非去与别人比较。这是一本好书，值得妈妈们用心读一读。

著名家庭教育专家

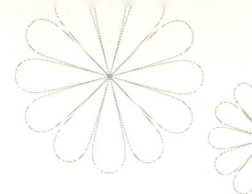

序二
PREFACE

推动摇篮的手就是推动世界的手。一个人从小到大，母亲的言传身教，包括母亲的形象、母亲的做人原则、天性、禀性都会在不知不觉中影响孩子的一生，可见母亲是多么重要的一个角色。女性既是孩子的母亲，又是丈夫的妻子，老人的孩子，担负着家庭、家族的希望。有句流传甚广的话"一代好母亲、三代好家庭；一代无好妻、十代无好子"就是真实的写照。

为弘扬和推广母亲教育，近年来安先生工作室积极倡导"安理念"，弘扬"安文化"，推广"安学院"，构建"安心社"，践行"安智慧"。2015年11月17日工作室与中国妇女发展基金会共同发起"母亲文化教育"公益项目，并先后出版了《女子安 天下安》《妈妈在 家就在》《安住心 世界就是你的》《心安天下安之问道〈论语〉》及当下的这本《成就孩子先成就妈妈》，与人民日报出版社及全国各省市新华书店到各地方政府机关、妇联、工会、企业、学校、幼儿园等机构进行了近300场巡讲活动，得到近百家主流媒体报道。

母智则子智、子智则家国智。

母强则子强、子强则家国强。

安先生工作室潜心研究"安"字：上为家，下为女。一个女人心在家，家就安了，一个母亲心安了，家庭、家族也就安了，一个家庭安了，社会就安了。家庭是社会和谐稳定的基石、母亲是家庭幸福和睦的核心角色、母亲的文化素质和教育水平关系着家庭发展、影响着国家未来和社会福祉。

《成就孩子先成就妈妈》这本书应运而生,希望让每个中国家庭都能做到"女人有根、男人有为、孩子有孝、父母有爱",让每个孩子都能在家族发展的历史长河中做到让家族"富三代、贵六代、传承百代"。

安先生工作室

2017年4月

目录
CONTENTS

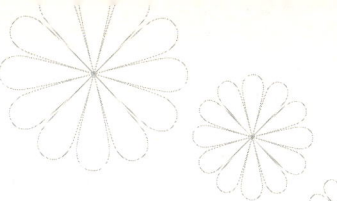

PART ONE
爹娘不懂事　　　　　　　　　　　刘　虹

假妈和假爸　005

假妈与"小男孩"　011

假爸和"小女孩"　015

"小女孩"和"小男孩"　019

爹娘"中毒"了　023

终止"中毒"爹娘的遗产　032

PART TWO
妈妈不是不爱你　是不懂你　　　　邢潇月

乐天的海棠树　047

冷静的松柏树　052

激进的巨杉树　057

忧郁的垂杨柳　063

认准气质　因材施教　070

看懂你的孩子——气质类型参照表　073

PART THREE
剪不断妈妈的爱
王丽芳

妈宝男出没——孝顺的儿子 079

妈妈愿望的寄托——抽动症的焦虑宝宝 086

妈妈纠缠下的成长——离家出走的头疼女孩 092

妈妈心理的牢笼——可夏的婚姻择偶路 098

妈妈依赖的女儿——得了乳腺癌 103

与妈妈分离的旅程——为妈妈而强的女儿 108

PART FOUR
妈妈请勇敢地说NO
杨谨

会拒绝的智慧妈妈 115

会和老师沟通的智慧妈妈 119

会尊重爸爸的智慧妈妈 123

学会放手的智慧妈妈 126

会孝敬老人的智慧妈妈 130

会鼓励孩子做家务的智慧妈妈 133

PART FIVE
单亲妈妈你快乐吗？   刘 虹

孩子是来成就你的最好礼物　140
善于放下　和往事说再见　143
离婚不离家　危险的游戏　147
患绝症的单亲妈妈　152
别把弥补对孩子的亏欠当作爱　156
爱孩子就不要给他一切　159
帮助孩子处理好和老师的关系　163
离开父亲不能脱离父爱　166
单亲家庭沟通之道　170

PART SIX
再婚家庭幸福的秘诀   刘 虹

找一双合脚的鞋子　177
再婚情感错位的尴尬　184
情感被忽视的无奈　190

精神语言和性是再婚的黏合剂　195

相敬如宾背后的恐惧　199

再婚夫妻亲密的秘诀　204

PART SEVEN
建立正确的家庭三角形

家庭教育是"教育的树根"　刘　虹　211

爸爸在　家更安　赵　君　216

妈妈"温和而坚持"的态度陪伴孩子成长　王彩红　222

孩子是未来的父母　郎　迪　225

拥抱你自己　艾　香　231

后记　让爱回家　238

参考文献　240

PART ONE
爹娘不懂事

刘 虹

小时候母亲身体不好，我过早承担了家庭的责任，我不明白，这和我的婚姻有什么关系？

小时候我失去了父亲，但是母亲和继父都特别溺爱我，我不明白，这和我的婚姻有什么关系？

我父亲以前经常打我，但他打我只是为了让我听话，我不明白，这和我婚姻破裂有什么关系？

以上问题是很多咨询者提出的困惑，在十余年的临床心理咨询工作中，我接触了大量的夫妻关系、亲子关系、兄弟姐妹关系、婆媳关系等等**亲密关系**的一系列问题，总而言之，围绕"关系"两个字，而关系的冲突、纠结、疏离等一系列的问题，最核心的本质是"**父母成人的外衣，小孩的心智**"，我称之为"爹娘不懂事"。

不懂事意味着不成熟，生理上成熟了，身体上长高了，但**心智模式仍停留在婴幼儿童年时期**，两个看似大人的爹娘玩着连自己都不知道的游戏。我把这样的夫妻关系的交互式模式，总结为以下四种关系模式：

第一种：成人和成人（假妈和假爸）；**第二种**：母亲和男孩（假妈和小男孩）；**第三种**：父亲和女孩（假爸和小女孩）；**第四种**：小孩和小孩（小男孩和小女孩）。

一个人有生理年龄，有心理年龄。"假妈假爸"与"小男孩小女孩"都是内心安住着一个成年的婴儿，身体上长高，而心理发育水平仍是婴幼儿水准，然而"假妈假爸"与"小男孩小女孩"不成熟内心的最大差别是：假妈假爸是"头脑发达，但内心隐藏着**无助宝宝**"，小男孩小女孩是"简单的**幼稚宝宝**"。

精神分析师弗洛伊德、埃里克森都将一个人的**心理发展分为五个阶段：**

口欲期（或者婴儿期）：1岁以内，嘴部是快感中心；基本信任和不信任的心理冲突。

肛欲期（或者儿童期）：1—3岁，肛门是快感中心；自主与害羞（或怀疑）的冲突。

俄狄浦斯期（或者学龄初期）：3—6岁，快感中心转移到了生殖器部位性意识中心，男孩有了恋母杀父的动力，女孩有了恋父杀母的动力；主动对内疚的冲突，有强烈求的知欲与好奇心。

潜伏期（或者学龄期）：6—12岁，性能量突然消失，孩子们更喜欢同性伙伴；勤奋对自卑的冲突。

生殖期（或者青春期）：13—18岁，性能量大爆炸，一个人的身体做好了生育的存储；自我同一性和角色混乱的冲突。

婴幼儿心理特征必须经过以下发展阶段，才能独立于生命的"个体"：共生—分离—独立。

 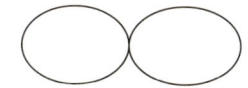 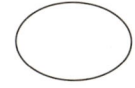 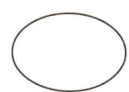

共生：3个月前的婴儿会觉得世界与我融为一体，我和妈妈是一体的，我就是妈妈，妈妈就是我，处于一种混沌、未分化阶段，也是一种全能感阶段，觉得自己是个神，想哭即哭，想要啥来啥，无所不能。（自体依恋关系）

分离：4个月到3岁，婴儿逐渐发现，妈妈和我不是一个人，妈妈是另一个人，婴儿既需要和妈妈亲密，又需要和妈妈分离，亲密和独立构成了一对矛盾。这时，婴儿能接受妈妈和我的意志是不同的，但还需要妈妈在自己身边，还接受不了长时间的分离。（客体依恋关系）

独立：婴幼儿最初觉得自己是个神，从最初的自体依恋到后来发现自己不过是个无助的婴儿；开始将神投射给妈妈；再后来3岁到6岁发现妈妈没爸爸有力量，于是又将神投射给爸爸；6岁以后进入学校、社会以后将神投射给老师等权威人物。青春期容易追星，就是将明星投射为神，成年后还可能将神投射给领导、宗教等。

每一次这样的投射或者过渡，意味着自体全能感的分散，最终从神的世界进入到人的世界，发现绝对掌控根本不存在，人无论怎么努力都不可能全能，能对生活基本掌控就已经很不错了，如何处理失去平衡的生活？成为人重要的生命智慧。

如果成年人尚处于共生期即为**"病态共生期"**。

PART ONE
爹娘不懂事

假妈和假爸

经典案例

刘女士、刘先生和 17 岁的女儿一家三口。女儿被医院确诊为抑郁症，目前休学吃药治疗。

刘女士：在女儿初中时出过车祸，女儿受了惊吓，从那以后学习注意力不集中，其间休学并看过精神科，但是没有好转，高中以后即使去学校也就是坚持一周或者两周，然后又要休假，就是这样反反复复，现在已经在家休学。

刘先生：女儿这样我们也很无奈，这些年我们带她去了很多医院看病，以前我也经常给她讲很多道理，让她不要气馁，休学是为了更好地迎接高考，今年不行明年再考，明年不行后年重来，当年俞敏洪还考了三次大学呢！可是现在我不这样想了，就顺其自然吧，就这么一个女儿总是能养得起。

刘女士：女儿在家每天很懒地倚在沙发上或者睡觉，睡觉都要抱着我或者躺在我腿上才行，走路也要抓着我的手。她小时候就很怕离开我，因为她是早产，坐月子时她每次哭脸都憋得发紫，**我怕**她哭坏了就整宿整宿地抱着她。上小学期间她哮喘，老是感冒，**我怕**她以后身体不好，就经常请假看病。她小时候很愿意跟人交流，经常带很多孩子来家里玩儿，初中时候她一个特别要好的朋友嘲笑她穿衣服土掉渣了，从那以后她就怕说错话，小心翼翼，高中到了陌生的环境，就更不敢交流了。最近半年她前后自杀好几次，我真的**怕她**想不开，为了陪她，我已经辞职在家照顾她，现在我做什么事都顺着她，我都尽量满足她，我就是**怕她**想不开真的自杀了。

刘先生（把头转过去看着刘女士）：她就是这样需要把所有人都照顾好，

她很乐意付出，但是又很抱怨，总是担心这……担心那……，**比如看病，担心钱花了没有效果怎么办？比如**做饭，做什么饭孩子会喜欢呢？做什么饭我喜欢吃？**比如**孩子上学，**担心**她穿多了会热出病。她总是会告诉孩子这也不行那也不行，这个最好那个最好，**应该这样应该那样**，她总是会为一堆的事情担心。她总是要求"做到最好"，**比如**朋友来家里串门，她就会特别焦虑，一边收拾屋子一边抱怨我为什么要让他们来，但是只要朋友一进门，**她马上满脸笑容**表现出她最好的一面来，**把那些抱怨藏起来**，永远让人看到她阳光灿烂的笑容。她总是为别人考虑得特别多。

刘女士：我做什么事情总是**先想着别人**，他的工作是长期驻外，不能经常在家，即使在家下班回来也已经很晚了，很多事情我就不想烦他，现在孩子病了我也不能工作了，家里所有的开销都要他一个人来支撑，**我能忍就忍吧！**

女儿（很不屑地）：我就是很烦，感觉很有压力，很累，觉得自己又懒又懦弱，每次开学都觉得自己要好好学习，但就是读不进去书，开始几天还能坚持，但到后来就很懒散，慢慢地我害怕上学了，不敢去。但是，我想**我必须要读大学**，我不会读中国的大学，**我必须**要读美国排名前十的最好大学，可是我的英语很烂，我英语水平也就是小学水平，刚才在路上听了个句子，死活理解不了，头快疼死了，越想弄懂越弄不懂，**我快疯了**，我现在很颓废，我知道我需要努力，但我没有力量。

看到上面的画面，你是否会有一种"想抽父母一巴掌"的感觉呢？

这是一个情感隔离的家庭。一对受过良好高等教育，温文尔雅说起话来波澜不惊，做事情客观而理性的"假大人"——假妈和假爸。他们说起女儿的事情如同说着邻家小女孩的故事，他们把内在深深的爱和深深的愧疚、悲伤、恐惧都埋藏起来，生怕丢失了自己做人的尊严，带着相敬如宾的假面具上演着人生的闹剧。

这一对"假大人"期待着女儿能够快乐，能够早日回到学校；他们极力用**微笑掩饰住内心的痛苦、害怕、愧疚、麻木等复杂的感受**；委曲求全、任劳任怨、无怨无悔地拯救着彼此，拯救着女儿。

PART ONE
爹娘不懂事

女儿期待着父母能够理解自己（真是被大脑控制住了，不是不想去学校啊！），期待自己是全能的神（读美国前十的好大学）；内心无比地失落、迷茫、恐惧等复杂的情绪感受；内心渴望自由、渴望安全、渴望支持，想要的太多太多……

假妈（刘女士回想起自己小时候的成长经历）：父亲对我很严厉，有一次考试我考了第一，他很平淡地对我说："第一有什么了不起的？"他从不允许我骄傲，后来母亲告诉我，"其实爸爸只是用那种方式激励你。"我对父亲很敬畏，他是航空领域的专家，他很有威严，父亲跟我们谈话时，我和弟弟都是害怕他的，他对自己要求也很高，父亲很自律，也很完美。母亲总是很压抑、很沉重，我现在想起小时候的画面都是黑白色的天也是阴的，母亲有哮喘病，父亲也常失眠，父亲失眠了会不高兴，所以我们都怕吵到他，小时候家里老有客人，他们会把好东西都留着款待客人，剩下了我们才能吃一口。现在想想真挺可怜的，一个小苹果我们都要三个人来分。

听起来是很心痛的一件事，但是刘女士一直在笑着讲。

刘女士：我家的人好像每个人都活得很累，在工作上领导都很信任我，别人干不了的都会分给我，工作中领导的责任我也扛着，总是为别人承担责任，给自己压力太大。**做事本能地追求完美**，犹豫不决，裹足不前，总是害怕拒绝别人，看问题不乐观，我自己焦虑、不安、茫然，对孩子要求严格，不知所措，总之是不会放松，周围人跟我在一起也会觉得绷着，我自己的身体都觉得绷着，女儿总是说我"**装**"说我"**假**"。可我已经习惯了，总是希望别人满意我心里才舒服。

刘女士在工作中是一位认真、负责的好员工；在父母面前是一个孝顺、顾家的好女儿，在丈夫面前是个失去自我，像"刘慧芳"那样的超级好女人；在女儿面前努力做一个呵护备至，"害怕她生病、害怕她冷了、害怕她热了"不放手的妈妈。然而这份**不放手恰恰是因刘女士自己对于分离的恐惧**，丈夫刘先生常年在外，她内心无助的婴儿感得不到爱的支持，本能地抓住女儿一起共生，正如她说："女儿小的时候很怕离开我，女儿哭都和别的孩子不一样，女儿上小学期间哮喘，老是感冒，女儿走路都要抓着我的手，女儿现在有病需要我……"

其实真相是，她需要与女儿的亲密，她抓不住与老公的亲密，只有抓住与女儿的亲密，因为只有亲密才有了爱的连结。

但是，如果只有亲密而没有分离，必定会出大问题。

假爸（刘先生）：我父母亲都是老实巴交的农民，父亲心灵手巧，在农村什么都会做，那时候家里的家具都是父亲自己做的，在老家当地他是一位受人尊敬的人。母亲是那种勤劳的女人，母亲很会讲故事，只是那时候她经常给我们讲鬼故事，吓得我们晚上不敢睡觉。我从小学习就好，很早就到镇上住校读书，我是当地唯一一个村里考上大学的人，那时候上大学也都是大哥赚钱给我，所以我一直很努力地工作，不能辜负家里人和村里人的厚望。

理性、客观的刘先生，**背负着**全村人的寄托，**背负着**父母、大哥等家乡亲人的责任，所以他必须努力，他要让家族的人看到自己的成就，他和刘女士是大学同学，他要让妻子和女儿过上好日子，所以他**必须努力**，他要付出别人一千倍一万倍的努力。

刘先生：我常年驻外工作，其实很想回到她们母女身边，能多照顾照顾她们，可是现在孩子这样子我就更不敢停下来了，家里需要经济支出，还需要我去扛。我和她妈妈是大学同学，当年就是觉得她好弱小，就是**想去保护她**，现在**女儿也需要我来保护**，我更不能倒下了。哎，有时候也觉得特别的累，都快扛不动了。

而恰恰是刘先生的这份无力与无奈感，阻碍了这个家庭能量的流动，还有，刘先生的努力、坚强的背后是**在逃避什么呢**？刘先生与我也只是仅此一次面对面沟通，之后便是以工作忙为理由再也没有露面。

日常家庭中**父亲的缺位有两种**：一种是他们很少在家中；一种是他们虽然常在家里，但他们对家庭是回避的，既回避和妻子亲密，也回避和孩子的高质量沟通。

假妈和假爸并非真正的成熟，他们是隐形的无助宝宝。他们带着互敬互爱的假面具，仿佛是两座互不交叉的巨峰山，孩子则是"山谷间耍杂技的小丑——一会儿上刀山一会儿下火海，惊心动魄地自编、自演、自导着'抑郁、强迫、恐惧、分裂'等心理障碍性的表演"。

"假大人"们通过照顾和指挥"杂技演员"来展现自己无怨无悔、尽心尽力、高超技术的才能，方能彰显出**假爸、假妈内在无助感的"部分活力"**，逃避自己内在婴儿的恐惧感。

心灵导航

爱，是一切的答案。

刘女士温文尔雅的笑容背后有那么多担心、恐惧、不确定等等让你感到很"堵"的感受，刘女士需要成长的空间太多太多……

首先学会觉察自己的感受，学习与自己的恐惧、焦虑待在一起，和自己有一个深入的连接，并找到自己的善良、包容等积极的生命资源，只有这样才能体会女儿以及丈夫的情感，才能有勇气表达自己真实的想法。

其次，修复童年的被忽视、缺乏关爱、不敢分离"没有做过小孩的小大人"的心灵创伤，在咨询或者课程中体验到本是一个孩子应该享受的童年快乐感，重新完善不健全的人格，只有这样才能真正做好妈妈的角色和妻子的角色。

刘先生仪表堂堂"爱无力"的形象，扮演着父亲和丈夫缺位的角色。给予刘先生的建议是，能够拿出更多时间有质量地给到妻子和女儿，做到"父亲是帮助剪断母亲和孩子之间精神脐带的那把剪刀"。

对于女儿，在接受药物和心理治疗的同时，只能说"勇敢地接受分离"并自我救赎，在分离中体验痛苦，最终破茧成蝶。

 干预策略

- 假妈和假爸型的爹娘成长的功课：

1. 多一些情，少一些理。学习爱的语言，学习正确的亲密感，多一些温柔，学习彼此欣赏和鼓励。

2. 放下过多的承担。学习自我满足曾经缺失的不安全感和被爱的心理需求，学习彼此滋养，从各自的原生家庭中分离出来。

3. 学习示弱，少一些要求，多一些浪漫。

4. 夫妻间彼此顾念，重新构建健康的三角形家庭关系。

假妈与"小男孩"

经典案例

丫丫36岁,和老公结婚已经十年了,他们有一个9岁的女儿和一个7岁的儿子。结婚前丫丫是一家饭店的服务员,老公给一家公司打工。结婚以后马上有了两个孩子,两个人生活有了压力。老公提出要办一个卖电子软件产品的公司,于是两个人分别找自己的家里筹了钱,小公司开了起来,刚开始生意还可以,可是后来几年生意越来越不好,他有时回家会发脾气。丫丫自从有了孩子以后就在家带孩子,没有出去工作。这些年当中丫丫坚持每天晚上给老公烧热水泡脚,丫丫说自己在家带孩子,家里所有的开支都是老公赚的,他比我辛苦。但是丫丫发现自己和老公的关系越来越远,语言越来越少,孩子一天天长大,觉得自己越来越没有用。

丫丫说,"就在昨天晚上,老公8点多就回来了,比平时要早得多,在老公洗澡的时候手机闹铃响了,我去关闹铃,结果手机上正好进来一条微信:我想你。我当时脑袋嗡的一声,像挨了当头一棒,忍不住看了他们的对话,全都是卿卿我我的暧昧。我当时忍住泪水还是装作没事的样子,坚持和以前一样给他递衣服什么的。"

丫丫边哭边说,"我真的不是故意要看的,这几年我已经不断地告诉自己,要好好爱这个家,要出去找工作,我已经很努力了,可是这样的事情还是发生了。"呜呜呜……呜呜,丫丫哭得很委屈,丫丫说,"他把我当成什么了?难道我只是一个带孩子、伺候他的老妈子吗?"

上面这个画面是否让你想起中国上一代传统家庭的**男尊女卑**？

丫丫期待老公能够多关心孩子，多关心自己，当丫丫发现老公有了其他女人，内心像是被热火煎熬一样：悲伤、委屈、无助，所有的复杂情绪涌上心头，但是，她仍然用多年养成的这份担当，压抑住自己的情绪，不被老公发现，她忍住了自己的愤怒、委屈，还像往常一样给老公拿水递衣服。

假妈丫丫，在丫丫17岁那年，妈妈因病去世了，家里没有男孩，姐妹四个，她排行老大。妈妈去世以后，她辍学了，带着3个妹妹艰难地往前走。她说在农村没有男孩是让别人瞧不起的，在外面连个出头撑腰的人都没有。说起爸爸，丫丫很不愿意提起这个话题，爸爸在当地就是个赌徒、酒鬼，用游手好闲来形容一点都不过分。记得妈妈在临终前住院的那年冬天，为了攒钱给妈妈治病，她每天只能吃上一顿饭，往返于医院和学校十多公里路，又冷又饿，手冻得起了疮，爸爸竟然还偷拿了妈妈治病的钱去买酒喝。

角色倒置现象几乎存在于所有"病态父母"的家庭中。尤其是在酗酒的父母家中，通过自己令人心寒、穷困潦倒的行为，主动攫取了孩子的角色。丫丫在这样一个缺失父母功能的家庭中，承担起了照顾母亲和妹妹生活的责任。**结婚以后她又变成了自己延伸家庭的照顾者**，常年给老公洗脚的行为不仅没有让老公珍惜，却让自己成了家庭中的老妈子。

假妈（假大人）并非真正独立，他们是**隐形的"无助宝宝"**。她们通过照顾别人来展现自己无所不能、无怨无悔，这样才能活出无助宝宝的"**部分活力**"。**逃避自己内在婴儿的无助感和恐惧感**，并在照顾别人的同时，会将"你就是一个什么都不会的小婴儿"投射到对方身上。

小男孩——丫丫的老公，儿时生活在小镇，父亲是当地民办老师，母亲在家种地，家里姐姐和他有父亲聪明的基因，丫丫老公从小就得到了母亲、父亲和姐姐的呵护照顾，在家中还是母亲当家做主的，母亲从来都是说一不二的，就是现在已经成家立业，逢年过节回老家，丫丫和老公仍然要单独给母亲红包，丫丫说每次老公还要背着她再偷着给母亲一份红包，老公说只有这样他心里才能安，否则总是会觉得亏欠母亲的，总是怕母亲不高兴。

"妈宝男"，顾名思义就是什么都听妈妈的，什么都以妈妈为对，什么都以妈妈为中心，妈宝男在中国是一个很普遍的存在。表面上他们很听妈妈的，对妈妈言听计从，但其实这是表象，**他们内心深处有着不为人知的阴影。**

"好妈妈和坏妈妈"的心理投射，孩子们绝对不能对真实的妈妈表达不礼貌或者坏情绪，**但可以将坏情绪投射给妻子**；他们绝对不能疏远妈妈，但内心又想背叛妈妈或者说逃离妈妈，他们对背叛妻子有时会有莫名的强烈冲动，**背叛并非仅仅是为了背叛**，而是为了寻求一种感觉——我可以离开妈妈了，我渴望那种自由。

丫丫的老公一方面努力地工作，抚养着两个可爱的孩子，每月赚的钱都如数交给丫丫，但是他内心会有一种**莫名的无力感**，于是他用喝酒来排遣自己的这份无力感，而同时又**极力渴望自由**，潜意识中极力渴望挣脱母亲的束缚，鬼使神差、道貌岸然地游荡于家庭与外面生活的刺激。**茫然、无助感**是丫丫老公内心最大的困惑。

心灵导航

爱，是一切的答案。

丫丫经过咨询，意识到自己的责任与欠缺。丫丫首先要做的是疗愈童年的创伤，修复童年缺失的爱和没有做过小孩子的体验，让丫丫在咨询中体验曾经缺失的小孩子本应感受到的被爱、被保护和示弱、勇敢、简单直接的勇气，只有这样才能激发出丫丫内在恐惧背后的力量，才能有勇气与老公一致性地直面沟通，**回归一个妻子的角色**，而不是老妈子的角色。

第二，回归自己妻子的角色，家庭中养育、照顾孩子给予孩子爱与支持，这是夫妻共同的责任与义务，**夫妻之间的亲密关系才是家庭的首位**，母与子或者父与子的亲子关系是次位，包括精神语言的有效沟通和夫妻性生活和谐度是维系家庭健康发展的核心纽带。

第三，丫丫对孩子要学会放手，分离就是爱，使孩子们逐渐脱离母亲过度的保护，成长为独立的健康人格，防止孩子在母亲用力的爱中窒息。

第四，丫丫要学习爱自己的功课——"请你爱我之前先爱你自己，因为，自我牺牲里没有滋养，有的是期待、压力和负担，若我没有符合你的期望，我从你那里拿来的，便不再是营养，而是毒药"。

只有让丫丫内在爱的力量激活，才有能力带动老公一起成熟起来，**才能发展出两个健康的"真我"**，才能更好地影响孩子的成长，发展出健康的等腰三角形家庭关系。

丫丫的老公没有前来咨询，我们只能建议丫丫勇敢地让自己成长，使自己有力量做一个成熟的妻子和孩子的妈妈，方能引领或者影响巨婴型的丈夫，给予他爱的支持与肯定。

干预策略

- 假妈和小男孩型的爹成长的功课：

1. 假妈丫丫需要回归自己妻子的角色。放下过多的承担，学会放手，学习尊重与信任，学习自我满足曾经缺失的不安全感和被爱的心理需求。少一些理性，多一些感性，学习示弱和撒娇。

2. 小男孩型的爹，要学习为自己的行为、观念（想法），承担责任，勇于担当，增加责任感和安全感，学习自我认同、自我肯定，重新定位自己是丈夫和孩子爸爸的角色，使之成熟起来，自我满足曾经缺失的被爱、被关注的心理需求。

3. 夫妻间彼此顾念。

假爸和"小女孩"

经典案例

王先生49岁,王女士42岁,王女士表情木讷但仍带着隐隐的笑意,王先生表情严肃而老练的样子,夫妻俩一同来到咨询室。

王先生:我和女儿都想帮助她,**她**每天都很紧张,**她**做每一件事都觉得很烦,**她**为了很小的事情都可以跟孩子和我争吵不休,**她**不能自己平静下来,烦躁的时候,**她**会摔东西,然后蒙头哭。

王女士:**我**是很紧张,**我**看过医生,开了药,这些药对我有一点点的帮助,**我**现在**就是**心里一件事情过不去,**我就是**特别后悔去年做了颈椎手术,**就是**因为做完颈椎手术以后身体才开始不好的,后来我听说根本就不用手术,当时我**就是**被那个医生给骗了,才搞得我现在这个样子,我每天都很害怕、很紧张,**我真是很后悔**……

王先生说女儿在读高中不方便过来,就带来了女儿的**一段录音**。

女儿:我妈妈总是心烦意乱,我在家做任何小事都会让她烦,我听音乐她嫌声音太吵,现在我们全家都很紧张,我都不知道她什么时候会生气,有一次我拿了成绩单回家,当时我妈心情好就给我签了字,并且说"你很聪明,用不着为分数担心。"我正高兴呢,她突然就质问我,"你昨天怎么和我说话的,你知不知道我还是妈?"嗨,这都哪儿跟哪儿啊,前一天的事情我都忘记了,**她总是这样神经兮兮的**……

王先生(很冷静,面无表情):是的,她在家里经常会大喊大叫,精神紧张,烦躁的时候会骂我和女儿,我们刚结婚的时候没发现她这么凶,只是她的脾气很急躁，但有了女儿以后她慢慢就变了，变得越来越神经了，**小病不断大病又没有**，我们全家都照顾她，这一年就更严重了，带她到医院做了各种检查，包括核磁共振全面检查，但又没有病，医生建议她找心理治疗。

王女士（表情有些木讷）：是的，**我就是很焦虑**，我会经常有心悸、心慌的感觉，有一次我在开车中突然憋住气，像是**要死的感觉**，那种感觉特别特别难受，**我现在还在吃药**。

王先生：她好像也没什么朋友，女儿和妈妈经常争吵，我还必须帮他们拉架，现在还要每周带她到医院做复查。

王女士：我控制不了我自己，我是有病，我每天晚上失眠睡不着觉，所以我需要他来帮助我、控制我。

上面这个画面是否让你产生一种强烈的**无力感**？

经医生诊断王女士确实患有"惊恐障碍"，建议药物与心理疗法同步进行，惊恐障碍是以反复出现的心悸、出汗、震颤等自主神经症状，伴以强烈的濒死感或失控感，害怕产生不幸后果的惊恐发作为特征的一种**急性焦虑障碍**。

王女士期待王先生多一些时间陪自己，感觉自己是被忽视的，内心有很多的恐惧、担心、紧张等不安情绪，到处求医看病就是渴望能得到呵护与爱。

王先生期待王女士能够独立，内心感受到巨大的无力感，似乎又在享受照顾王女士的过程。

王女士：我5岁那年父亲因煤气中毒去世了，那时候弟弟才3岁，母亲就把我送到了爷爷奶奶家，有时还住姑姑家，姑姑家也有孩子，那时候总觉得姑姑偏心，后来母亲带着弟弟再嫁，但没过多久又离婚了，我是初中以后才回到母亲身边。我学习一直都很努力，直到大学毕业及工作都是我自己奋斗的，直到二十七八岁的时候，看到别人都有老公有孩子，我很着急也很孤单，后来认识了他（王先生）心就踏实了下来。结婚后马上就有了女儿，也就没再出去工作，现在女儿也大了不需要我了，我觉得我很没有用。

王女士当年只是单纯地为了有个家而选择草率结婚，她盲目的婚姻与爱无关，仅仅是为了找个"大叔"能满足她自己所需的**情感依赖和安全感**，而大叔不具备成熟的心理特质，"大叔"其实只是具有母性的男人，**"没有乳房的母亲"**。

儿童心理特点：如果孩子在5岁前失去了父爱，孩子会缺乏克服困难的勇气，会具有很大的依赖感和自信心的缺失，王女士在婴幼儿期间的生活不断地更换环境，虽然有着爷爷奶奶姑姑的爱，但是婴幼儿还没有完全自我认同感，她一直渴望有一盏指明灯。

王先生虽然给予了她安全感，但**可悲的是连王先生自己都缺失着爱与安全**，怎能满足一个到处求医问药，迷失了方向的"无助婴儿"？

假爸王先生，表面上沉着稳重、内敛含蓄，说起父母亲的时候心里会很堵："我父亲是一名会计，性格很内向，他心情不好时就会酗酒，小时候就是觉得母亲性格暴躁，歇斯底里，长大以后知道母亲患有双向情感障碍（精神分裂），只是母亲病情不是经常发作。我记忆中几乎没有被父亲抱过，我每次要求父亲陪我一起出去玩儿，他总会说：'没时间，也许过些日子可以吧！'母亲总会说：'别老拿你的事儿来烦我，为什么不找你的同学去玩呢！'我小时候没有朋友，经常一个人蹲在地上看蚂蚁，觉得自己像一个孤儿，大自己7岁的姐姐早早离开家，后来就嫁了人，自己很孤独。为了让人们注意我，在12岁的时候我偷拿了同学父亲钱包里的50元钱，结果被父亲暴打了一顿，虽然父亲打了我，但我也觉得比不理我还要好。**每当**爸爸喝醉的时候，母亲总是跑来跟我哭诉说自己有多不幸……**每当**母亲发病的时候，父亲也总会在我面前诉说自己有多倒霉……我**每当**听到他们的这些话就很难受，记得有一次做梦，我梦到自己把母亲带到一个小岛上去，让父亲找不到我们，那时候我就想一旦自己能照顾母亲了，就向她做出这种承诺，现在我也真是这样做的，**我一直会给母亲钱**，即使自己再拮据也是要这样做。"

王先生长大后便认为，他在世上扮演的角色就是照料别人，自己本身就不能有任何奢望。他认为自己虽然在儿时未能拯救父母，但在同一问题上可以成功地拯救自己的妻子。

圣母（拯救者）的内心总是藏着一个害怕被抛弃的婴儿，当他照顾一个没有自我、没有生活能力的妻子，他就不会被抛弃，也不会被挑剔。妻子会接受他的照顾，这就显得他像一个**超级圣母**了。

这个超级圣母（拯救者）如果面对成熟的女性，他们会自卑，如果面对像傻女孩一样的妻子，他就特别有成就感。

心灵导航

爱，是一切的答案。

"**小女孩**"王女士首先要走向社会，增加社会化角色功能感，从家庭全职母亲的角色中脱离出来，从内心独立起来，防止家庭中母亲缺位。

第二，修复童年的死亡恐惧感，修复童年的哀伤，重新建构自己内在的独立人格，重新定位自己一个妻子和母亲的角色。

第三，重新审视多年照顾自己的丈夫王先生，**从虚幻的"大叔"世界里回到现实的"爱人"世界**，重新学习夫妻相处之道，学习处理冲突的能力，直接表达爱与安全的需求，而不是用身体的"躯体化"来表达心理需求。

假爸王先生首先要做的也是修复童年的恐惧、无力和茫然的无力感，**摘下假面具**，回归夫妻"尊重、信任、温暖"的互敬互爱，而不是控制和拯救。

第二，学习亲密感，学习爱的语言，学习幽默感，先自我满足安全感与爱的需求，才能满足彼此爱与安全的心理需求，才能更好地影响女儿未来的婚恋观。

干预策略

- 假爸和小女孩型的娘成长的功课：

1. 小女孩型的娘，要建立责任感和安全感，学习爱的能力，为自己的情绪感受、想法、行为承担责任，多一些理性，少一些任性。

2. 假爸回归自己丈夫的角色，学习尊重与信任，学习健康的亲密感，增加自我认同感，满足自己的安全感，少一些理性，多一些感性。

3. 夫妻间彼此顾念。

"小女孩"和"小男孩"

经典案例

小花和小军结婚三年,有一个2岁的女儿,一天早上因为2岁的女儿哭闹,小花冲着小军喊:"你还睡呀,几点了!你没听见女儿哭啊!你就不知道帮帮我啊,我这一早晨又做饭又带孩子又要上班的,家里的油瓶倒了你都不管,你还像个男人吗?"小军把被子一蒙头掉过身去继续睡,小花气愤地把被子掀起来喊叫:"你给我起来,想不想过了……小军坐起来仍是不作声,愣愣地看着小花,小花更是气愤:"孩子也是你的,不是我自己的,你管吧!我不管了!"小花气汹汹地收拾东西离家走了,小军无奈地抱起哭得嗷嗷的2岁女儿。当晚小花真的没有回来,她回了娘家,三天以后小军又去娘家把小花接回来。

小军说,他们俩**这样的游戏经常上演**,每次都是小军去小花的娘家把她接回来。小花说虽然自己人回了娘家,但是心还是想着孩子,就是每次看到他像个死芋头,就很气愤,和他说话都无聊。

上面这个画面是否使你想起儿时**"你真讨厌!不和你玩了!"**

小花期待小军早点起床做家务,当期待没有被满足,小花感到很伤心、失落、气愤,于是逃离家庭。小花说,最使她生气的是小军木讷的语言和懒惰的行为。

小军期待小花能够理解自己,他常常感到无力和恐惧,当小花离开家后他感到愧疚与茫然,他真的不知道该如何处理这样的麻烦。

"**小男孩**"小军，提起自己的父母，眼神呆滞，身体微微颤抖。他说不愿意提起小时候的事情，自己还有个姐姐，爸爸脾气不好，爸爸不高兴就会打妈妈，妈妈和爸爸会经常吵架，爸爸气急的时候也会拿皮带打他和姐姐。有一次因为逃学，爸爸打他把皮带打断了，但是他倔强得硬是一动不动。小军说，妈妈一直都不快乐，他总是会站在妈妈这一头，他特别害怕妈妈离开家，不要他和姐姐了。妈妈经常说："如果没有你俩，我早就离开这个死鬼（小军爸爸）了，都是因为你们我才没有离开这个家。"每当爸爸发脾气打骂他的时候，他永远都是咬着嘴唇不说话，坐在那里一动不动。"不管他怎么说，对我做出什么举动，我从来都不作声。结婚以后，老婆（小花）怎么对我喊叫，我都是闭嘴，因为我害怕她离开，不要这个家了，但我多数的时候**会感到头痛**，就好像人人都踩在我的身上，我不知道怎样阻止他们，**我还经常胃痛**。其实我也很想早点起床照顾她和孩子，**可就是**身体不听自己的，每天总是觉得很累，我是做IT工作的，几乎每天都要加班到很晚。她越是发脾气**我就越**觉得自己很没用，**我就越是**烦，有时候我都想死了算了，**活着真没有意思**。"

小军生活在一个暴力的家庭中。**受虐待的孩子内心深处有一口因愤怒而沸腾的锅**。人会因挨打、受辱、遭责骂而生气，但是挨打遭责骂的孩子无法发泄自己心中的怒火。到了成年时代，这种怒火就需要发泄的渠道了。小军很小的时候就学会了成为牺牲品，他不知道怎么保护自己免受别人的伤害。他常年积累起来的巨大怒火，需要找到发泄的渠道，但因为不敢直接表现出来，他的身体和情绪就代为表现了，**表现的形式就是头痛、胃溃疡和忧郁症**。小军在这样的家庭中成长，极度缺乏安全感。

"**小女孩**"小花是独生女，小花说父母亲很宠爱她，父亲是工程师，常年不在家，父亲性格内向，很少说话，家里就只有她和母亲生活，母亲特别宠爱她，结婚之前她在家里什么都不用做，就连上大学时很多衣服都是拿回家妈妈给洗，结婚以后母亲也总是会主动为她做很多事情，帮她带孩子，打扫家里的房间或者做晚饭，家里灯坏了、水管不通了都是妈妈来帮助助修理，每次和小军吵架回娘家，母亲总是会说"不行就不和他过了"，这时父亲总是闷闷不乐，妈妈总说父亲窝囊。

有人说中国的婚姻都是在找妈或者找爸。

婴儿从最初的全能自恋到母婴依恋再投射到父亲依恋,逐渐过渡到社会化状态是一个基本的成熟过程。小花的父亲常年不在家,母亲孤独无助、缺爱,就会抓住孩子来填补内心的空洞。小花母亲的过度保护阻碍了小花人格自我完善,父亲角色的缺失和母亲对父亲"窝囊废"的评判,让婴儿本能对父爱的渴望没有得到满足,**拯救父亲做独立的自己成为小花的生命脚本**。

小花和小军当年是大学同学,小花就是觉得小军学习特别努力又特别老实,他家里又特别穷,想帮助小军的念头便成了她们婚姻的红丝线。**母婴关系,则是中国各种人际关系的缩影**。

婴儿共生期后,逐渐发现妈妈和我不是一个人,这就打破了我是全能神的感觉。妈妈才是那个强有力的人,我的一切生活都需要妈妈来照顾,如果妈妈满足了我所有的"安全、被爱"的渴望,她就是"好妈妈";如果妈妈没有及时照顾到我或者没有保护好我,她就是"坏妈妈"。**如果是好妈妈**那么我就愿意在她面前低头示弱,因为好妈妈是爱我的,这里是安全的,是值得信任的。**如果是坏妈妈**那么我就不能低头示弱,我仍要生活在自我全能感中,我才是掌控自己生活的那个人,我不能信任妈妈。

小军的母亲在家庭中受到父亲的打骂,母亲没有能力保护好小军,小军内心的无助、茫然、恐惧一直伴随着他,但是小军内心又是那样**渴望"理想妈妈"**,渴望好妈妈的爱和保护,于是小花正是他寻觅的人。

心灵导航

爱,是一切的答案。

"小女孩"小花**首先**要勇敢地从母亲窒息般的爱中分离出来,成为你自己,学会管理情绪,从回娘家这种幼稚的行为开始管控自己,回归一个妻子的角色。

第二，放下对小军的期待，学会鼓励和倾听小军说话，给小军成长的时间。

第三，学会自我关爱——"请你爱我之前先爱你自己，爱我的同时也爱着你自己，你若不爱你自己，你便无法来爱我"。

"小男孩"小军**首先**要做的是主动寻求医生药物的干预和心理辅导，修复童年的压抑与恐惧心理创伤，重新定位自己丈夫的角色，提升自信。

第二，从夫妻关系彼此信任开始建立安全感，勇于承担责任，安排好生活和工作的时间，每天拿出一定的时间段照看孩子，共同完成抚养孩子的义务。

第三，学习一致性语言表达和沟通的能力，或者通过信件的形式勇于表达自己的想法，每天坚持 30 分钟身体锻炼增加运动量，激活身体内部积压的能量。

干预策略

- 两个不成熟的爹娘需要成长的功课：

从小女孩小男孩的心智中走向成熟，走向一个真正的女人和男人，需要走一段翻山越岭的旅途，"爱人将是你最好的心理治疗师"。

1. 管理好各自的情绪，为自己的情绪、想法、行为承担责任，建立责任感、安全感和亲密感，多一些理性，少一些任性。

2. 从各自的原生家庭中分离出来，做独立的个体，重新定位自己是妻子或丈夫的角色。

3. 学习自我满足曾经缺失的心理营养——爱、安全感、肯定和赞美，自我关爱、自我认同，学习爱的能力。

4. 夫妻间彼此顾念。

爹娘"中毒"了

所有的父母都会有失误，**父母也是人**，自身也有着许多问题，但只要做父母的能充分理解和满足孩子被爱和被肯定的需求，**哪怕是偶尔的一个眼神**，就能抵消父母偶尔发作的怒气，孩子对这种发作还是能够承受的。但是也有许多父母，他们的负面情绪和行为模式是持续的、重复的，在孩子的生活中占了统治地位，这就是伤害型的父母，称之为"中毒"的父母。

遗憾的是，**如何做父母**，这种必须掌握的至关重要的技巧，在很大程度上仍然被视为是一种无师自通的行为。

我们的父母是从他们的"不称职父母"身上学得的技巧，**我们呢？**再从他们那里习得，成为"新一代的爹娘"——就是这样一代一代地**强迫性重复**。

一、"中毒"家庭的轮回

完美父母的神话——古希腊故事：奥林匹亚山顶的神仙们，他们可以对古希腊人做出任何宣判，只要神仙们一不高兴，就可以立即处罚你永生永世往山上推石头，一旦心血来潮，就可以将你变为山谷中的回音，这些众神喜怒无常，使得古希腊肉体凡胎的仆人产生极大的恐惧和迷茫。

许多"中毒"家庭的父母与子女的关系也与此相似，喜怒无常的父母在孩子眼里也是**令人生畏的"神"**。

孩子1岁以内的时候，神圣的父母是孩子生命的全部，孩子需要父母的关爱、保护、重视和鼓励，否则便会感到被抛弃、被忽视、不安全的恐惧。**父母是孩子全能的供养人**，孩子需要什么他们就给什么，在孩子生命的第二和第三个年头，孩子想要开始独立了，便不情愿接受拉屎撒尿的训练，忘情地使用着两条小腿拥抱"不"这个字眼,因为它多少可以控制自己的生活,而"是"只不过是一种默认,**孩子们拼命想培育自己独特的身份**,建立自己的意志。

进入青春期,试图摆脱父母的过程便达到了高峰,此时孩子们已经敢于以积极的姿态审视父母的价值观和权威。

在一个相对健康的家庭里,父母是经得起这些变化所造成的焦虑情绪的,他们能够宽容孩子身上崭露的独立性,他们能够认识到这只是人生的一个阶段,这是通情达理的健康家长。健康家长没有忘记自己的青少年时代,意识到孩子的反叛只不过是情感发展的一个正常阶段。

"中毒"家庭的父母就不是这么通情达理了,从孩子学会大小便起直到青少年时代,他们往往会把孩子的反叛,甚至个性差异,视为对自己的人身攻击;他们通过强化孩子的依赖性和无助感来维护自己;他们还认为自己这样做完全是为了孩子好;他们还会说这是在培养孩子的性格。

但是这些"中毒"的父母们无意识中已经伤害了孩子的人格成长。

一位高中三年级的女孩,学习压力大,精神抑郁,女孩提出让妈妈帮助找一个心理医生,妈妈说:"你真恶心,有什么想不开的啊?!"结果女孩真的不去上学了,失去了高考的机会。

"中毒"的父母们破坏了孩子萌发的自我独立感,**不管这些父母如何相信自己不是有意的**,但这类攻击总是使孩子摸不着头脑,在爱与恨的纠结中,在激烈冲突面前会轰然崩塌。

这种茫然无措、害怕恐惧,在孩子内心是根深蒂固的,并且随着年龄的增长越来越强烈,在每一个曾经受虐待的成年人内心深处,甚至具有很高成就的成年人内心深处,**他依然是个虚弱无力、担惊受怕的"无助婴儿"**,有成年人的外表,但心智不成熟,影响到后来的家庭事业等等, 代代地**重复轮回**。

如何能破掉这个链条的家庭轮回呢?

一个是婚姻。以稳定的情感基础为开始,稳定的夫妻关系是家庭的定海神针。另一个是，妈妈好好养育孩子，让孩子内心有满满的爱。做"中毒"家族的终结者。

不过破任何一个链条都需要很深地认识自己，不是一日之功。

★测一下自己的心理脉搏

许多人都同自己的父母及家人关系疏离、紧张或者过于紧密，我们是否清楚是受了他们的影响，还是属于自己神经过敏？

下面的调查问卷帮助你区分你和父母关系的状况。其中有些问题可能会让你感到不舒服，但没关系，要正视父母与我们之间是健康的，还是相对健康，还是有伤害的。经历情绪上的痛苦是正常的。

（下面问题中的"父母"，既可指父母双方，也可指父母中的一方）。

| 你小时候同父母的关系状况（18岁以前）

1. 你的父母说过你笨、无用之类的话吗？骂过你吗？常常批评你吗？
2. 你的父母为了让你守规矩，用皮带、棒子等其他东西打过你吗？让你受过皮肉之苦吗？
3. 你的父母酗酒或者吸毒吗？因此让你感到迷茫、不安、恐惧、伤心或者羞愧吗？
4. 你的父母是否曾经因为身体方面的疾病、情绪不稳，对你照顾不周或不闻不问吗？
5. 你曾经因为父母有病而不得不照顾他们吗？
6. 你的父母是否对你做过见不得人的事儿？你是否受到过任何形式的性骚扰？
7. 你是否曾经在相当长时间内惧怕自己的父母？
8. 你是否曾经害怕向父母表达自己的愤怒？
9. 你的父母经常吵架而让你感到恐惧、气愤或者羞愧吗？
10. 你的父母之间关系冷漠让你感到茫然或者无力吗？

……

II 你的成年生活

1. 你是否感觉如果过于接近别人，会被伤害或抛弃呢？
2. 你是否觉得自己同他人的关系会具有伤害性或毁灭性？
3. 你是追求完美的人吗？
4. 你是否很难放松开心地大笑一次？
5. 你是否觉得很难弄清自己的身份、感觉和愿望？
6. 你是否觉得总是得到别人最糟糕的对待，得不到别人的支持？
7. 你是否担心如果别人了解了你的真实面貌，就不会再喜欢你了？
8. 取得成功以后你是否感到担心？害怕别人说你是在欺诈？
9. 你是否会莫名地发火或伤心？
10. 你是否感到自己做事风格、说话语气像自己的父母？

III 你成年以后同父母的关系

1. 你父母还把你当成孩子对待吗？
2. 你担心同父母意见不一致吗？
3. 你一生中的许多重大决定是以父母的赞同为依据的？
4. 你是否觉得不管做什么总是对父母有所亏欠？
5. 你是否觉得不管怎样，总有一天你的父母会变好？
6. 你是否觉得自己应当为父母的心情负责，让他们高兴才是你要做的？
7. 你的父母用威胁或者让你感到愧疚的方式控制过你吗？
8. 你同父母在一起或者一想到要同父母在一起的时候，你的身体或者情绪会有强烈的反应吗？
9. 你同父母在一起生活一周左右就会发生争执甚至想要逃离？
10. 你同父母关系特别紧密，父母就是你的生命吗？

如果以上的问题有 1/3 以上你做了肯定的答案，那么本书内容就会对你大有帮助。"中毒"家庭的子女，是如此渴望得到父母的认同，以至于常常妨碍了按着自己希望的方式生活。但是，我们不能否认我们的思想、行为和情感，而丝毫不顾忌父母的期待，事实上在**健康的家庭里有一定的关系交织是有益的**，它有助于形成一种归属感，一种融全家人为一体的感觉，甚至这种相互影响的关系也有过了头的时候。但是"中毒"的家庭里完全是失控的程度。

二、父母为什么要这样做？

我们都是在一个称之为**家庭的熔炉中锻炼出来的**。家庭不仅仅是一个有血缘关系的集合体，它是一个**系统**、是一种体系，系统中的每一个人都是相互联系、相互交织在一起并相互影响着的团体，小时候你的家庭系统就是你的全部存在。

（一）"人"的人格基础来自孩子0到6岁生命营养的稳定性。

1.0到3个月的婴儿刚刚从母亲的子宫中分离，虽然生理脐带已经剪段，但是婴儿心理脐带尚处于与妈妈共生阶段，婴儿的心理"世界宇宙与我融为一体，我和妈妈也是一体的"，婴儿尚处于自闭和混沌未分化状态，婴儿需要妈妈全然的接纳和爱护，婴儿内心渴望**就是"全然地被接纳，我最重要"**。

2.4个月以后，婴儿进入另一个阶段——渐渐地开始要和妈妈分离。比如，婴儿开始吃手指探索世界，4到6个月婴儿乳牙开始萌发，婴儿吃奶开始咬妈妈奶头，这些都是在表示婴儿开始要和妈妈分离，但是，在他的意识里仍然以为我和妈妈是一体的，**"我是全能的"**。

6个月以后，婴儿逐渐体验到我和妈妈是两个人，比如，他感觉到妈妈不能及时满足我饿了或者渴了，他发现妈妈有时候会离开，有时候又会回来，这时候婴儿最需要的就是妈妈稳定的情绪和安全感，这是婴儿和妈妈爸爸剪断心理期待的过程。这个过程一直**持续到3岁**，孩子最需要的**心理需求就是"安全感、独立和尊重"**。

孩子正处于"信任与不信任或者安全与不安全"的矛盾期，这个过程孩子会很分裂，他既渴望独立、自由又渴望依赖妈妈，孩子内心会投射妈妈为"好妈妈与坏妈妈"，好妈妈使他内心感觉到安全和温暖，坏妈妈使他内心感觉到不安全和恐惧。

比如，1岁半左右的孩子坚持自己拿着饭勺吃饭，他希望自己掌控自己的世界，即使孩子弄得饭桌上混乱不堪，妈妈也要有足够的耐心帮他收拾烂摊子，否则孩子内心会投射出坏妈妈。孩子不高兴的时候会说"坏妈妈、臭妈妈"，因为这个时候**孩子内心还没有整合好**或者说他还没有发展出与一个有着"**优点、缺点并存的妈妈**"共处的能力。

孩子二三岁以后特别怕生人，这时孩子需要除妈妈以外的人际关系，怕生是很正常的，他渴望掌控感，当孩子发现他能和别人建立关系还能够给自己带来快乐体验时，孩子就懂得了如何与别人建立关系并也热衷于和别人建立关系，这时候如果阻碍了孩子与别人建立关系的能力，就打破了孩子的掌控感，孩子可能会退行到自闭或者与妈妈共生状态中，产生恐惧，不再愿意探索外界周遭事物，喜欢看大人脸色行事，可能会发展出一个"**乖宝宝**"，即使将来身体长高了，上学读书，学习成绩仍然是棒棒的，**但是**，孩子的人际交往能力是不健康的。

这个时间最重要的就是妈妈"温和而坚持"的态度，尊重孩子渴望独立自由的行为和信念，使孩子能够稳定而健康地发展出独立的人格，**否则，孩子永远都不知道如何独立**。

3. **孩子3到6岁**，心理发展开始有了性别意识，开始恋父或者恋母，有强烈的求知欲和好奇心，喜欢问"为什么"，这个时期孩子可以和幼儿园老师、小朋友建立联系。孩子开始和爸爸建立关系，这个时期孩子仍然会感到矛盾，**一方面想和妈妈分离，和爸爸紧密联系**，一方面又想依赖妈妈，如果这个阶段没有得到爸爸的支持，且妈妈又紧紧地抓住孩子，会使孩子再一次失去独立的机会。

爸爸的介入是帮助孩子建立规则，使孩子能够建构健康的人生信条。**爸爸是帮助妈妈剪断妈妈与孩子心理脐带的那把剪刀**。

孩子和爸爸建立关系，也意味着孩子平衡妈妈、爸爸之间的关系。如果妈妈、爸爸经常吵架、冲突，孩子会暗自认为"是因为我不够好"，因为孩子无法平衡内心的冲突，孩子内心会有被撕裂的感觉，他没办法在父母亲之间做出选择。

5岁以后，孩子有能力遵守规则，能够处理稍微复杂的关系，能够体验复杂的情绪，比如愧疚、害羞、担心等复杂情绪，孩子开始能够根据内心的情感体验来调整自己的行为。但是，这个时期孩子最渴望的**心理需求就是肯定、赞美、认同。**

然而爸爸的一句肯定、认同胜过妈妈的一百句。比如，爸爸对孩子认真地说："孩子，爸爸非常高兴你是我的孩子，爸爸非常喜欢你，爸爸爱你！"孩子会记住一辈子、会快乐一辈子，孩子的自我价值会大大提升。

生命营养，即全然的被接纳、被爱、安全感、独立自由、尊重和自我价值感。 生命营养是人格建构和发展的重要基础，孩子很小的时候就是需要依赖父母给予的生命营养才得以生存。

如果，孩子在0到6周岁生命营养足够，会够一生所用，如果缺失或者不足够，会在今后的人生中寻寻觅觅，甚至是永远无法满足的"**黑洞**"。

（二）孩子早期接受信息的方式决定了他未来人生的信念系统。

孩子很小的时候**唯一接收信息的渠道就是家庭**，每个孩子都会有最低两个信息的发送者，一个是父亲，一个是母亲，还可能会有其他的信息发送者，比如爷爷奶奶姑姑等等。也就是说，孩子周围起码会存在两个以上的信息发送者，而孩子是唯一的接收者。

设想一下，你是一个收音机接收者，而你正在接收来自两个不同频道的信号——他们并不知道另一个人也在发送信息。并且他们需要通过同一波长来进入，你知道会发生什么吗？**你就会进入无线电干扰状态，** 在接收信号之后，你还有一个义务，是要解读信号的意义，并且不管接下来会发生什么，也不管现实是什么，你都要把这些信号当成匹配的来使用。

双重信息的收取。 什么是双重信息？比如，一个2岁的孩子，看到妈妈流眼泪了，便会天真地问妈妈："妈妈你怎么流眼泪了？"妈妈会说："没事儿没事儿，没什么事。"并迅速将眼泪擦干，有的妈妈还要假装露出笑脸。这就是一个不匹配的信息，孩子通过妈妈的眼泪获得的信息是妈妈不高兴了，而妈妈的语言是否定的，表情又是假装笑脸，那孩子该怎样解读妈妈流眼泪的表情呢？**这就是双重信息。**

孩子通常会在出生12个月之后才会说话，在这12个月的生活里，孩子在和父母相处的时候，看到的或者体验到的会有很多的差异，这些差异他都需要自己给出答案。当孩子懂得表达，会说话的时候，他已经拥有了**大量清晰的线索和资料库**，说出的很多话会让成人出乎意料。

但是孩子生命本质的天性就是那样纯净本真。就像2岁的孩子看到妈妈流眼泪，就他会直接表达"妈妈你怎么流眼泪了呢？"当他把内心真实感受和体验到的用语言传递出信息后，他接收到妈妈的回馈信息是"没事儿没事儿"，**孩子在接受来自父母的信息时会有很多陷阱**，父母表里不一的假象信息让孩子感到很混乱。

例如，当母亲说"我爱你"，这是给孩子一个许诺。

当母亲说"你用功读书，我才爱你"，或者"你考了100分，我就给你……"孩子会接收到"如果我懒惰，妈妈就不爱我"，"如果我学习不好，妈妈就不爱我"。所以"**我应该**用功或者**我必须**努力"，这种有条件的爱，就产生了"应该讯息"和"禁止讯息"。

例如：**应该（必须）讯息**（家庭规矩有时候言语相传，有时候非言语相传）

（1）你要努力，不能懒惰；

（2）要有礼貌；

（3）不要磨蹭，动作快一点；

（4）家丑不可外扬；

（5）大人说话小孩不许插嘴；

（6）男人就应该承担责任。

例如：**应该讯息**（通常停留在认知层面，头脑知道，却不一定能做到，所以内心总是挣扎和冲突）

（1）要温和，不可以发脾气，生气是不好的；

（2）要坚强，不可以示弱；

（3）要把孩子照顾好，才是好妈妈。

例如：**禁止讯息**（是一个孩子在处于压力下又必须生存时，内心的一种挣扎）

渴　　望	从体验中发现	禁止讯息
a. 我要做自己	做自己很危险	我不要做自己
b. 我需要父母的爱	我没有办法使父母爱我	我不要和人亲近

孩子小，不能完全理解父母的行为意义，可是他会做出若干决定来回应，**这些早期的决定便成了他今后的生存法则**，同时也是他内心对于外在世界的参考架构，并依赖这个信念而发展出孩子的**自我概念**——

——我是自信的；我是被爱的；我是安全的。（这是健康家庭孩子发展出的自我概念）

——我是不够好的；我不能相信任何人；我没办法爱一个人，我不要结婚。（这是"中毒"家庭孩子发展出的自我概念）

多数婴幼儿的成长环境常常是不完美的。孩子常常接受的双重信息，**使孩子感到恐惧、不安全**。2岁的孩子看到妈妈流眼泪，却听到妈妈说"没事儿没事儿"，这样双重信息的接收，让孩子的生命体验到"不安全、不被接纳"，这份"不安全不被接纳"使孩子逐渐会形成自我概念：我是不值得的，人是不可以信任的。

如果，**孩子满足了**被爱、被肯定、被尊重、独立自由的自我价值感，孩子**就会建构自己**"我是值得的，我是自信的，我是健康的，我可以信任自己与他人"这样健康合理的价值观（认知）。

因此说，爱，是一切的答案。生命营养足够与否是形成价值观（观念）是否健康的关键。

父母也都曾经是孩子，**你的父母也有自己的父母**，因缺失爱的生命营养而发展出不合理的信念系统，这些**幽灵般的木偶皮影**在暗中拉着无形的线，像高速公路上**一连串相撞的汽车**，造成的损害一代一代又一代。这种"中毒"家庭的系统不是你父母的发明，它是**祖先传下来的**情感、规则、相互影响以及信念积累的结果。

终止"中毒"爹娘的遗产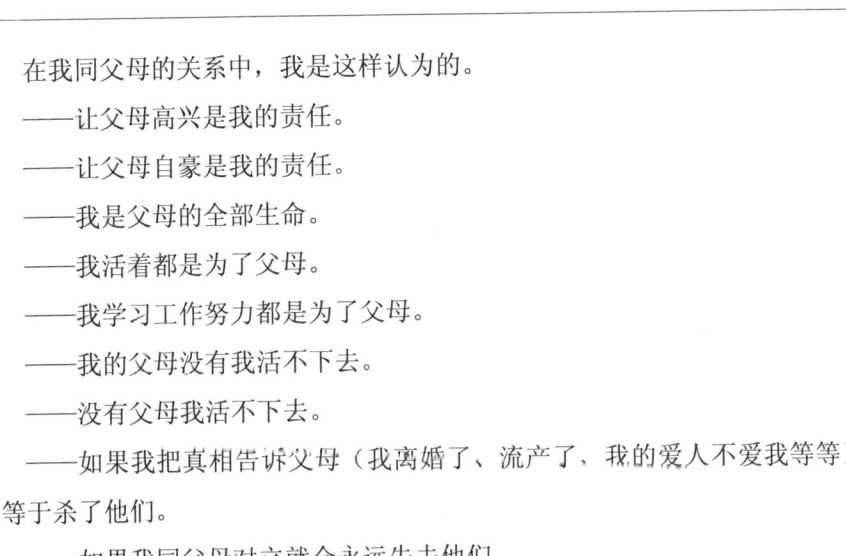

我们大多数人，只是"人"离开了家门，**可极少有人情感上独立了**。同父母纠缠不清的现象基本上有两种。**第一种**，为了安抚父母，不断地向他们让步，不管自己有什么需求和欲望，满足父母的需求和欲望总是第一位的。**第二种**，做法恰恰相反，即使你朝父母喊叫发出威胁或者同他们彻底疏远，却依然感到与他们的关系**剪不断理还乱**，这种情况尽管看似矛盾，但是你的父母确实还在极大地左右着你的情感和行为，只要你继续对他们做出激烈的反应，**你就是在授权**让他们骚扰你，骚扰你就是控制你。

参考下面的观念列表，符合自身情况的话在旁边做一个记号。

在我同父母的关系中，我是这样认为的。
——让父母高兴是我的责任。
——让父母自豪是我的责任。
——我是父母的全部生命。
——我活着都是为了父母。
——我学习工作努力都是为了父母。
——我的父母没有我活不下去。
——没有父母我活不下去。
——如果我把真相告诉父母（我离婚了、流产了、我的爱人不爱我等等）那等于杀了他们。
——如果我同父母对立就会永远失去他们。

——我不应该做任何伤及父母感情的事儿，说任何伤及他们感情的话。
——我父母的感受比我的感受重要。
——我是个坏孩子，应当向父母赔罪。
——不管他们以前干了什么，他们毕竟是我的父母，我得维护他们的威望。
——我的父母已不能左右我，我一直在同他们斗争。

如果以上这些观点中有四条及以上与你相符，**你仍然同父母纠缠在一起**。如果他们的感受情绪总是第一位的，那么他们就把握住了你人生汽车的方向盘。

一、卸去你不该承担的责任，回归自己的位置

需要找一张你小时候的照片，同内心深处那个幼稚的、不够成熟的"巨婴"进行一次深入的对话。大声对那孩子说"你当时不该为……负责任"；"我父母应当为……负责"。

请参考下面的列表。

父母的行为	你当时不该为……负责任。 我父母应当为……负责。
他们忽视你的存在或不理睬你的做法。	你当时不该为"他们忽视你的存在或不理睬你的做法"负责任。 我父母应当为"他们忽视你的存在或不理睬你的做法"负责。
他们让你觉得自己没人疼爱、不讨人喜欢的做法。	你当时不该为……负责任。 我父母应当为……负责。
他们狠心丢弃你不承担责任。	你当时不该为……负责任。 我父母应当为……负责。
他们对你的溺爱。	你当时不该为……负责任。 我父母应当为……负责。

续表

父母的行为	你当时不该为……负责任。 我父母应当为……负责。
他们讽刺、挖苦你的话。	你当时不该为…… 负责任。 我父母应当为…… 负责。
他们的不幸。	你当时不该为…… 负责任。 我父母应当为…… 负责。
他们的难处。	你当时不该为…… 负责任。 我父母应当为…… 负责。
他们的酗酒、吸烟、赌博等瘾症。	你当时不该为…… 负责任。 我父母应当为…… 负责。
他们对你的打骂。	你当时不该为…… 负责任。 我父母应当为…… 负责。
他们对你的骚扰。	你当时不该为…… 负责任。 我父母应当为…… 负责。
他们对你过高的要求。	你当时不该为…… 负责任。 我父母应当为…… 负责。
他们对你的控制。	你当时不该为…… 负责任。 我父母应当为…… 负责。
他们骂你的话。	你当时不该为…… 负责任。 我父母应当为…… 负责。

以上表格，还可以加上其他任何你觉得负有责任的、反复发生过的痛苦经历。

可能从理性层面上你已经理解了这不是你的错或者不是父母的错。但你内心深处的那个小孩子还在背负着不该他承担的那份责任，一直影响着现在甚至是未来的情感生活，你必须要让灵魂深处的那个孩子**自我救赎，赦免自己**，才能够重生，不再复制上一代父母的遗产。

二、少一些反应，多一回应

孩子对父母做出的反应**几乎是自动的**，通常是不假思索不加选择的。人通常在受到威胁或攻击时反应最为敏感，当孩子没有得到父母的关爱，没有得到父母肯定，孩子就会做出"妈妈可能不爱我，我是不好的，我不能相信别人"这样的反应。"只要听到父亲（母亲）的声音，我就很恼火"，当这样的反应一触即发的时候，你就等于将自己放在银盘之中**拱手相送，放弃了驾驭自己的权力**。

（一）学习"非辩护式回应"

学习使用非辩护式回应的方式，尤其是**应对"中毒"家庭的父母，使用这一方式尤其有效**。这种应对方式对打破攻击、退却、辩护的循环方面十分有用。

以下是几种可供你在日常接触中使用的非辩护式回应的方式：

——嗯！

——噢，我知道。

——这很有意思。

——你当然有权利坚持自己的意见。

——很遗憾，你不赞成。

——让我想想。

——为什么不在你不这么激动时再讨论这一问题呢？

——我很遗憾你生气（失望……）了。

记住，使用非辩护式回应之前，你要先处理好你的情绪。只要你一开口争辩、道歉、解释或试图期待他们改变，你就等于把大部分的主动权交了出去。使用非辩护式回应的方法，**你必须对他们是无所求的，或者是没有任何期待的**。

例如，小丽的母亲突然来电话说，要搬到小丽家住上几个星期，因为重新装修的噪音吵得母亲快疯了。可是小丽的丈夫知道后很不高兴，丈夫已经把家里闲着的房间变成了自己的办公室，眼下他正在做一个大项目，不希望别人打扰，他让小丽再给母亲回个电话，提个建议，出钱让他们先搬到宾馆住一段时间。结果，母亲气得暴跳如雷，说女儿多么忘恩负义、多么自私、多么没良心……小丽左右为难，只能说再同丈夫商量一下，可是小丽知道再同丈夫说也是没有意义。

于是小丽就采用了"非辩护式回应"方法。

母亲：你父亲和我得有住的地方，你不能忘恩负义啊。

小丽：哎呀，您这么看问题，真有意思，妈妈。

母亲：我们为你付出了那么多，真难以相信，你们会建议我们住宾馆！

小丽：您如此激动，我很遗憾。

母亲：你到底要不要我们搬过去住？

小丽：我要想一想。

母亲：我要你回答，小姐。

小丽：我知道您的意思，妈妈，但我得想一想。

母亲：……

（电话挂断）

"非辩护式回应"可以防止冲突升级，也可以防止对抗而搞得两败俱伤。

使用"非辩护式回应"这种新的方法，你是需要演练并适应的。就如同建设一条新的高速公路**是需要时间的**。

（二）学习"表明立场"

表明立场可以明确自己的想法和信念，明确什么对自己是重要的，自己愿意做什么，不愿意做什么，什么可以商量，什么不可以商量。

为了帮助小丽学会表明自己的立场，让小丽只能采取三种立场之一：

1. 我不愿让你们住在我家里。
2. 我愿意让你们在指定的、有限的时间内住。
3. 我愿意让你们爱住多久就住多久。

小丽拿定了主意，决定答应他们来住一个星期，这样既维护了自己的需求，同时又在一定程度上安顿了父母。

（三）学习说"我不能"或"我不要"

小丽对自己的解决办法不是很满意，她还是给自己和丈夫的关系带来了压力，她认为这是由于自己的软弱造成的，对于父母她还是觉得**"我不能违抗父母"**。

我让她重复这句话**"我还没有违抗过父母"，但不要说"我不能……"**

"我还没有……"暗含着多种选择，而"不"或"不能"暗含的则是完全相反的东西：不可改变。

孩子成年以后仍然同父母的关系纠缠不清，缺乏自主选择的能力，**这是使"巨婴们"难以成熟起来的关键原因。**孩子的选择范围多是由父母强行划定的，说一声"我还没有……"，你就等于为自己建构新的行为方式敞开了大门，**你就是你自己。**

三、转化你的负面情绪

情绪是有记忆的。情绪是感受的表现形式，情绪是一种能量，情绪没有好与坏。不懂事儿的爹娘们要学会处理自己的情绪，以下两种处理情绪的方式供你参考。

（一）动态式管理

1. 允许自己发火，将怒气外露，不要对自己的情绪求全责备。捶击枕头，朝惹你生气人的照片怒吼，找你信赖的人谈谈你的恼火。可以大声地说"我生气了，我是有权生气的"。

2. 增加运动量，有助于释放体内的紧张情绪，打球、跑步、骑自行车、跳舞、唱歌，或者清理物品，将家里快要溢出的多余的东西清理出去。

（二）静态式管理——情绪管理四部曲

第一步，觉察。什么是觉察？觉察就是发现，发现自己的情绪感受。感受就是感受，没有对与错，感受是与生俱来的，孩子在胎儿期就能敏锐地感受到妈妈的感受，妈妈今天高兴不高兴、开心不开心，觉察的前提是要学习婴儿般的感受。觉察就是在当下，**觉察是改变的开始**。

第二步，观察（把自己作为观察者）。观察自己内在冰山的变化，闭目静心，观呼吸，放空大脑。把自己抽离出来作为第三者反观自己，观察他（自己）的感受情绪，这份情绪是什么事情导致的？是近期事件还是过往的生活事件累积的情绪？内心真实的想法（观念）是什么？有哪些未被满足的期待或者渴望？

第三步，转化。找到情绪的原因后，转化这份情绪背后的力量和负面的观念。例如，愤怒情绪，先通过动能的方式把愤怒的情绪转化出去，然后转化愤怒情绪给你带来的积极作用：愤怒是一份力量，愤怒是一份勇敢，愤怒是一种自我保护。愤怒最后就是接纳。

第四步：接纳。最后全然地接纳、拥抱情绪。**自我肯定陈述**："我深爱并接纳自己以及自己的愤怒……挫折等，谢谢你，我爱你。"

四、承担你自己应当承担的责任，做自己的好父母

（一）承担个人应当承担的责任，安之若命

将责任如实地卸给了应当承担的责任人，绝不等于免除了你该承担的责任。下一张表将帮助你认清，**应当自己承担的某些责任**。

请参考下面的列表，大声地念出下面表中的每项："**作为一个成年人，我应当为……负责任。**"

"作为一个成年人，我应当为……负责任。"
——成为一个独立于父母的个体
——有勇气承认童年发生的事情与成年以后生活之间的关系
——寻找足够的力量帮助自己治愈心中的那个不成熟的小孩
——重新获得成年人的力量和信心
——选择自己的生活和事业
——自己的恐惧、害怕等情绪感受
——自己的学习、工作努力
——自己的生命
——过去的事件对我今天的影响
……

表上的各项都是自我成长奋斗的目标，**不是一蹴而就的事情**。可能你在朝着目标努力的过程中，还会重新滑回到旧有的行为和旧有的思维模式中去。不要灰心，成长是螺旋式上升的一个过程，这个过程不可能十全十美。只要你愿意，所有的目标都可以达到，你是完全可以将内心深处那个不成熟的"巨婴"从无休止的循环中解放出来的，**终止"'中毒'爹娘的不健康遗产"**。

（二）成人以后做自己的好父母

人性本自足——自我满足曾经缺失的生命营养："全然的被接纳、被爱、安全感、肯定、认同、尊重、自由、自我价值的体现。"

你已经长大了，不再是当初那个等着被父母肯定的小孩了，你可以有其他的选择。一个人的成长往往意味他不再希冀父母的肯定，**放下对理想父母的渴望，而是"成为自己的父母"**，成为自己想要的那种父母，不再寻找、等待和依赖，学会爱自己、肯定自己、关怀自己、安慰自己，让内心那个"婴儿"有一次成长的机会，去疗愈自己，修复自己的生命。

"成为自己的父母"，学会对自己温和而又坚持。失败时，学会鼓励自己，让自己从失败中振作起来；犯错时，学会原谅自己；任性时，对自己温和又坚持说"不"。

"成为自己的父母"，学会完全承担起自己人生的全部责任，对自己负责，把自我整理好，让自己幸福和快乐，你就是自己最好的父母。

你的生命属于自己，你可以决定自己到底长成什么样子。你可以有自己的选择和努力，成就独一无二的自我。

如果一个人能做自己的好父母，也就一定能做孩子的好父母，甚至能够成为父母的父母。

建立独立的人格，**平衡好"自己、他人、情境"三个维度**，终止上一代父母不健康的遗产。

——维吉尼亚-萨提亚（Virginia Satir）（1916-1988年，举世闻名的心理治疗师和家庭治疗师）认为，**人有三度出生。第一度出生**，是精子与卵子结合，激活了生命力，创造了一个新的生命体。**第二度出生**，是我们的身体从母亲的子宫中产出，出生后进入一个已经存在的家庭系统，我们的生存完全依赖照顾者。**第三度出生**，是"我们成为自己的决定者"。前两度的出生，人们没有自主意识的选择。当人们成功地实现自我整合，找到新的自我意识，就会实现第三度重生。

五、做成熟的爹娘，灵活转换四种夫妻关系的频道

谁是成熟的爹娘？没有标准答案。**成熟意味着**能够为自己的感受、情绪负责任，而不是一味地指责和抱怨；**成熟意味着**能够为自己的想法、行为做出选择并且承担责任；**成熟意味着**能够感知别人的情绪、感受和想法，并愿意尊重别人和自己的身份、想法、个性等不同；**成熟意味着**他们知道自己是谁，需要什么，也知道对方需要什么；**成熟意味着**他们懂得彼此珍惜，寻求双赢，想办法让两个人的需求都得到满足；**成熟意味着**能够有自我觉察、反思的能力和自我认知的能力。

问题本身不是问题，如何应对才是问题。

无论是"小男孩、小女孩"还是"假妈、假爸"，接受我们自己的不完美，**欣赏自己有勇气穿越童年的心灵创伤**，并带着觉知活在当下，灵活做好自己的内在小孩和成人角色的转化。**每个人内心里面其实都有好几个部分**，有成人的部分：能够做事业、能够赚钱，能够养家；男人内心有父亲的部分，会心疼女人内心的那个小女孩；女人有母亲的部分，会心疼男人内心的那个小男孩。

如果夫妻都有办法看到对方身上的那个小男孩或小女孩，女人的母性会出来，男人的父性也会出来。**理想的夫妻关系就是**将这四种"小孩对小孩、父亲对小女孩、母亲对小男孩、成人对成人"的模式灵活地转换频道。例如，在父亲对小女孩型的夫妻模式中，如果父亲型的丈夫因工作、生活压力大或者有情绪，女儿型的妻子就要迅速转换成母亲型的妻子，去心疼这个父亲型的丈夫，使其变成男孩，享受母亲般的温暖；当家庭中商讨重要事件或者遇到重大问题时，相互间就要转换为成人对成人型的模式，以严谨认真的态度共同参与。

但**谨记**：转换夫妻关系模式的频道一定是**"觉察"**在前提，觉察是改变的开始，多年习惯的模式非一朝一夕就能改变，正所谓"祛病如抽丝"！

你爱的是一个对象，而不是一个偶像。

终于放弃改变他人，**就叫"成熟"**；懂得改变自己，**就叫"成长"**。

爱的轮回——健康家庭的父母，爱孩子并将他养大，不是为了自己分享这一结果，不是为了永远与孩子黏在一起，而是要将他推出家门，推到一个更广阔的世界，让他去过独立而自主的生活。

爱与分离是生命中两个永恒的主题。

而他，势必会找一个伴侣，也会有自己的孩子，等他的孩子长大后，他也会向父母学习，把他的孩子推向更广阔的世界。

爱，就在这样的循环中不断地传递，从我们的原生家庭传递到我们的新生家庭。

家庭是传递爱的载体，家庭中居第一位的是夫妻关系，而不是亲子关系，夫妻关系是"家庭的定海神针"。

六、成就妈妈就是为了更好地成就孩子

从孩子出生的那刻起，妈妈的角色便永恒不变，尤其是 0 到 3 周岁，孩子处于人格的心理需求——安全感与爱的连结阶段，妈妈角色的重要性任何人也无法替代。妈妈的一个眼神儿，妈妈的一个语气，妈妈的一个鼻音，都将直接影响到孩子一生的人格基础健康。

纵观历史名人传记中描写母亲的特质：母亲温柔、贤淑、善解人意；母亲坚强、善良、懂得尊重……

那么，如何做个合格的好妈妈——

1. 分享孩子的小小荣誉

当孩子兴冲冲地告诉妈妈他今天在学校得了一颗五角星或是得了奖章等，千万不要表现出厌烦或者不屑一顾，一定要和孩子一样高兴，肯定、赞美他。最恰当的办法是说"能不能让妈妈看看"，要与他分享这个快乐，因为这个荣誉对孩子来讲是非常重要的。

2. 做谦虚的妈妈

当孩子来问妈妈"这个字怎么念"等诸如此类的问题时,妈妈最好不要马上就回答他,最差的回答是"你怎么连这个字都不认识"。妈妈最好看了一眼后,说:"哎呀,我也不认识,我们一起查字典,好吗?"几次之后妈妈就教会了孩子使用字典,同时,孩子查完字典认识该字后会很有成就感,多次之后就养成查阅资料不依赖妈妈的习惯了。

3. 进门前深呼吸,消化掉自己的不愉快

妈妈在进家门之前,务必提醒自己:放下外面所有的不愉快的事情,当下,现在要承担的是妈妈的角色了,孩子需要快乐开心的妈妈,千万不要把与孩子无关的负面情绪转嫁到孩子身上,因为孩子是无辜的。

4. 淡定,淡定,一定要淡定

当孩子告诉妈妈今天考试没考好时,妈妈一定要管好自己的情绪,绝对不能发火或脸色阴沉,孩子这时正紧张地观察着妈妈的脸色呢。所以,妈妈最好表现得平静淡定,让孩子把卷子拿出来,和孩子一起分析错在哪儿,要是孩子已经明白了错在哪儿,妈妈也不必再纠缠,但最后要鼓励他:你看,咱们知道错在哪里了,下次考试就避免犯同样的错了。妈妈如果感到自己无法控制情绪就去卫生间洗把脸,照照镜子,做几个深呼吸。

5. 切忌"你必须……""你应该……"

妈妈不要在孩子还没把想说的话表达清楚时,就自以为是地抢先表达自己的观点,不管孩子是否愿意,就以"你必须……""你应该……"的语气命令孩子,以自己的观点来代替孩子的观点,而且要求孩子去执行,妈妈切记不能成为"专制"的代名词,否则孩子长大后缺乏主见,不懂得选择。妈妈和孩子之间应建立平等的关系(平等不是无原则),懂得互相尊重对方。

6. 我曾经还不如你呢

当孩子在考试前或做什么比较重要的事情之前表现出胆怯时,妈妈千万不能不以为然或训斥他胆小或表现得比他还紧张,那样反而会加重孩子的心理压力,导致孩子无法正常发挥。妈妈最好是很轻松地对孩子说:"你就放心大胆地做吧,什么事情总是要体验了才知道,爸爸妈妈在像你这么大的时候还不如你

呢。"这时，孩子心里会很有底气和自信，他会发挥得比平时更好。

7. 面对挫折再坚持一下

当孩子遭受失败或挫折时，妈妈要表现得坚定和绝不放弃，温和而冷静地告诉孩子失败只代表一时，不代表终生。不要在孩子还没准备放弃时妈妈首先就表现出感到没有什么希望了，最差的就是用刻薄的语言挖苦他，把孩子数落得一无是处，甚至新账老账一起算，否则孩子会极度自卑，甚至放弃自己本应美好的前途。

8. 批评教训孩子完以后，一定要再去抱抱他

孩子犯错是很正常的事情，妈妈生气指责也难免不了，但是，很多时候孩子虽然犯了错，但更多时候他们真的不知道具体错在了哪里，所以，请妈妈们批评孩子要晓之以理动之以情，最后妈妈们一定要做一个关键的动作：抱抱你的孩子或者摸摸他的头。并告诉他，虽然妈妈打你了或者教训你了，但是妈妈是针对你做的事情，不是针对你这个人，你永远都是妈妈爱的和喜欢的孩子。这样会让孩子感受妈妈的爱并更加敬畏妈妈。

9. 妈妈要学习减少语言的数量

妈妈在孩子面前要控制语言的数量，千万要少唠叨，因为唠叨就代表你的担心和不信任，事实上，最让孩子畏惧和敬畏的是妈妈的沉默，所以，与其唠唠叨叨地对孩子说个没完，不如用简短的语言告诉孩子他犯错的所在或者应该注意些什么，然后用接纳和肯定的眼神看着他，比你继续唠叨更有用。孩子虽然装得一副无所谓的样子，但实际上在观察妈妈是否把所说的事当真。

所以，各位亲爱的妈妈们，不要等孩子长大了总是说他，"你怎么这样的性格啊，你到底像谁啊？"父母是孩子的启蒙老师，孩子的习性都是取决于你平时对他的态度和你的行为，为了孩子，妈妈们一定要先成长自己吧！

安文化小贴士

女人安则家安：

——女人是家的镜子；女人是家的灵魂；女人是家的文化；

——女人是孕育生命的载体，女人天性的保持与母爱之力量深深植根于宇宙；

——女人先知先觉，让女人先开始成长吧，最终影响并带动家庭的幸福和谐！

你寻找另一半是为了让自己更完整，而不是找一个完美无缺的人！

PART TWO
妈妈不是不爱你　是不懂你

邢潇月

如同世界上没有两片完全一样的树叶一般，在这个世界上也不存在完全一样的两个人，但是在我们的妈妈教育孩子的过程中，却总是会陷入这样的怪圈：我们每天辛苦劳累地养育着一棵树，就为了它能长出和邻居家一样又大又甜的苹果，却始终没有发现她在浇灌的其实是一棵桃树……

或许大家都有这样的经历，当孩子刚出生时，作为父母的我们愿望很简单，只求孩子健健康康就好，但是随着孩子一天天长大，做父母的心态也跟着发生改变，我们开始不自觉地比对，谁家孩子会走路了，谁家孩子会叫爸爸妈妈了，我家孩子怎么长那么大个头儿？似乎一切和别人不一样的都成了问题。等孩子上了幼儿园，我们又开始对孩子性格上与别人的差异产生担心和焦虑："是我的教育方式出现问题了吗？"

我们都知道，孩子的性格会受到后天教育环境的影响，但我们常常忽视了孩子同时还具有与生俱来的个性，这种天生的个性就是"气质"，而气质在很大程度上会影响性格的形成，但性格受环境影响多少可以改变，气质却在本质上永远不会发生改变。因此，有些时候孩子表现出来的"问题"其实是他自身气质的自然显现，如果家长懂得根据他的先天气质给予恰当的教养，就会发现，想爱孩子其实并没有那么难。

PART TWO
妈妈不是不爱你 是不懂你

乐天的海棠树

春暖花开的日子,当我们走在路上,经常会被路边那一排排开满鲜花的海棠树所吸引,一串串粉红色的花朵从茂密的绿叶中伸出脑袋,向着阳光张开笑脸,让人不由地想要靠近。当看到路人经过,它们借着一阵微风热情地抖落片片花瓣,算是打个温暖的招呼,这便是海棠树,它是**热情的、活泼的、充满欢乐的**。而在我们的生活中也有这样的一类人,他们就像这海棠树一样,充满着热情和欢乐。

7岁的闹闹,今年刚上小学一年级,被妈妈带到咨询室来处理他的"问题",据妈妈介绍,在闹闹上学前一直对他不大管,因为想着只要孩子身体健康就可以了,可是没想到上了学出现这么多问题,几乎一周有三天都要被老师请到学校去。

第一个问题是闹闹总是不听老师的话到处乱跑。学校规定下课后不允许去操场玩耍跑动,可是他就是控制不了,下课总是要偷偷溜过去活动一会儿。问他为什么非要去,他说自己也控制不了,就是想去玩儿。他玩儿美了,妈妈受不了了,总被老师请都觉得没面子了,带着一肚子气回到家把闹闹好好收拾一顿,没想过了两天老师的电话又来了。妈妈也知道总对孩子发脾气、打骂不好,可是情绪来了,开始还能压着,到最后就是一次大爆发,每次爆发后自己又后悔,孩子总是这样在学校在家里受到惩罚,会不会受挫?老师会不会看不上我们家孩子?他会不会觉得自己跟别人不一样,然后变得自卑?最气人的是,再多的惩罚对闹闹的行为改变并没起什么作用。妈妈不止一次地问道:"闹闹是不是有注意力缺陷啊?"为此妈妈还给他报了个专门的注意力训练班,但也看不到效果。

第二个问题是，闹闹在学校有个好朋友，和他一样爱乱跑，但是那个小男孩学习很差，大家都不喜欢他，除了闹闹几乎没有人会和他一起玩耍，妈妈就担心了，这样长期下去会不会把闹闹给带坏了呀？会不会大家也不喜欢我们闹闹呀？于是想尽办法阻止闹闹和他的朋友交往，各种讲道理、创造条件，想让闹闹和他们班里第一名的孩子多接触，可闹闹唯独喜欢那个小男孩，只要有机会就和他凑到一起，这也让妈妈既抓狂又没有办法。跟着又出来一个问题："他是不是大脑发育太慢？他这不是心智不成熟吗？"

第三个问题是，闹闹的兴趣过于广泛，但是没有哪一个能坚持下来，他喜欢学数学，妈妈就给他报了个班，但是上了几次课觉得太难，他就不愿意继续了，上课也不好好听讲；他在电视上看了乒乓球比赛，就让妈妈给他报了个乒乓球的训练班，没上两次就说没意思，没有电视上看到的那么激烈的感觉。喜欢小提琴，上了几次课又不要继续了，因为太枯燥，而不是像想象中那样拉出一首完整的曲子。现在闹闹又看上架子鼓了，可是妈妈开始退缩了，不知道要不要给他报班了，万一又上到一半不干了可怎么办？

听着妈妈一件一件地像报告案例一般地细述着，看着她一边说一边紧皱着的眉头，我感受到她内心里有着一份既着急又无奈的深深的无力感。在理解了妈妈的无力和担心后，为了进一步了解闹闹的情况和帮妈妈解答她提出的问题，我反过来问了她几个问题：

"闹闹除了有时下课不听老师话到处乱跑，其他时间是什么表现呢？"

"不论是老师还是你，每次惩罚他，他是什么反应呢？"

"还有，闹闹除了和那个小男孩特别好之外，实际上和其他同学关系怎么样呢？"

"在兴趣的选择上，我看到闹闹似乎更喜欢得到最后的成果，他的每一次放弃你是怎么处理的呢？"

显然，这几个简单的问题妈妈从没有想到过，因为当她听到这几个问题时先是陷入了思考，接下来她的回答是这样的：

"嗯……这么想一下我们闹闹应该还不是注意力缺陷，当他做自己感兴趣的事情或者觉得不难的事情时还是很专注的。"

"其实我很不喜欢惩罚孩子的,可是在学校里我控制不了老师惩罚他,因为我总是怕闹闹被惩罚的太多变得自卑,但是现在想想似乎每一次惩罚完了也就完了,他就跟没事儿人似的转身就找小伙伴儿玩儿去了,好像在这件事上不是他变得自卑,反而是我变得自卑了。"

"说起和同学的关系,其实他在学校的人缘还是不错的,也没有我想象得那么坏,我只是怕会变坏。"

"在他报班这个事情上我是没办法,他不学我只能先给他讲道理,告诉他没有人能一下子就成功的,什么东西都是要一步一步学会的,可是道理讲了一大堆,一点作用都不起,讲得越多他越烦躁,最后没办法就只有放弃了……我也不想什么事情都这么轻易放弃,但是看到他那个难受的劲儿我也心软了,我真羡慕我们有个同事家孩子,人家也刚上小学,钢琴都考了几级了,我真希望闹闹也能和人家一样,可就是不知道要怎么做……"

妈妈的话匣子一打开就停不住,看起来已经被自己的孩子愁得走投无路了……

看到这样的案例,相信很多家长都会感同身受,受当今社会舆论的影响,我们很容易将自己解决不了的问题归结到是孩子出了"问题",然后一步步被"问题"困住。其实在上面这个案例中,经过进一步的交谈,我发现妈妈眼里的"问题"实际上大部分源自孩子的先天气质,而**先天气质是与生俱来的**,并非真正的问题,真正的问题反而出在妈妈那里,由于她对孩子不了解,由于她不懂得正确的引导方式,由于她的过度担心,而导致孩子在她眼里看起来有"问题"。那闹闹的天生气质是怎样的呢?从他的各种表现看来,闹闹的气质类型是典型的**乐天型**。

首先,**乐天型的孩子**天生兴趣爱好广泛,对一切新事物都充满好奇感,但是他们又天生容易冲动浮躁,所以做起事情来稳定性不是很强,经常做着这个又看上那个,容易半途而废。其次,乐天型的孩子渴望得到别人的关注、肯定与赞美,没有哪个孩子不希望得到爸爸妈妈的肯定,但似乎乐天型的孩子尤其需要，就像闹闹学乒乓球，其实很大一部分原因就是他看到运动员们把球打来打去，他觉得很厉害，还有很多人在旁边欢呼加油，他喜欢的是那种被关注和赞美的感觉，而当他刚开始学时发现原来那么枯燥，所以就失去兴趣了，这也是这类孩子面对压力时容易逃避和退缩的一个很大原因。第三，乐天型的孩子比较注重自己的感觉，做事情容易跟着感觉走而不容易被各种规矩或知识所限制，想到了就要去做，去体验，因此他们的自我节制能力很差，就像闹闹自己说的，他也不知道为什么偏要往操场上跑，就是想去，就是控制不住。第四，乐天型的孩子天生温暖、热情，有同情心，善交朋友，经过调查发现，几乎没有哪个乐天型的孩子在学校是人缘不好的，所以闹闹妈的担心完全是多余的，闹闹在学校和同学的关系都很好，经过后来的了解，我们发现他之所以经常和那个小男孩一起玩儿是因为他觉得大家都不理他，他会觉得孤独。第五，正如乐天型这个名字一样，乐天型的孩子天生乐天，他们在乎的是自己拥有什么而不是自己失去了什么，所以他们不会因为做错了事情或者受了惩罚而耿耿于怀，他们似乎天生有一种化解不开心的本领，事情过去很快就能调整好自己，因此他们也容易一错再错，就像家长和老师经常用的那个词"不长记性"，这一点的确让人很头疼，但是也完全不必有多余的担心，正如闹闹妈所担心的，怕孩子受挫，怕孩子自卑，其实他们的那一点惩罚在闹闹心里早就成为过去了。

心灵导航

这么可爱热情的孩子，我们的妈妈要怎么做才能让自己的养育过程顺利又轻松呢？

首先，少讲道理，多建立感情连接。乐天型的孩子是喜欢和人交往的，因为他们在乎关系，在乎感情，因此妈妈们在教育的过程中要学会用情感引导，而不是直接灌输道理，比如孩子和同学打架，你给他讲"这是不对的，这不是好孩子该做的事……"基本起不了作用，如果你说"当你这样对你的同学，他会感到伤心的，能不能换一种方式呢？"当涉及情感时，他往往更能听得进去和接受你的建议，他也更愿意和你交流。

第二，多正面关注和鼓励，少惩罚。虽然乐天型的孩子做事情容易半途而废，但是并不代表就做不成，这需要妈妈们耐心地多给予关注和鼓励，对于他做的事情，不要总是盯着做得不好、不对的地方，而是在他做对、做好的时候及时地表现出兴趣，让他跟你分享他成功的经验，多数情况下他都会兴高采烈地给你讲个不停，因为他们喜欢被关注和肯定的感觉，就这样不断强化他成功的经验和感觉，他做起事情来会变得更有动力。

第三，做好计划和管理。乐天型的孩子喜欢跟着自己的感觉走，自我约束能力又差，所以对于自己选择的事情也经常会中途发生改变，因此在这点上妈妈们要从小引导他们，让他们知道选择了的事情就要做到底，要负责任。妈妈们首先要自己能做到坚定，要让孩子明确地知道，只要自己做了选择，不论怎么耍赖、发脾气，都没有用。妈妈们还可以和孩子一起做好计划，协助他管理自己的时间，慢慢养成习惯。

冷静的松柏树

松柏树，四季常青，无论酷暑还是寒冬，抑或狂风还是暴雨，它们只是静静地站在那里，不动声色，沉稳而冷静。远看它们像一座座茂密的小山，近看它们有着**整齐规矩的层次**，从大到小，从粗到细地延伸，它们耐旱抗寒，生长缓慢，但它们寿命极长，如果仔细观察就会看到它们每一个细小的叶片上都有着清晰的脉络，那里蕴藏着它们内在的细腻与丰富。用冷静来形容松柏最恰当不过，或许看到这里您会联想到身边的某些人，他们就和这松柏一样如如不动，让你拿他没有办法。

有次朋友聚会上，一个朋友问我："你说孩子慢性子怎么改？我都快被我家儿子急死了，这才三岁我就发现他这个特点了，干什么都慢，从小就是，喂他吃口饭得半天才能咽下去，和小朋友们一起玩儿总也抢不到他想玩儿的玩具，每次都是我给他抢，你说我一个大人老和小孩儿抢东西也不好啊！总之我就感觉他干什么都慢吞吞的，这马上要上幼儿园了，我担心，万一去了受小朋友欺负我又不在身边可怎么办啊？"对这个朋友的情况我是比较了解的，她是那种做起事来风风火火的类型，在银行工作多年更是练就了她做事情又快又准的习惯，平时最见不得的就是慢，看着她一脸急切的样子，我开玩笑地跟她说："你都说了人家是慢性子，那还怎么改？"虽然我说话的时候有点开玩笑的意味，却也是实话，当孩子的天性如此，我们又怎么能改呢？

像这位朋友这样的例子在生活中并不少见，在我从事教育工作的几年中，见过无数的家长因为与此相似的问题头疼，比如：辰辰，一个8岁的小男孩儿，每次来上课时都是爸爸或者妈妈要不就是姥爷帮他拿着书包拿着水杯，给他

PART TWO
妈妈不是不爱你 是不懂你

送进来，下课的时候家长又早早地在教室门口等着，一下课就进来给他收拾书包急急忙忙把他带走，一开始我们看到这一幕都会想：这一家子也太溺爱孩子了！后来在和辰辰妈接触的过程中慢慢了解到，事实并非如此，不是他们溺爱，而是他们等不及。说起辰辰来，妈妈的脚差点儿没跺起来："其实辰辰是个挺聪明的孩子，我知道，他一点儿也不笨，就是一点，他太磨蹭了！从上幼儿园的时候就是，每次放学他总是最后一个出来，别的小朋友早就跑得没影儿了才看见他慢吞吞地从教室门口露个头，幼儿园老师也经常反应，说我们家孩子吃饭慢，你问他是不是不爱吃，可也没有不爱吃，上幼儿园之前基本都是他姥爷喂的多，我也没在意，后来在家我就观察他，的确是慢，就算是碰到特爱吃的东西也没有像别人那样狼吞虎咽的，这点倒还好，吃慢点对身体好。可现在上了学我就有点不行了，我发现他不单是慢，还懒。就拿每天早上起床上学这一会儿来说吧，我和他爸就能让他急死！闹钟一响我就先去把他从被窝拖出来，等我和他爸都洗漱完了再去看他，衣服还没穿起来！没办法，只好我来帮他，穿好衣服拉到洗手间给他挤好牙膏洗漱，我再去做饭，所有的动作都得我不停地催，等他吃上饭我才收拾我上班的东西，吃了饭还得催着他收拾书包，等我们都准备好了要出门了，他书包还没装好，没办法我只好再过去帮他三下五除二弄好出门，再不走我和他爸上班都得迟到，天天早上就跟打仗似的。等到了放学你就等吧，看着别的孩子都走了你左等右等他就不出来，因为下了课还有课外班呢！回家写个作业也是，人家孩子一小时写完，他两小时也写不完，他也不是说三心二意走神，你看他坐在那也挺认真，可就是不见成果，我在旁边看着吧，一是实在是着急，忍不住就要说他，二是也起不了什么效果。你说我们还能怎么办？只好能插上手帮他一下的就帮他做了，我也知道老这么代劳不好，可不行啊！就说他那个房间，总是乱糟糟的，我跟他商量好拿出一下午自己收拾一下，半天过去了，他倒是也收拾了，可就收拾了一张书桌出来，我就又忍不住伸手了，别人都说我们溺爱孩子，哪是呀！我们是真忍不了他这么磨蹭，这长大了可怎么办呀？"

在学校中**磨蹭的孩子**并不少见，有的是因为不喜欢学习故意拖拉，有的是因为面对困难时不知所措，但并不是每一个孩子都像辰辰这样凡事都那么磨蹭，而且据我对辰辰的观察和了解，他是个做起事情来很认真的孩子，而且学习成绩并不差。我告诉辰辰妈："你家辰辰并不是故意磨蹭或者偷懒，这是他的天生气质决定的，不要整天催他，这样反而会给他增加心理负担。"为什么这么说呢？因为辰辰就是**冷静型**气质类型孩子的代表。

冷静型的孩子，是最好认出来的一种类型，因为他们有一个最突出的特点就是慢，如果家长们仔细观察，从很小就能看得出来。冷静型的孩子之所以慢，是因为他们内在人格中有着对他们来说很重要的一点，就是小心谨慎，因为他们非常小心，所以他们需要更多的思考，需要很多的秩序和规矩，他们不喜欢自己内在的组织性被打乱，因此他们做事情也就自然快不了，也不要指望他们一下子处理一大堆杂乱的事情。由于他们内在系统的复杂性，外在表现就是慢条斯理，吃饭慢、走路慢、学习慢、整理东西慢……正因为如此，家长们经常会对他们产生误解，认为他们懒惰，这真是对孩子莫大的冤枉。

冷静型孩子还有一个典型的特点，就是不会表达，随着年龄的增长这一点会越来越明显，所以这就更容易加深家长对他的误解，因为他不说，家长们还以为自己的认为是对的。另外，他们的不会表达也经常会让身边的人感到失望和伤心，你会觉得你对他再好，也得不到他的心似的，尤其是在成年之后的婚姻关系中，这点尤其明显，但是你会发现，虽然这类人不懂得表达感情，甚至有时看起来有些冷漠，但是他们也从来不会抱怨，比较能够适应和接受自己目前的状况。

冷静型的孩子还有一个很大的特点就是他们的情绪很稳定，不会乱发脾气，他们对待他人很温和，对他人的容纳度很高，所以很容易和他人相处，他们也喜欢和别人和睦相处。如果你做错了事，他们也不会特别在意，如果你改正了，他们会很容易原谅和接纳你，他们不喜欢去改变和控制别人，对自己也是如此，所以他们不大容易受到外界的影响。一旦遇到问题，他们会自己处理，他们擅长通过自己的思考来处理和接纳自己遇到的问题，一旦想通了，这件事情也就过去了，而不是一直纠缠。

冷静型的孩子虽然看起来慢，但是他们处理事情的本领其实很强，因为他们有着严密的逻辑思维，很会分析和计划，很会想方法，也很重视实际，实事求是，因此他们的独立性是比较强的，其实他们完全有能力将自己的生活照顾得很好，将自己的学习管理得有条不紊。对他们来说，不论多么复杂的事情，比如一个杂乱的毛线团，到了他们手里，也能一点一点地理出头绪来，因为他们有足够的耐心和超强的逻辑，当然，会很慢。

心灵导航

那对待这么谨慎细致的孩子，我们的妈妈要怎么办呢？

首先，要接纳孩子的慢节奏。对冷静型的孩子的妈妈来说，慢是最大的焦虑。但如果妈妈们能真正做到接受孩子的慢，你会发现，他们是不太会惹麻烦，让人很省心的一类。妈妈们要学会认识他们内在的节奏，尊重他们处事的方式，因为他们不喜欢自己的节奏被打乱，对于这一点他们非常固执和倔强。如果妈妈们一直催他们"快点儿！快点儿！"反而容易激起他们内在的不安全感和不确定性，造成的结果就是他们需要更多的时间来磨蹭和拖拉，慢慢变得越来越被动。要做到接纳孩子的慢是不容易的，尤其当妈妈本身是快节奏的人时更难，这需要妈妈们有耐心，愿意付出时间和精力去等待，一切不能只以自己的节奏为准，而是多考虑一下孩子的需求，比如早起时间不够，那就及时调整时间表，和孩子一起晚上早睡一会儿，早上早起一会儿，好让他有充分的时间去处理自己的事情，而不是事事都为了自己方便而代劳，孩子本身是有独立性的，长期代劳下去，原本的优势反而成了劣势。

其次，多给孩子肯定，切忌唠唠叨叨。冷静型的孩子比较喜欢安静、平静的生活，如果生活中总是有一个唠唠叨叨的妈妈在身边，即使是他们包容性好，长期下去也会让孩子原本平静稳定的内在出现焦虑。如果唠叨的内容还多是指责和批评他的话，就更糟糕了，你会发现，越是唠叨，他们就越是慢，越是指责，他们就越是冷漠和不说话，因为这是他们表达自己不高兴的方式，长期下去，适得其反，亲子关系必然出现问题。因此，妈妈们要学会少说话，看到孩子哪点不对，说一次就好，简单明了，他们更容易接受。另外，尊重他们小心谨慎的特点，其实他们很怕事情做得不好或者不完善，所以妈妈们要看到他们哪个方面做得好，或者希望他们在哪方面进步，就在他们做得好的时候及时给予肯定和认可，来增加他们对自己的肯定和激发行动力，这会让他们变得越来越有力量。比如让孩子收拾房间，不要光看他没收拾到的地方，而是找找孩子收拾好的地方，对他进行肯定，然后告诉他不用着急，慢慢来。

第三，引导孩子表达感受。冷静型的孩子由于过于理性，再加上小心谨慎的特点，天生就不会表达感受，或者说他们不太会关注感受，因此在这方面妈妈们要学会刻意引导。表达感受需要一个安全的环境，而为一个小心谨慎的孩子营造这样的环境并不容易，需要我们细致地观察和感受孩子，给孩子更多的接纳和耐心，去等待和倾听。比如我们可以慢慢培养互相问候感觉的习惯，每天孩子从幼儿园或者学校回来，我们可以问他："今天感觉怎么样啊？"一开始孩子肯定不理解，所以需要妈妈们做个榜样，我们可以说："妈妈今天感觉很高兴，因为中午同事过生日请妈妈吃了大餐呢！你在学校里有没有什么故事呀？"孩子一般不会马上学会表达感受，而是也会先跟我们讲一件事情，比如可能在学校受了老师批评，妈妈们听完了故事要主动引导他表达感受："哦，受了老师批评是不是觉得有些不高兴呢？如果是妈妈，也会不高兴和伤心呢。"如果妈妈对孩子的感受把握准确，一般孩子很快就学会表达，也有的孩子可能经过引导还是不能表达，也没关系，给他一些时间，多做引导，慢慢就会看到效果。

第四，给孩子宽松的时间。时间是给冷静型孩子最好的礼物，冷静型的孩子不适合过于紧张和快节奏的安排，一方面是因为他们本身节奏慢，需要多一些时间去思考、计划和安排，另一方面是冷静型孩子的精力消耗很快，这是他们身体方面很重要的部分，虽然他们说话不多，也不像乐天型那么活泼，但是他们用脑思考多，他们要想大量的问题，这是很耗费精力的一件事，因此这类孩子往往都会比较容易累，当他们表现出懒洋洋的状态，其实跟懒无关，而是精力不旺盛了。因此妈妈们要注意给孩子宽松一点的时间，让他们有时间去思考，更有时间去休息，保护精力。

激进的巨杉树

在美国,有一种叫巨杉的树,是所有树中最粗大的一种,它们生得高大挺拔,树干笔直,甚至能达到近百米的高度,如果你看到它们,一定会觉得它们生来就是为了去触碰蓝天,它们生长速度极快,树龄极长,并且能耐得零下二十多摄氏度的低温,生命力极强。你一定想不到,其实在我们的周围也有着像巨杉树一样充满生命力和爆发力的一类人。

有这样一种孩子,他们精力无限,几乎一刻也停不下来,就像下面这个4岁的小女孩儿——大闹,光听名字就知道她在父母眼里是什么样子的了。大闹是我闺蜜家的孩子,用她妈的话说,这孩子自出生起就不好养,经常哭闹,别人家的孩子一睡就是好几个小时,可她家孩子每次顶多睡一小时,而且一醒必哭,还老是饿,闺蜜生完她就辞了职在家全职喂养,还把自己的妈妈也从老家接来帮忙照顾,可是两个大人全职照顾一个小孩子还每天都累得不得了,大闹这个名字完全是应现实情况起的。好不容易大闹长大上了幼儿园,她妈妈想着有个地方看管大闹自己可以安心工作了,没想到这下更累,接二连三的问题让她头疼不已。

每天下午去幼儿园接孩子,都有老师等着她,老师说大闹太不老实,别的小朋友都能安安静静地坐着,可她过一会儿就要站起来跑一跑,要不就是爬到桌子上躺着,她要跑起来抓都抓不住,用老师的话形容大闹在教室里就像个飞人,她自己闹就算了,关键是她一闹就有小朋友跟着闹,而且她总是天不怕地不怕,像小男孩儿一样登高乱爬,只要是她没见过的都要去尝试一下,经常能把那些年轻的老师吓坏急哭,可是对这个问题妈妈也只能表示无奈,因为大闹在家也是这样的,她和大闹姥姥早已经领教了。本来她们都被闹惯了没把这些当回事儿,但后来幼儿园的老师建议她带大闹去看看是不是有多动症时,她就有点儿心慌了,难道真是自己的孩子有问题?还是自己管得不够?于是开始带孩子去上感统课、参加各种专注力训练,可大闹还是问题不断。

　　从此妈妈开始关注大闹了,把工作进行了调整,空出了更多的时间来管教大闹。在幼儿园,除了老师告状,有时还有小朋友或家长也来找她,说被大闹欺负了,这点也是让妈妈很头疼的,说大闹欺负人是有点冤枉她了,妈妈知道她不是那种故意欺负人的小孩子,这在上幼儿园之前她就注意到了。小朋友们一起玩儿的时候,大闹总是很有大姐范儿,她要带头让所有人都听她的指挥,有时候孩子间起点儿冲突很正常,可大闹从不肯示弱,虽然她长得瘦瘦小小的,比如她看上的玩具从不会轻易给别人,就算别人来抢她也不松手,所以别的小朋友没招儿了就哭,家长跑过来一看就以为是被大闹给欺负了。另外她的动作也比较快,经常是看上什么就一下子冲过去,不顾周围的人,包括对人也是一样,她要是喜欢一个人就直接冲上去抱,所以难免会影响到别人,尤其是当妈妈们都在旁边的时候,就会对大闹很有看法。大闹妈妈是面子薄的人,每次大闹被人告了状,一面不停向人道歉,一面又觉得很生气,她自己也觉得大闹这样的行为不太好,也担心以后大闹的人际交往会出问题。有的家长看到了就教她对这样的孩子要严厉一些管才行,于是她就学着对大闹瞪眼、发脾气,可是被有些家长看到了又说哪有这样对孩子的妈妈,有话要好好说,到最后她自己被弄晕了,无论自己怎么对孩子,都有别的家长跳出来说自己管得不对,更重要的是不论软硬,大闹还是那个样子。

　　头疼的事情还有一堆,大闹从小脾气就不好,很容易暴躁,一有不顺心就大喊大叫,比如妈妈做饭晚了一会儿,或者自己玩儿沙子的时候不小心弄到眼睛里,只要一发脾气,怎么阻止她都停不下来,好像只有喊叫才能解她心头大恨一般,这时只能等她自己慢慢平静。

　　很多时候大闹都很固执,这也让妈妈感到很无奈,就拿她学钢琴这件事来说,她很喜欢弹钢琴,钢琴课从来不肯拉下,风雨无阻,但是她不喜欢别人要求她,偏偏姥姥在这件事上就总是和她作对。每次从钢琴课上回来,姥姥都会让她把当天学的曲子弹上几遍，可有的时候大闹不想弹这首生疏的，她只是想换首她熟悉的，姥姥也很固执："你不弹这首也不许弹那首！"大闹也不示弱："我就是不想弹，我就是要弹那首！"几个回合过后，姥姥一气之下跑过去把钢琴盖盖上："今天你不弹这首曲子，以后你都别想再弹琴了！"很多孩子都会在家长这样的压力下对钢琴失去兴趣，甚至再也不想弹了，可大闹不一样，她冲过去翻开钢琴盖："我就是要弹，你不让我弹我也要弹，我就是要弹那首！"每每这样的状况，妈妈就只能无奈地在旁边观战，等着老的气走了，小的气哭了，再过去安慰大闹，她就是这么固执，只要决定了，八头牛也拉不动她。还有次幼儿园老师布置她们周末回家做个手工，结果大闹发烧在床上躺了两天，到了周日的晚上，大闹想起来手工还没有做，就从床上爬起来带着病开始做，姥姥看见了心疼孩子，让她不要做了，到时妈妈会跟老师解释的，大闹不肯，姥姥说要不帮她一起做，她也不肯："幼儿园老师说了要我们自己做，到时候会有奖品的，我要一个人完成！"没办法，姥姥只好在旁边看着她做完。其实大闹是个很有主意的孩子，虽然才上幼儿园，但是所有的课外班都是她自己挑选的，英语班、钢琴班、舞蹈班……她忙得不可开交，妈妈和姥姥也跟着闲不住，一到周末就像赶场似的到处跑。

　　大闹还有一个让妈妈很担心和不理解的问题，用她的话描述就是没有爱心，因为之前发生的一件事情让她有了这个担心，她为了大闹有伙伴就在家里养了一只狗，从大闹出生起就和小狗在一起玩儿，大闹对小狗也很喜欢，每天下午都和妈妈一起出去遛狗，一起给狗洗澡。后来小狗生病了，没有抢救过来死掉了，这件事情让妈妈伤心得好几天没吃下饭，本来她还担心要怎么告诉大闹才能让她不伤心，结果大闹知道后跟平时没什么两样，也没有表现出很伤心的样子，这可把妈妈给震惊了！平时看大闹和小狗很亲密呀，每天回到家还要抱着狗亲亲，为什么自己心爱的小狗没了她一点也不伤心呢？这孩子怎么这么没有情感呢？我费这么大劲把她养大，以后我老了是不是也指望不上她了？妈妈一连串的思考让她自己感到很受挫，但又不知道要怎么引导大闹才能让她有爱心。

从大闹的种种表现看来，其实她有很多特质是符合**激进型**气质类型的特点的。

首先，精力充沛是激进型孩子的第一个显著特点，这类孩子是天生的大能量，有很强的生命力，一般这类孩子天生睡觉少，因为他们不需要那么多的觉，尤其是在幼儿园，会发现有些孩子总是不爱睡午觉，即使躺在那里也是翻来覆去睡不着，但是他们的精力和其他小朋友比起来不但不差还要更胜一筹。

激进型孩子的第二个显著特点是意志坚决，目标感强。这类孩子是目标导向的孩子，只要是自己认定的目标，一定会克服艰难险阻，无论如何也要完成。比如大闹学钢琴这件事，就是目标感强的一个典型代表，无论你设置什么样的障碍，她的目标就是学钢琴，不会因为你的阻碍而改变。还有她带病完成老师布置的任务也是一样，这样的例子在她的生活和学习中比比皆是，就好像当她有了目标，她天生的斗志就被激发出来了一样。所以激进型的孩子是抗压能力很强的，遇到问题、挫折时不轻易放弃，在恶劣困难的环境中，能坚持下来的往往就是激进型。如果从小观察孩子学走路就会发现，激进型的孩子学走路时，跌倒了不哭，爬起来再试，而且这样的过程他们能够维持很长时间。

正是因为有了强烈的目标感，所以他们的行动力也很强，想到要做什么马上去做，不会犹豫不决，包括他们表达自己的喜爱之情也是如此，他们不会想太多要怎么表现，而是很有可能就直接扑过去抱着你，或是其他一些比较突然的方式，经常会让人感觉比较毛躁，也会让对方感到猝不及防。

由目标感和行动力带来的另外一个特点是冒险精神，**激进型**的孩子**胆子大，过于自信，敢于尝试**，他们经常会做一些让人担惊受怕的事情，除非紧跟着他们，否则防不胜防，搞不好就闯下什么祸。

天生的大能量、生命力，超强的目标感，坚持不懈的意志力，有决断的行动力，胆大冒险的自信，这些特质共同决定了激进型的孩子是天生的领袖，他们在团体中总是很突出，很喜欢把大家组织起来自己做带头人，因为他们也喜欢掌控别人，这也是与领袖匹配的特质之一。

很多时候我们会觉得激进型的孩子和乐天型的孩子比较像，表面上看起来是这样的，因为他们同样都很热情，都充满活力，所以要区分他们最重要的一点就是看他们的目标感，乐天型的孩子是随性而为，强调当下时刻的享受，想做的时候做，不想做的时候随时都可能放弃，没有节制，所以即使是自己选择的事情也总是半途而废，而这在激进型的孩子身上很少发生，他们只要是自己决定了要做的或者认为对的事情，一定会坚持下去，而且在坚持的过程中你会看到他们超强的自律性，甚至有一些固执和偏执，这一特点是其他任何一种类型的孩子都无法企及的。

另外，激进型孩子与乐天型孩子相比，还有一个很大的不同，就是他们缺乏同情心，因为在他们的世界中理解不了为什么要脆弱，他们的思维方式是遇到困难就想办法克服，他们看不起弱小的人，也不理解。因此他们对待小动物也是如此，不论是养了多久和自己多好的小动物，死掉就死掉了，他们不会表现得多么伤心难受，因为他们知道那没有任何帮助。

最后，激进型的孩子一般脾气都比较暴躁易怒，这也和他们天生的大能量有关，所以大喊大叫发生在这类孩子身上实属正常现象，因为当他们有情绪时必须要发泄出来，而且他们有报复心，再配合他们超强的行动力，如果得罪了他们，他们会立马在行动上做出一些事情让你知道他们的厉害，很可能会让你下不来台，所以他们是有点危险的哦。

心灵导航

对待如此有能量有生命力的孩子，我们的妈妈该怎么办呢？

第一重要的是帮助孩子建立正确的是非观，要清楚孩子的目标。 因为激进型孩子一旦有了自己的目标就会誓不罢休、百折不挠，但是在孩子是非观没有建立起来的时候就很危险，因为他们做好事能做得很好，做坏事同样也能做得很极致。所以家长们一定要通过自身榜样的示范，为孩子注入健康的价值观念。除此之外，我们还可以通过经常与他们核对目标的方式来及时了解他们的目标，前提是要学会提问和听他说，比如我们可以问："妈妈很好奇，在这件事上你是怎么想的呢？"或者是问："妈妈很好奇，这件事情你这么做是为了什么呢？你想要什么呢？能给你带来什么好处呢？"先通过这样的问话引导孩子多说，进而搞清楚孩子心里的目标是什么，然后我们才可以表达自己的想法："妈妈现在知道你是怎么想的了，可妈妈也很想让你知道我的想法，你想不想知道呢？"如果发现孩子的目标有不妥的，我们就可以借此表达出来，激进型的孩子和乐天型的不同，乐天型的孩子不容易改变，但激进型的孩子，只要他认可了你的说法，他会改得很快，所以妈妈们要有耐心，多想些办法来说服他。

给孩子自由的发展空间，多给予支持。激进型的孩子喜欢控制别人，但是又不喜欢被控制，作为妈妈一定要注意这点，他们本身的生命力非常强又非常有主见，只要孩子的是非观没有太大的问题，就不要事事都去干涉他，否则他的反弹会很大，他的报复性会让他爆发出异常强大的破坏力，最后两败俱伤。只要他有了正确的目标，你不管他，他也完全可以自律得很好，如果真要干涉那就多给予一些支持和帮助吧！激进型的孩子很讲义气，对于真正帮助他的人会很喜欢接近，所以妈妈们不妨在孩子实现目标的路上在外围帮他创造条件，排除困难，孩子会对你感谢万分的。

再就是妈妈们要学会帮孩子建立同情心。同情心是激进型孩子天性里缺乏的东西，所以这点只有从小培养，长大了就很难再建立。妈妈们可以从种花草植物开始，让他们多接触大自然，不光是种，在种的过程中让他们看到有些生命本身有脆弱和不堪一击的一面，不是所有的事物都和他一样那么坚强。平时带孩子出去多让他们和比自己小的孩子接触，多去帮助老人，让他们体会到帮助他人的乐趣，慢慢就学会善待他人，才不会看不起弱者和欺负弱者，慢慢地他们的性格也会变得柔软平和一些。

忧郁的垂杨柳

每当春风吹拂大地的季节,我们常常能在河边等地看到垂杨柳,细长柔软的枝条轻轻下垂,在**微风中轻轻飘拂**,哪怕一只小麻雀落在上面都感觉不是那么稳当,不免让人觉得有些柔弱。或许你的脑海中会浮现出红楼梦中的林黛玉,弱不禁风、低头不语的样子就和那水边的垂杨柳一般。

阳光明媚的下午,一对年轻的夫妻带着一个瘦瘦的小男孩走进沙盘室,小男孩叫小天,今年8岁,走进沙盘室的时候,小天一直躲在妈妈身后,妈妈说话的时候他时不时地露出一个脑袋来看看,当我看到他的时候他有些不好意思,又缩回去。这次妈妈是带他来做沙盘体验的,原因是觉得他性格有问题,希望能找到答案。和妈妈简单交谈之后我们建议小天自己来玩儿一次沙盘,爸爸妈妈在外面等候,可他就是不松开妈妈的手,非要妈妈在旁边看着才行,没办法只好顺从他的意愿,小天开始玩儿起了沙盘,一边玩儿还一边回头看看妈妈,还时不时拿起一个玩具在妈妈面前晃一晃,要妈妈看到了他才满足地继续玩儿起来。结束了沙盘体验我和小天的妈妈又聊了很久,才对小天有了更多的了解。

小天妈妈说他胆子太小,从出生后就有这个问题,别人家的孩子都能随便让人抱,可小天不行,别提让人抱了,只要有生人靠近他就哭,有时候妈妈想让人帮她看一会儿自己去忙点事情,小天就会一直哭,没办法,光这一点就把妈妈拴得死死的。除了这点,有了小天后家里也不能接待客人了,因为每次有客人来家里,小天看见了就大哭不停,直到客人出门,这让爸爸妈妈感到丢尽了面子,可是怎么哄都没有办法。现在小天长大了,还是不给爸妈挣脸,每次去亲戚家或者在路上碰见熟人，小天总是躲在爸妈屁股后面，从来不主动向别人问好，每次都是爸爸催着："你怎么不叫人？叫叔叔好！"小天憋半天脸憋得通红，有的时候还叫不出来。

小天长大了，可还是个爱哭的孩子，送他去幼儿园的时候，每次妈妈离开都看见他两眼泪汪汪的。平时也说不得他，小孩子犯错被爸妈批评很正常，可是每次一说他他就吧嗒吧嗒掉眼泪，这让爸爸很反感："一个男子汉怎么能天天掉眼泪？"所以每次爸爸看到他哭都会更严厉地说他，还一脸嫌弃的样子，弄得小天经常又想哭又不敢哭，憋得难受。能让小天哭的场合太多了，走在路上看见一只死了的小麻雀，小天就能蹲在那里看半天，边看边掉眼泪。家里原来养了两只鸽子，每天小天都会和爸爸一起喂鸽子再把它们放出去飞一圈，后来有一天早上鸽子飞出去后再也没有回来，小天为这件事儿哭了好几天。家门口碰见一只野猫，小天想把它领回家，妈妈说野猫有细菌不卫生，不让往家领，小天就哭得一把鼻涕一把泪，他担心小猫在外面活不了。看动画片也哭，看漫画书也哭，爸爸妈妈都觉得小天一个男孩子多愁善感得有点过分了，出了事情什么也不说就会哭，所以两口子经常急得忍不住说他没出息，换来的只是更大的哭声。妈妈就想不通："我们两口子都是挺直爽利索的人，这孩子怎么这么不像我们呢？"

小天不像其他的男孩子一样喜欢到处疯跑，而是经常自己一个人发呆或者做一些在别人看来很奇怪的事情，比如他可以跟一群蚂蚁玩儿一个下午，看着蚂蚁搬家跑来跑去的，他就跟着琢磨它们的路线，他会想："蚂蚁们能不能看见我呢？它们眼里的我是什么样子的呢？它们会不会被我吓一跳？"有的时候他会把自己想的这些奇奇怪怪的问题去问妈妈和爸爸，开始他们还耐心地听着，和他交流想法，后来奇怪的问题问多了，大人就没了耐心，也懒得回答他，爸爸妈妈不理解他那么小的脑袋天天都在想些什么乱七八糟的东西。现在上小学的小天，老师也经常跟他们反映这个问题，上课的时候经常看小天一脸认真的样子，好像在很认真地思考，可是叫他回答问题的时候才发现，他根本就是走神了，不知在想些什么东西。有时下课了也是，不和小朋友们一起出去玩儿而是自己坐在座位上若有所思，有同学开玩笑叫他小思想者，他总是有各种各样奇奇怪怪的想法，但是小天的学习成绩还不错。

性格内向一点，胆子小一点还不是最让小天妈妈烦恼的，令她最担心的是小天的一些在她看来是异常的行为。小天好像除了哭不大擅长直接表达自己的想法和情绪，之前发生的一件事引起了妈妈对他的注意。邻居家有个哥哥比小天大几岁，是学画画的，很多小朋友都在跟那个哥哥学画画，放学回家后小天和妈妈说了也想去学画画的想法，但是妈妈没同意，因为妈妈不喜欢那个孩子，怕小天被带坏了。小天被拒绝后就不声不响回到自己房间了，妈妈也没把这当回事就去做饭了，小天一直在自己的房间里没有出来，妈妈还以为孩子在写作业，饭做好了，妈妈悄悄地过去准备叫孩子吃饭，结果走到门口发现小天正在房间里揪着床单，脸都红了，看起来很生气的样子，她有点吓到了，没想到孩子因为这件事被气成这样，一时间也不知道怎么应对，更不理解的是他为什么不直接跟自己说而是一个人在房间里生闷气？小天还有一个让妈妈不理解的举动，就是他总说他有一个形影不离的好朋友，在家里经常看见他自言自语，其实他是在和他那个朋友说话，他有的时候还会跟妈妈讲他和这个朋友的故事，看得出来他那个好朋友应该是他假想出来的，但是爸爸妈妈不明白为什么他要假想一个朋友呢？难道是他感到孤独吗？还是觉得爸爸妈妈不够爱他？这个朋友要陪他到什么时候呢？如果别人知道了会不会觉得他有问题？小天妈妈脑袋里冒出了一连串的问号。

从小天妈妈的描述和小天的表现能够看出来，小天是个很敏感的孩子，后来经过和小天一段时间的接触，我对他的了解更深了，越来越清晰他的很多表现都是**天性**中带来的，他就属于那种叫作**忧郁型**的天生气质类型。这一类型的孩子也是特点极其突出的。

天性里带来的细腻敏感是忧郁型孩子的第一个显著特点，他们所有的性格特征基本都会跟这个特点有关。因为他们细腻敏感，所以他们有超强的观察力和感受力，他们对细节比较关注，比如带一个忧郁型的孩子出门，你会发现他总是能看到你注意不到的东西。包括对大自然的观察也是，他们会很容易注意到路边的一棵小树，一株小草，一朵小野花，停在路边寻找食物的小麻雀……

而且他们也很喜欢停下来观察它们。在他们观察的同时可能脑袋里正在编织着一个美丽的故事，因为他们也是喜欢思考的类型，他们的内在世界是丰富多彩的，你总看见他们一动不动地待着，不像乐天型和激进型那么活泼，但其实他们内心非常活跃。而他们的思考和冷静型又不一样，冷静型孩子思考的问题大多是和现实相关的，是为了解决问题的，而他们喜欢思考的多是非现实性的，比较梦幻和天马行空，当他们把自己的所想和别人分享出来，往往得不到别人的理解，所以这类孩子经常会让人觉得幼稚。但也正是因为这点，一般忧郁型的孩子都比较有艺术天分，如果他们能借助艺术将内在丰富的世界表达出来是很厉害的。对于忧郁型的孩子来说，假想一个朋友这样的事情并不稀奇，因为比起现实，他们更喜欢待在梦幻中，这既是他们游戏的方式，也是他们逃避现实中不满意的方式。

忧郁型的孩子不光对事物的观察细致，对人也是如此，包括对自己和他人，他们有着天生的好直觉，别人对自己是好心还是心怀不轨，他们不用动脑想就能感觉得到，想对这样的孩子隐瞒一些事情基本上是不可能的。我们在咨询中也经常见到这样的情况：夫妻关系不好，但是为了孩子和家庭和谐表面上还不表现出来，吵架也从来不当着孩子面吵，但是在和孩子的咨询中往往就会发现孩子对他们的感情状况早就了如指掌，这经常会让父母感到很吃惊。其实所有的孩子都有这个能力，但是从咨询的比例上看忧郁型的孩子出现问题会比较多，原因就在于忧郁型的孩子除了对别人**敏感**对自己也很敏感，他们天生多疑，当他们感觉到家庭气氛不对时，往往会出现两个想法，第一个是"爸爸妈妈是不是不爱我了？"第二个是"是不是我哪里不好？"他们很容易陷入这样的问题中走不出来，变得越来越悲观，越来越钻牛角尖，就容易出现各种各样的问题。如果家长仔细留意就会发现，忧郁型的孩子从很小开始就经常发出要求别人喜欢自己的信息，他们相对其他孩子依赖性比较强，需要的关注和爱护也比其他孩子多。他们胆子很小，几乎所有的声音都可以吓到他们，有时还喜欢玩儿捉迷藏，实际上他们是期待爸爸妈妈去找他，来证明爸爸妈妈是喜欢他的，他们总是需要不断证明这点。

他们是喜欢自我攻击的类型，尤其是当他们觉得自己不被爱和喜欢时，他们会倾向于首先从自己身上找原因，对自己进行深刻的反思，当他们有情绪更多时候也是憋在自己心里去想，而不是直接跟人表达，再加上他们容易钻牛角尖的特性，很容易想不通，最后对自己造成伤害。他们还很记仇，激进型的孩子也记仇，但他们不同的地方在于，激进型的孩子偏向于立刻报复，当场让得罪他的人下不来台，但是**忧郁型的孩子会一直记在自己心里**，而你什么时候得罪了他了你都不知道。可能某一天你的孩子来缠着你找你陪他玩儿，而你正好有很急的事情要处理就不耐烦地拒绝了他，如果你细心就会发现他很少再来缠着你了，如果你没有发现，可能几年后甚至是他长大后某一天突然对你说："我现在这样还不都是因为小时候那次你不陪我玩儿！"而你根本就不知道他说的是哪天的哪件事，只能在心里喊冤。

忧郁型孩子的细腻性造就了他们的专注力，因为他们对所有的事物都有深入感受的能力，所以一旦他们对一件事情感兴趣，也会特别专注，他们是从小就能坐得住的孩子，所以做事情效率很高，一般学习都不会差。也因为他们爱反思的特点，他们对自己的要求很高，也很负责任，如果交代他做一件事情，他一定会认认真真地完成得很好，甚至有些完美主义的倾向。因为完美主义，所以他们也容易看到事情不好的方面，喜欢挑缺点，批判性强，他们会一直追求梦想中的真善美的世界，是名副其实的理想主义者。

心灵导航

这么细腻敏感的孩子，妈妈们要怎么做呢？

首先，一定要有耐心，多给予关注。忧郁型的孩子天生安全感不足，他们对安全感的需要胜于任何一种类型的孩子，他们天生就需要比别人更多的关注，所以妈妈们一定要满足这一点，尤其在3岁之前，能满足的都要尽量满足，孩子哭了及时抱，饿了及时喂，给予足够的关注。如果自己很忙没时间陪孩子，也一定要很有耐心地好好和孩子说明白，切忌急躁，因为在他们眼里家长的急躁很容易被理解为不爱，他们又容易记仇，如果长期下去很容易养成习惯抱怨的性格。

其次，引导孩子学会情绪管理。忧郁型的孩子感受太多又太深，很容易有情绪，有了情绪又不容易放下，爱钻牛角尖，而且大多数时候对消极悲伤类的情绪更敏感，而他们处理情绪的方式又多是压抑和自我攻击，不懂得表达自己的想法和释放不良情绪，所以妈妈们要格外注意观察和引导。前提是父母自己要做好自己的情绪管理，因为忧郁型的孩子很容易受到父母的影响，他们很容易把父母的问题和痛苦揽到自己的身上，他们区分不开，所以很容易从小就替父母承担很多的东西。一方面我们可以通过语言引导的方式，这在前面的章节中提到过，另一方面可以发挥他们天生的艺术特质，引导他们用画画或者唱歌跳舞以及游戏等方式去表达自己的情绪。比如在他们情绪不好的时候，妈妈可以和他一起随便画画，随便唱跳，在游戏的过程中让他感受到自己情绪的变化，慢慢地培养他们越来越习惯用这样的方式去管理自己的情绪。

第三，接受他们的胆小内向，放下控制。忧郁型的孩子虽然看起来默不作声，安安静静的，但是他们最讨厌的就是被控制。对于忧郁型孩子的妈妈来说，很难接受的是他们表现出来的内向性格，因为大家都会认为活泼可爱的乐天型才是孩子应该有的样子，所以经常有些妈妈会按照自己想法来命令孩子，孩子不喜欢出去玩儿，妈妈非要让他出去，或者孩子不想跟着大人一起去走亲戚，他们非要拉着他一起。虽然他们看起来不说什么，当然也不会表现得高兴，因为这会让他们非常难受。于是他们会用自我攻击的方式来表示他们的叛逆，甚至有些孩子可能会经常生病。所以如果你是忧郁型孩子的妈妈，一定要学会放下你的控制，尊重孩子的天性，要清楚内向是他本身的人格特质，不是你想改就能改的。

第四，引导孩子积极思考。忧郁型的孩子天性悲观，他们对悲观的故事、悲观的结局更有感觉，他们爱幻想，当在现实世界中遇到挫折时，他们也会感到悲伤，会进入幻想世界逃避。所以妈妈们从小就多给他们灌输积极的思想，教会他们多角度看问题，而不是钻到一个牛角尖里不出来。比如给孩子讲故事，可以和他们一起多设计几个结局，让他们看到世界本来就是有好有坏，坏的也可以转化成好的。

第五，学会利用孩子的自省天性。忧郁型的孩子太擅长自我反省，而最后往往发展成过度反省，一旦做错事情就会掉入沮丧情绪中出不来，一蹶不振，所以妈妈们要注意对待这样的孩子不能太苛刻，要学会利用他们的自省能力，当看到孩子犯了错，不要直接劈头盖脸地教训，而是心平气和地坐下来和孩子谈一谈，让孩子自己说说想法，如果他已经意识到自己错了，那妈妈也不用再多说什么，及时给他肯定和鼓励。另外要特别注意的一点是，在和忧郁型的孩子交流时一定是"对事不对人"，切忌那种"你这孩子怎么这样那样"之类的表达，这是对他们最大的伤害。

第六，人际交往中多给予肯定。忧郁型的孩子天生看起来胆小内向，再加上他们的完美主义要求，容易挑人挑事，因此人际交往很容易成为成长过程中的短板。在这点上，妈妈们要多创造条件让他们有机会和更多的人接触，在交往的过程中看到他们哪里做得好要及时给予肯定的回馈。当孩子和别人起冲突时也要多一些引导，让他们看到每个人都既有优点也有缺点，我们要学会欣赏别人的优点，包容别人的缺点，如果我们能不那么挑剔别人的缺点，我们自己也会舒服，对这样的孩子最后一定要引到他们的感受上才比较有效。

认准气质　因材施教

看了以上四节的案例，或许您会生出疑问："我的孩子好像每个气质都占一些，那他应该是哪种气质呢？"没错，实际上四种气质类型在每个人身上都或多或少地存在着，只是比例不同，而案例中的孩子基本上都是每种类型的典型代表，也就是说在他们身上有着突出的某种类型的特质，可能这种气质占了80%的比例，而其他几种气质加起来只占了20%，因此他们会表现得比较极端，也比较好分辨。其实每个人都有自己的主导气质类型，但是如果主导气质所占的比例不是很突出，就会相对难分辨一些，比如一个孩子的主导气质是冷静型，但是冷静气质只占了50%，而忧郁气质占了35%，其他两种气质占了15%，这种情况下要辨别其气质类型就相对难一些，因此对于这类孩子，就需要家长们多一些观察。尤其是随着年龄的增长，受父母性格、外在环境和教育背景的影响，性格上后天的成分会越来越多，因此孩子越小，越容易观察，特别是在0—3岁这个阶段进行观察是比较容易的。

您可能又要问了："那我们弄清楚孩子的气质类型有什么意义呢？"正如本章开篇所提到的，如果我们要浇灌一棵果树，首先要清楚这是一棵什么样的树，它需要什么样的环境和条件，需要哪些肥料，需要多少阳光和水分，每棵果树都有自身生长所需要的条件，我们只有按照它本身所需要的条件去浇灌，才能结出果实。如果明明是一棵喜阴的果树我们却天天给它光照，它一定结不出果实甚至在结果之前就枯萎了，就算勉强结出了果实也一定是很小的。这就是我们所要讲的意义，我们的孩子就如同那一棵果树，如果我们都不知道自己在养育着一棵什么树，何谈让他结出丰硕的果实呢？通过我们大量的儿童青少年咨询案例发现，现在很多家长眼里所谓的"问题"并不真的都是问题，有相当一部分是因为父母对孩子天生气质不了解所造成的。因为父母对孩子不了解，随便给孩子贴标签，拿别的孩子跟自己的孩子比较，硬要求孩子改变……这样的案例比比皆是。天下没有不爱自己孩子的父母，每个孩子都是父母掌心里的宝，我们爱这个宝，却因不懂得鉴别他让我们的爱失去了光芒……

阳光、水分、肥料是果树所需要的营养，我们的孩子也一样，每种气质类型的孩子在成长过程中都有自己所需要的营养，我们称之为心理营养。给果树适当比例的光照、水分和肥料是果树茁壮生长的根本，而满足心理营养则是孩子人格健康的根本。我们经常挂在嘴边的"因材施教"，也是这个意思。在我们成长的过程中需要的心理营养有哪些呢？这在上一章中已有介绍，总共有五个，分别是无条件的接纳、此时此刻我最重要、安全感、肯定和赞美、认知和模范。从普遍意义上来说这五个心理营养是每个人成长过程中保持健康人格的前提，是每个人都必须要有的，但针对不同的气质类型，要有一些格外的偏重。比如说，乐天型的孩子，就格外需要重视和肯定、赞美，因为他们需要被看见和被关注；冷静型的孩子，各方面均衡对他们来说是好的，因为他们天生就很平和；激进型的孩子，最需要的就是肯定，因为他们的目标感和成就感，需要更多的支持；而忧郁型的孩子，则是每个方面都要多给一些，他们几乎是每个方面都需要格外关注的类型。家长们看到这里时不要在心里打小算盘，不要开始生出对气质类型的评价心，哪个好，哪个不好。在这里要提醒家长的是，切忌因此而评判自己的孩子，切忌因此而给自己的孩子贴上标签，更不要因为自己不喜欢而去做硬性的改变。一开始我们就说过，一个人性格的形成受天生气质和后天教育两方面的影响，我们经常看到一些案例，由于天生气质受到压抑而导致性格上发生极端的变化，比如从气质类型上看是典型的乐天型，但是外在却像典型的忧郁型，这其实是不好的现象，内在和外在极端的不同其实显示了人格的不健全，而我们要做到的是在尊重孩子原有气质的基础上去发展而不是去改变。

气质类型没有好坏之分，我们会看到每种气质类型都是独特的，都是既有优点又有缺点，因此我们除了要给予适当的心理营养之外，很重要的就是调整自己的认知，把心放平，学会发展孩子的优势，对于缺点的部分给予更多的时间去学习和慢慢补足，这样才会真正达到发展的目的，达到因材施教的目的，达到人格健康的目的。

看懂你的孩子——气质类型参照表

● **乐天型**

A. 社交——关系导向

非常喜欢社交，注重人际关系；外向；喜欢成为焦点；乐观积极；大声说话、喜欢多姿多彩生活；喜新厌旧；衣服喜鲜艳；喜欢讲笑话；不可靠；会激励别人；冲动；用钱没节制；喜欢赚钱；注重成功；忘记失败；富有同情心；温暖，容易感动；适合做面对人的工作；会为了朋友忽略家庭责任。

B. 意志力

缺乏节制能力；缺乏计划；有时会自恋；意志力薄弱；有时依赖；有时独立；最讨厌批评；会沉溺于某件事或兴趣。

C. 感情

很容易认错道歉，但不容易改进；需要身体接触；承认失败；很会妒忌；不喜欢压力和紧张；有时夸大其词；生气时用尖叫、大哭来吸引别人的注意；需要常常告诉他你爱他；浪漫；活在当下。

D. 需要

不在乎处罚，但需要爱、欣赏和肯定；需要别人很多的关注；需要很多社交活动；需要提升自控力；需要对学习有计划；需要学习拒绝和接纳；需要学会独处；需要学习用健康方法处理愤怒等情绪；需要认识自己的性格；需要学习情绪管理；需要得到很多肢体上的接触。

- 冷静型

A. 社交——和平导向

慢；固执；注重保留精力；善于分析；可以很闷；注重任务完成；旁观者；精准；有效率；电脑型；逻辑清晰；弹性高；随和、容易相处；常用冷幽默；擅于讽刺。

B. 意志力

很少有情绪问题；对别人也没有什么兴趣；很少有破坏行为；可以应对激进型者；平稳，实际，独立，保守；小心谨慎，深思熟虑，可以做决定；喜爱和睦相处；尽量避免冲突；不表达自己，不讲自己。

C. 感情

通常内心平静；不会过分要求；似乎漠不关心；注重实际；不轻易牺牲自己；很少表达爱和关怀；很少表达感情；喜欢安宁平静的生活；平衡。

D. 需要

需要学习表达爱和关怀；需要投入生活而不做旁观者；需要在工作与生活中维持一个平衡点；需要学习不用讽刺性语言伤人；可以选择不与很多人交往的工作；当他还没准备好时，不强迫他做决定和承担责任；不强迫他长时间独自一人承担责任，给予他支持；切忌不断拿他的过错来责备他。

- 激进型

A. 社交——目标导向

开放、友善、自信；能把工作做得更好；外向、乐观、完美主义；雷厉风行，脾气暴躁，尖锐；会操纵人，不能权力下放；很会激励人，喜欢掌控。

B. 意志力

信念坚强，容易牛气；独立，好领袖；残忍，要有成就感；直接做决定；为了得到别人的认可和肯定会不择手段；负责任，喜欢权力；意志力很强，不屈不挠；喜欢控制别人。

C. 感情

善于表达，但通常都有目的；自我中心，内心拒绝人，拒绝爱；认为同情、温柔、温暖是无意义的；对不听话的人会残忍；不同情弱小，不太投入感情；不能容忍懒惰、愚蠢、思想狭窄；要别人以他的方式行事；生气时有暴力倾向，不易宽恕别人。

D. 需要

不要强迫他社交，更不要尝试去控制他；他需要有成就感，尽量满足他这方面的需要；他喜欢做决定和负责任，不要干扰他；学习和他切磋，切忌硬碰硬；跟着他的需要给予爱和肯定；为他们做一些特别的事情来表示爱他；他喜欢用行动表达的爱；当他有需要时协助他。

- 忧郁型

A. 社交——任务导向

自我形象低，自视清高；怕被拒绝，情绪波动；觉得自己不够好；孤独，傲慢；怕做错，退缩；内向不合群，安静；选择性交朋友，缺乏信心；固执，懂得表现出能力；有主见，能自我控制；在社交上不主动。

B. 意志力

已有习惯很难改变；独立自主，负责任；怕失败；沮丧时易逃避退缩；不要控制人也不要被人控制；缺乏弹性，易想不开，自杀；怕陌生的人、事、物；拖延，害怕被人说她笨。

C. 感情

忧郁，难忘记过去，感觉深刻；压力，深思者，害怕，寂寞；节省，容易受伤；不容易宽恕别人；注重经济稳定；敏感，艺术性，忠诚的朋友；喜欢学新东西，可自我牺牲；寻求智慧与了解；不表达感觉，完美主义者。

D. 需要

追求真理、秩序、可靠和信任；跟着自己的节奏去社交；喜欢有系统的工作，而不是天天面对人；每天有独处的时间使自己恢复精力，恢复过程缓慢且平稳；正面的、积极的、有益的学习；接受人的不完美，自己也不完美；需要稳定的经济，需要被接纳和肯定；建立自信，学习讲出所需和感觉；重要的人给予爱，欣赏与肯定。

安文化小贴士

爱，先从了解他开始吧！了解他、读懂他、尊重他就是爱。

孩子是未来的父母，你曾经是父母的孩子。

做父母需要学习；理想家庭需要父母、孩子共同营造。

PART THREE
剪不断妈妈的爱

王丽芳

母子连心，当我们从孕育胚胎的那一刻开始，就慢慢地进入了妈妈的角色，带着全身心的爱小心谨慎地呵护腹中的胎儿，直至孩子出生，呱呱坠地。妈妈爱着孩子的心就此踏上了不归的旅途，越来越远。慢慢地，妈妈的爱变得越来越厚重，生命的那一份珍爱和付出变成不可替代的情感，让妈妈越来越难以割舍。

我们发现周围太多的孩子离不开妈妈，**其实是因为妈妈不能离开孩子**。在妈妈的吸引下，孩子不能独立，变成了时代的寄生虫。孩子与母亲生理脐带的分离，仅仅意味着独立行走，而更重要的是心理脐带的分离，这是孩子逐渐走向成熟的过程，通过分离建构独立健康的人格。不让孩子成为社会以及家庭的寄生虫，从这里开始。

妈宝男出没——孝顺的儿子

 经典案例

2013年春天,郑东和李乐经过两年的异地恋后终于步入了婚姻的殿堂。因为彼此事业的发展,结婚后并没有住在一起,一直维持着两地分居的状态。小两口在婚姻的甜蜜期里半个月就会择一城相见,倒也小别胜新欢,觉得彼此的婚姻结合得挺完美。

可惜好景不长,2015年春天孩子的诞生,让原本看上去幸福的家庭出现了隐约的裂缝。李乐在孩子出生后就辞去了原来的工作,搬到了郑东的城市,一家三口住在一起,原本也应该是其乐融融的。但是伴随着孩子的成长,好日子却并未像原本期待的那样。

2015年底,他们小夫妻一起走进了我的咨询室。打电话来预约的是郑东,电话里就听到了他沧桑的声音,不问年龄时还以为是一位年长的人。当他们愁眉不展地走进咨询室,我能感受到的是他们之间那种沉闷和彼此的怨恨,特别是李乐身上那种让人压抑的感受直达身边人的心底,不禁会让人心里一紧。

两个人坐下来好一会儿,不知道如何开口,郑东说了一句,现在两个人在考虑要不要离婚的时候,李乐就开始情绪激动,潸然泪下。感觉满肚子的委屈不知如何述说。

等到情绪平复,在李乐的语言里就慢慢地呈现了彼此的生活画面。其实,在结婚前,婆婆就极力反对他们的结合。结婚时她自己家就遭遇了婆婆一家的冷漠对待,不管是聘礼还是婚礼上,都没有得到应有的尊重。在谈结婚筹备的

时候，婆婆就当面给李乐爸爸脸色看，让她爸爸下不来台。后来，爸爸说看在女儿的情面上，也就不计较了。因为是异地结婚，自己家人到郑东家参加婚礼时，竟然被安排在一个非常偏僻的角落里。这些就像一根刺一样扎在了李乐心里。

在婆婆眼里，自己的儿子是非常优秀的：聪明、乖巧懂事、有上进心、有孝心。虽然公公婆婆文化程度不高，但自己家也算是当地比较有文化气息的家庭。而李乐家里是经商的，在婆婆眼里，商人就是低人一等。虽然两个人学历相当，而李乐不管是身材还是容貌都算是当时学校里比较拔尖的，但就是入不了婆婆的眼。

原本小两口结婚后，彼此不住在一起，也就没觉得有什么问题。等到李乐带着孩子搬进了丈夫的家，婆婆也就毫不犹豫地占领了其中一个领地，美其名曰帮忙带孩子。

李乐觉得既然已经结婚了，婆婆就不会怎么为难自己了吧，况且自己还生了儿子。想想有个人帮忙带孩子总是能减轻自己地负担，况且她知道婆婆做饭很好吃，而且注意荤素营养搭配。

但是，没承想一起住的那一日就成了噩梦的开始。早晨，婆婆起早会把早饭做好，但是她却并不把李乐的那份算上。她会把每个人的饭都盛好放在大家面前，李乐坐着却什么都没有，第一天她很纳闷，后来就明白了。有一次她气不过，坐下吃了，婆婆就会对后来的人说，你的那份让李乐吃了。

从那以后，李乐也就不敢再胡乱吃婆婆做的早饭了。和郑东抱怨时，郑东只会回一句："你自己有手有脚的，不会自己做吗！"李乐默默地忍受着，只好经常出去买早饭吃，看到儿子吃得好，有营养，也就没再吭声。

如果单这一件事，当然不会出什么大问题。我们知道管中窥豹，可见一斑，其实也就能明白，生活中的事件从来都不是单独存在的，必定有相关联的其他事件。自从李乐辞了工作在家里带孩子，就没了自己的收入，生活费都是郑东按月给的，但是给得不多，不够的时候李乐也不敢问郑东要，只能伸手问娘家人借。

之前自己上班，所以两个人经济是分开的。现在自己没了工作，经济再分

PART THREE
剪不断妈妈的爱

开,就让李乐觉得没有了安全感。更重要的是,李乐从来不知道郑东一个月赚多少钱,现在他的账户上还有多少钱。每当李乐问及家里的经济时,郑东总是含糊其辞,这多少让李乐觉得难过。特别是上个月她突然发现郑东每个月会给婆婆一笔钱,而且之前老家盖房子,还拿了一大笔钱回家。经过追问才知道,婆婆要求郑东把赚的钱都给她,让她存着。而郑东也极其听妈妈的话,只要有钱就给她。郑东一直不愿意在这个居住的城市买房子,现在李乐知道为什么了。因为婆婆一直想让儿子回到老家,而这个媳妇,她并没有打算在内。

郑东在一边沉默着不知道该说些什么,李乐继续诉苦,丈夫不仅仅是经济大权让婆婆管着,平时的吃穿用度都是婆婆一手操办。李乐给郑东买的衣服,婆婆觉得不合适,不让郑东穿。更让李乐难过的是,郑东经常会和婆婆手挽手去逛街,有时候婆婆回老家了,两个人煲电话粥能长达一两个小时。而郑东对于此也并未否认,觉得自己和妈妈关系好,没什么大不了的。

李乐的每一次反抗都换来了这对母子的无形镇压。有一天,婆婆在老家,孩子生病了,李乐一个人忙得晕头转向,看到郑东和婆婆又在煲电话粥,气不打一处来,就摔了郑东手里的电话,发狂的李乐还把郑东脸上挠出了血,推倒在地。这样的情形后来就越来越多地发生,李乐的情绪越来越难控制,郑东被打得受不了了,就开始还手,并且打得更加厉害。

在来电咨询的前一天,郑东勒住了李乐的脖子往墙上撞。等到他们冷静后,想起这一幕,把他们两个都吓坏了。李乐说到这里,还翻开衣袖,让我看她手臂上的伤痕。这架打得是一次比一次凶,他们觉得再这么下去肯定会出问题,于是就来到了这里。彼此觉得感情并没有破裂,但是没有办法再继续生活下去了。也不知道该如何面对彼此。郑东听着李乐的抱怨,想插句嘴,但是却无能为力。

我示意让李乐停下,这才有机会让郑东来回应。这个在事业上奋斗不止,安稳前进的男人,在这两个最爱的女人面前,却始终不能直起腰杆,说出自己的话。

一个小时的咨询时间,郑东在最后留下了眼泪,那是他一直不敢表现的状态，为自己的抓狂愤怒，为自己的乖巧懂事。他不知道为什么自己会变成现在这样，夹在妈妈和妻子中间，完全没了主意。只有和孩子一起，他才能偶尔找回那种单纯的快乐。

说起和妈妈的感情，他说妈妈从小到大都管着自己，从穿衣到吃饭，即使到外面上了大学，妈妈还经常跑到学校来帮忙洗衣服，还会租个房子做饭给他吃。所以，恋爱的时候基本都是隐瞒着妈妈的。之前谈过两个女朋友，都是因为妈妈的阻挠没有持续下去。后来工作了，妈妈也经常过来，不在一起时，妈妈就会打电话。最尴尬的时候是和同事加班或者吃饭聚会，妈妈还会连环夺命call。而自己一直很孝顺，所以基本上没有违背过妈妈的意愿。现在也不知道怎么违背妈妈的意愿了，只会跟随。

看到这里，相信大家都已经很明显地感觉到，郑东就属于非常典型的**妈宝男**。

案例分析

随着时代的变迁，不知道读者有没有发觉，我们周围妈宝男当道，随处可见。在我身边就有这样的家庭，家里婆婆为大，媳妇在家里就是个受气包。丈夫不能为媳妇挡住老妈射出来的箭，反而和老妈一起对付妻子。于是这个家庭里怨气深厚，诞生在这个家庭里的孩子经常生病。

大家可能会疑惑，为何现在妈宝男会这么多呢？不管是80后还是90后，甚至现在的00后、10后，都在不断地出现妈宝男。而在之前的岁月里，却鲜有这样的男人出现。究其原因，不外乎时代造就了现在的家庭特殊性。

其一， 在20世纪50年代直至80年代，我们国家的经济水平还处在贫困阶段，大家都在为温饱问题奋斗。父母参与集体经济以及后来的包干到户，都是极其需要劳动力的。那时候父母没有时间管孩子，大天上班干活，孩子只能扔在家里或者托儿所，上学后也只能自己管理自己。这样的状态下，孩子虽然缺少父母的陪伴，却培养了独立自主的能力。他们可以自己做饭，自己做作业，自己找玩伴。但是随着经济条件的发展，人们不再需要为生活奔波辛苦，有时间安静下来陪伴关注孩子。而这个时候，关注孩子往往会关注到不正确的地方，比如不停地关注孩子的缺点。这个时候，孩子越被关注表现就会越让父母失望。于是孩子就没有机会得到独立自主的机会，因为父母看到的都是孩子的缺点，他们没有办法放手让孩子自己长大。而孩子在父母的监督下，也变得越来越缺乏信心，他们觉得自己没有能力，靠自己不行的，所以得依靠父母。这样，妈宝男也就自然而然形成了。

其二，以前一个家庭里孩子都有好几个，父母的关注点是分散的，所以更多的兄弟姐妹之间的互相帮助，促成了彼此的成长。也就是说那个年代的孩子，没有得到充分的父母的爱，但是却有手足情深，虽然手足之间也有竞争，但是这种竞争也是让孩子更加独立自主的一个因素。而现在的家庭，大多是一到两个孩子，特别是80后90后，基本上一个家庭只有一个孩子，于是父母所有的关注点都在这个孩子身上。而这个孩子的成败也就是父母的价值体现，特别是在那些全职妈妈的家庭里，孩子直接体现了妈妈的价值，这就让孩子承担了本不该需承担的责任。孩子自然就不能很好地成长，成了妈妈的附属品，但是妈妈却没有意识到。

以上，就是妈宝男形成的时代因素，在后面的章节中我们也会去分析妈妈的人格因素。

现在让我们回到刚才那个案例中，这个家庭虽然看上去很极端，但是大部分的情形却会在某些家庭里经常出现。这位妈妈离不开儿子，**儿子就是自己的命根，她和儿子是一体的**。儿子的财务要管着，儿子这个人也得在自己的监视之下，生怕被别人抢走。而儿子的妻子，就是自己最大的敌人。所以这样的儿子，自己是没有独立能力的，他没有办法自己做决定，没有办法处理自己小家庭的矛盾。因为他的自我没有办法建立，就像是襁褓里的婴儿，离开了妈妈就会死。郑东的感受就是这样，他觉得自己离不开妈妈，妈妈也离不开自己。在他看来，自己孝顺，并没有什么问题。对于他来说，李乐不是和他一体的，他虽然意识上知道，他应该和李乐站在一起，去维护李乐的利益，但是他做不到。

 **干预策略**

在咨询室里，郑东一次次地探索自己的内心，才发现内心深处的那个自己，就是一个嗷嗷待哺的婴儿。当他挣脱着离开妈妈的怀抱时，拉扯着自己身上的血肉之痛，付出了极大的勇气。每一次的挣扎都会引来妈妈的强烈抗议，这个过程还在继续，到底什么时候能够完成成长，可能需要长时间彼此共同的努力。作为妈妈，没有意识到问题，或者不想意识到问题，所以没有意愿去改变，每一次的疏离，都是一次战争。现在物理距离上虽然已经分开，但是心理上的距离，却需要更多的时间，期待着他能破茧成蝶吧。

看着这样的家庭，我们内心会有很多感慨。妈宝男制造的婚姻问题、亲子问题，都不是单一存在的。他们引起的社会责任不清晰，界限不明朗，都会在人际关系里震荡，从而影响工作和生活。带来的可能是几代人的创伤。如果遇上这样的事情，我们该如何解决？下面我们就来梳理下，如何应对妈宝男这个时代问题。

如何让我们不再养育出妈宝男？

首先，我们需要觉察自己的养育方式，是不是全职带着孩子？是不是所有的关注点都放在了孩子身上？是否经常关注到孩子的缺点？如果以上这几个问题有肯定的答案，那么我们就应该引起重视了。我们正在培养妈宝男的路上，得及时刹车往回退。如果觉得自己不知道该如何做，那么寻求心理咨询师的帮助是最直接也最高效的方式。如果觉察能力够强，那么自我成长也是一条阳光大道。

自我成长的方式有很多，**首先，我们得学会把关注点从孩子身上转移一部分**。能做到这点很不容易，我们可以试着先从物理距离上努力，比如从最简单的衣食住行开始，放手让孩子自己穿衣服、洗衣服、去上学、做家务等等，慢慢地让孩子学会自己照顾自己。我们只要去欣赏孩子，每次他取得一点成就，我们都学着去赞扬鼓励。然后在内心里与孩子渐渐分离，明白孩子需要长大，度过自己的人生。

照顾孩子的过程中，偶尔给自己放放假，出去玩但是不带孩子，可以把孩子放在父母家里，或者托管几个小时。或者几位家长轮流带孩子，或者带着孩子出去参与活动，父母玩父母的，孩子玩孩子的。这些都是让自己从孩子的关注点脱离的很好方式。很多妈妈说，"我找不到地方托管孩子"，我相信，只要你愿意，方法总是会有的。

孩子的成长就是一次与爸妈分离的过程，那些没有办法很好分离的家庭，就会多少出现一些问题。我们唯一要明白的就是，孩子在成长过程中需要自己去承担生命的重量。孩子有他自己的能量，相信孩子，才能让孩子有成长的力量。被信任的孩子，自然就能承担责任，也就远离妈宝男这条路了。

妈妈愿望的寄托——抽动症的焦虑宝宝

经典案例

小哲已经五岁了,第一次来到咨询室时,头顶着时尚的小卷毛,穿着黄间带圆点的衬衣,藏青色的条绒裤,一双毛毛虫的天蓝色鞋子,活脱脱一枚清秀的小帅哥。这么一个谁看到都会觉得喜爱的萌娃,为何会出现在我的咨询室里呢?

小哲妈妈是我去幼儿园做讲座的时候认识的,要了我的联系方式后三天就给我来了电话,说孩子有些问题,不知道该怎么办。电话里听着很焦虑,说孩子的问题很大。基于单方面的信息不完整,我就让他们夫妇带着孩子先来咨询室。

大部分时候我们都会发现,其实父母眼里的问题,可能在咨询师眼里不是问题,他们没有说的那些,才有可能是问题的核心。所以我们在听到简单描述的时候不能轻易下结论,语言的描述带着个人的价值判断,往往是不准确的。

他们离预定时间早到了十几分钟,敲门进来时,小哲怯生生地躲在妈妈身后,拉着妈妈的衣角不敢踏进门口,偶尔探出头来看下我,我微笑地看着他,他马上缩头躲进妈妈的影子里。爸爸直接进了咨询室,妈妈硬扯着把孩子拉近了会客厅。看着妈妈有点不好意思的表情,爸爸似乎有些不耐烦。

我们一起坐下安顿好后,我第一次试着和孩子打招呼。我蹲下来进行了自我介绍,然后问他的名字,他害羞地躲进妈妈怀里,偷瞄了我一眼后又躲了起来。妈妈推着他说:"老师问你话呢,快说话。"爸爸也准备开口,我赶紧意会他们不必说孩子,等到孩子准备好了自己会说的。于是就回到了自己的位置上。

PART THREE
剪不断妈妈的爱

小哲转过头看着我，放松了下来。

这时候妈妈就开始说孩子的各种问题。孩子现在是中班了，但是自从上幼儿园开始，基本上每天去幼儿园都要哭。而且经常生病，三天两头请假，所以将近两年时间的幼儿园生活可能只有一半时间在学校。现在问题却越来越严重了，实在不知道该怎么办。

这时爸爸说了一件事，说妈妈有一次送孩子去幼儿园，路上孩子不停地说不想去幼儿园，到了学校死活不肯进去。当老师出来抱孩子进去时，孩子哭得伤心欲绝，妈妈站在门口怎么都不舍得走。老师说："你快走吧，我们会照顾好孩子的。"听到老师这么说，孩子就从门缝里伸出手抓住了妈妈的衣服。妈妈不舍得离开孩子，就站在门口一直同孩子说话，想说服孩子和老师进去。这么拉拉扯扯滞留了将近15分钟，期间妈妈被孩子惹得也伤心地哭了起来。老师怎么劝妈妈都不肯走，还用哀怨的眼神看着老师，觉得老师太狠心。最后老师说："要么你自己走，要么带孩子回去吧。"妈妈就打开门真的把孩子抱了出来，两个人在门口就像经历了一场生死离别，终于相聚了。妈妈赶紧把孩子抱上了车，两个人一路流着泪回家了。

听到这里，我转头就看着妈妈，她没说话，默认了这样的事情。

就因为有了这一次的经历，后面只要孩子情绪激动，妈妈索性就不送孩子去幼儿园了。刚开始还怀疑孩子在幼儿园是不是受虐待了，或者被冷落了。经过反复核对检验，幼儿园确实没有这些问题。而且只要孩子在幼儿园，其实表现都还算好，老师尽心引导，孩子能和其他小朋友很好地交流玩耍。

这么一年折腾下来，孩子本来就娇滴滴的身体就更加容易生病了。经常感冒发烧，扁桃体发炎。到了年底，也就是中班快结束时，孩子总是喜欢眨眼睛，然后肩膀还经常一抖一抖的。刚开始家里人以为是孩子觉得好玩，故意这么做引起大人注意的，就经常会去纠正孩子的这些行为。第二个学期开始，老师也发现孩子这些行为很频繁，而且开始有推其他小朋友的举动，时不时还把小朋友给挠了，就赶紧通知了家长，这时候家里人才引起了重视。他们带着小哲去医院检查，医院说是抽动症。配了药给孩子吃，家人觉得这么小的孩子吃药不合适，特别是妈妈极力反对，于是就没吃药。刚好我那天去幼儿园做讲座，说到箱庭对于孩子行为问题的干预，妈妈觉得这个可能更合适，于是就来找了我。

然后，妈妈还幽怨地说起了爸爸的问题。爸爸每个月只能回一次家，平时家里就只有小哲和她自己。因为爸爸外派到其他城市，每个月集中放假回家四天。家里经济条件还不错，就这么一个孩子，想着能够更好地教育孩子，她就辞职回家了。在家里带孩子也将近5年了，基本上就围着孩子转。爸爸不在家，让家里的两个人有点相依为命的感觉。平时妈妈一有什么问题，都会打电话给爸爸，但是爸爸更多的是指责和不耐烦。因为爸爸工作非常忙，基本上没有什么时间能和妈妈沟通。孩子生病，或者出了什么问题，他也鞭长莫及，于是两个人就开始互相指责。

小哲妈妈在家里要做家务，要管孩子，觉得每天很忙碌，有时候自己累了也没地方倾诉，有情绪时就容易宣泄到孩子身上。但是基本上没有什么大问题。自从孩子上幼儿园开始，家里的矛盾就突然从萌芽状态迸发出来。之前相安无事的夫妻，开始从电话里争吵，发展到回家见面也吵。

没承想孩子会出现这样的问题，这一次着实困扰了他们。就这几个星期，他们吵架的频率明显升高，彼此埋怨的情绪更加重了，有一次甚至提出了离婚。

说到这里时，爸爸一脸的无奈，对于工作现在不能放弃，他是一家的经济支柱。而家里的情况，也确实需要他的帮助。这一次来咨询也是抽了爸爸在家的时间过来的。他们都希望能够帮助孩子，让这个家庭和谐地走下去。

经过了解和测试，孩子很适合做箱庭，然后，妈妈也得跟着做咨询。在经过8次的箱庭制作后，孩子的抽动症基本痊愈，没有再出现过眨眼睛和抽肩膀的行为问题。当孩子的问题慢慢缓解后，我就把重点放在了妈妈身上。

在咨询过程中，妈妈呈现的一系列模式，都让人感觉到，**没有独立人格的妈妈，对于孩子真的是一场"灾难"**。

案例分析

经过和妈妈的谈话，我也对孩子问题的形成有了更加全面的了解：

妈妈出生在工人家庭，父母都是流水线上的操作工。家里还有一个妹妹，小时候家庭条件不太好。父母上班早出晚归,基本没时间管自己和妹妹,都是自己照顾妹妹,给妹妹做饭,带着她上下学。小学时期她成绩一直比较好,父母就对她要求很严格,希望她能够考上大学,改变命运。

小的时候,特别希望能和父母一起玩,或者哪怕休息时候出去逛一天。但是基本上都没有这样的记忆。父母休息的那点时间,都在不停地做家务,搞卫生,还要耕耘院子一隅的菜园。每次有要求想要陪伴时,都会被父母驳回来,后来也就知道不再要求了。但是这个愿望一直放在心底,就像想要吃糖果的孩子却得不到的那种遗憾。

于是,当自己有了孩子后,她就特别悉心照顾孩子,把以前自己没得到的愿望都实现在孩子身上。孩子没上学时,天天带着孩子到处旅游,好吃的好喝的从来没吝啬过,孩子的要求也基本上都满足。营养、健康也非常注重。于是就专挑育儿专家、营养专家们说的那些食品,很多还是海外购买的。孩子想吃零食或者一些垃圾食品,基本上得不到满足。她觉得这是对孩子的爱,并不属于控制,都是为了孩子。这种过度补偿的心理,让孩子也同时失去了一些自由,并形成了依赖。小哲并不知道自己喜欢什么,因为都是妈妈喜欢的,自己没有选择的权利,到后来他也就放弃自己选择了。听妈妈的话,比较省力。

另外,父母对自己的严格要求,让她失去了自我,不知道自己到底真正要什么,**一直以父母的期待要求自己**。如果有一点没有满足父母的期待,她就会很恐慌。这一点,让她一直没有办法寻找到自己的价值。一旦遇到考试不好,工作不好,孩子不好等等一些负面事件时,都会让自己陷入抑郁焦虑的状态,很难调整过来。她觉得自己怎么做都好像差了一点,总觉得应该能更好。

她讨厌爸爸妈妈的控制,却沿袭了父母当时对她的方式。给孩子自己喜欢的东西,而并非孩子喜欢的。虽然她一直以为那是孩子需要的。

所以,**高度控制的家庭,过度补偿的心理**,就很容易培养出妈宝男这样一份"杰作"。

遇到类似这样的家庭,父母该如何调整自己的状态。不让这种代际传承留

下去？

首先，父母对于自己的这种模式要有清醒的觉察和认识，过度补偿的是自己的需要，并不是孩子真正的需要。尊重孩子的天性，尊重孩子。这一点要做到就很难，因为人具有自我中心的特性，觉得我想的肯定是你想的，把自己放在一个很重要的位置上而不自知。所以，觉察这一点，不用知识和经验框住自己，站在更高的角度去看待问题。

之前遇到过这样一位妈妈，她的世界里只有黑白，而没有灰度。于是每次遇到问题，她都会觉得自己的方式是对的，儿子是错的，后来孩子出现多动倾向。她觉得是儿子的多动症引起了自己的情绪反应，而不是自己的焦虑导致了孩子的多动症。

这些黑白分明的界限，是成长不成熟的标志。这位妈妈是一个典型的乖乖女，也是典型的妈宝女。如果她不破除自己的思想框架，冲破思维的限制，就很难看到全貌，也就无法理解他人，觉察他人的状态。

记得我自己很有意思的一次经历。春节我和家人一起去拜年，亲戚家拿出家里最好的饮料，说是进口的，很有营养很好喝，一定要给我倒上。当时，我是不愿意喝的，因为那天肠胃不太舒服，凉的怕再喝下去要坏肚子。但是那位亲戚却是热情得很，她觉得我在客气，于是就硬给我倒上了。我喝了几口，回来却拉肚了。这就是典型的我所欲施于人，我们有句古话叫"己所不欲勿施于人"，但从那之后，我就知道了，你喜欢的也不要强加给别人，因为那就是我们自己的投射。

特别是回归到家庭教育中，我们父母经常觉得自己是权威，自己生活了这么多年，吃过的盐比孩子吃过的饭还多，非得让孩子听自己的。觉得我给你安排的路是直的，你干吗要弯着走呢？这么想的父母比比皆是。大家都自以为是而不自知，所以，自知是最重要的，也是第一步。

继而，对于自己的原生家庭，我们可以做一些了解。因为原生家庭的模式基本上也就奠定了我们的行为模式。**了解自己的家庭，有利于了解自己。**我们和父母的沟通方式决定了我们与他人的沟通模式，父母的婚姻模式也影响着我们的亲密关系。很多时候，我们的无意识行为都来源于父母。所以从这里开始摸索，明晰自己的人格是否独立,自己是否有未完成的愿望等等,不再把自己的不良模式传递给孩子。这一点很重要,也很难,"不识庐山真面目,只缘身在此山中",是因为我们站在了自己的模式里面,需要跳出去看自己。

平时可以用一些方式来做觉察,比如写日记,像是站在自己旁边的人观察自己一样来看自己。多和他人交流,从他人眼中了解自己的状态。

最后,学会尊重孩子,明白孩子是独立的个体,而不是我们的附属品。他们有自己追求幸福快乐的权利。

妈妈纠缠下的成长——离家出走的头疼女孩

每个人都会经历青春期,青春期的叛逆是父母最头疼的问题。现在越来越多的孩子叛逆让父母迷茫了,他们不知道为何现在的孩子怎么能叛逆得如此厉害,是时代造就了这一代人吗?我们的咨询室里就经常遇到这样的爸妈和孩子。

最近网传很火的一则信息,就是自杀QQ群浮出水面。在这个群里,大多都是一二十岁的年轻人,所谓的祖国的花朵,却在争相邀约自杀,而家里的父母完全不知情。这是多么让人痛心的事件!

父母们关注自己的事业、生活,以为给了孩子最好的条件,却忽视了孩子内心的需求,把孩子越推越远。下面这个故事,讲的就是一个叛逆的孩子和妈妈的恩爱情仇。

经典案例

思雨是一个十五岁的女孩,当她被妈妈拉扯进咨询室时,一脸的漠然。坐在沙发上,思雨一言不发,妈妈不停地诉说,我看着思雨的眼角不时地瞥向妈妈,嘴角显示出了不屑。妈妈充满怨恨的控诉,无力的解释都让女儿缩在一角无法参与进来。

于是我示意妈妈先出去,让我想和思雨单独聊聊。妈妈出门,回头关门时还不忘叮嘱女儿,记得和老师好好说说。我望着思雨,并不说话,这样沉默了五分钟,我说,其实你是被妈妈强迫着来的,你自己不愿意来,你觉得自己根本没有问题。她抬头看了我一眼,点点头,继而又低头,两只手不停地揉搓着沙发垫,然后我隐隐地看到她眼角的泪花。等了一会儿,抽了两张纸巾递给

PART THREE
剪不断妈妈的爱

她并说了句"看来,这个家里没有你说话的地方。"她接过纸巾,抬头看着我,眼里写满了委屈和愤怒。就这么继续陪着她坐着,大概过了十分钟,情绪平复后,她开始说起自己的境遇。

父母在她7岁时离婚,然后妈妈一个人带着她。她知道妈妈很辛苦,自己也就很努力。在学校里每年都是三好学生,得到的奖状能贴满一墙。但是妈妈并没有满意,她觉得思雨的成绩都是因为她管得好。妈妈把一生都押在了她身上,所以不得出一点差错。到了初中就更加严厉地看管自己了,记得有一次和一位男同学讨论题目,晚了半个小时回到家,就被盘问了一个小时。然后就不允许自己和男生来往,怕男生影响自己的学习。甚至还去学校和老师沟通了,这点让她非常反感。以前那种对妈妈的爱和体谅,慢慢地都消失殆尽了。

她有一个放日记和一些喜爱的小东西的抽屉,为了防止妈妈偷看和乱动,于是就上了锁。有一天,她回家发现抽屉里的东西好像被动过。怀疑是妈妈,但是妈妈不承认。有一个双休日她本来约好和同学一起出去玩,但是同学临时有事,于是只能折返回家,就看到妈妈在翻自己的日记。这回妈妈承认了,还很淡然地说是那天看到抽屉的钥匙就去配了一把。然后还质问起她日记里面关于对妈妈的一些抵触。小雨整个人都不好了,她无法面对这样的妈妈,于是那天就爆发了。和妈妈大吵了一架,还撕了自己的日记本。那一天饭也没吃,她觉得妈妈简直不可理喻。后来妈妈的这些事情越来越多,不胜枚举,自己实在是有口难言,也不知道该如何解决。

上个月月考,自己成绩退步了,然后在学校逗留了一会,不敢回家,妈妈到学校找到自己,拉扯着回到家,又是一顿吵。她说白生养了这个孩子,让她滚,她当时就是特别生气,随手把碗给摔了一地。后来实在忍受不了妈妈的哭哭啼啼,就拿了自己的零花钱出走了。其实只是吓唬她一下,那天就在家旁边的宾馆住了一个晚上。

那次回家后,妈妈稍微冷静了几天,两个人也不说话。但是不久后,又恢复了原样,家里经常摔摔打打,吵吵闹闹,又经历了几次离家出走,家里的碗也已经换了几批了。后来期末考试,她原本在班级前五名的成绩一下子退到了后面。

第二个学期开始，吵架不停歇，她有时还会纠自己的头发，自己拿头往墙上撞，后来就不想去上学了。每天都觉得头疼得厉害，但是去医院检查了，并没有查出问题。

就这样，医生建议来做心理咨询，妈妈就觉得是思雨精神上出了什么问题，于是就赶紧给自己找心理咨询师了。

这一系列的表达过后，她凝重的表情显得轻松了一些，然后靠在沙发上，看着我说："现在头疼似乎也好了些。我该说的也都说完了，你让我妈进来吧。"

妈妈进来时，满心欢喜，希望我们已经把问题解决了。我留下了妈妈单独对话。我认为孩子确实没有问题。

妈妈坐下后，很期待地看着我，希望我能够给女儿下个定义，贴个标签，证明自己是对的。我把女儿说的一些情况复述给了妈妈，妈妈点头承认事实。妈妈觉得自己是很严厉，但是这就是为了孩子好。自己是单亲家庭，没有经济实力，如果孩子自己不努力，未来的生活可想而知。她的担心从孩子出生时就没有停止过：小时候怕孩子受伤，于是不让孩子出去玩，也会限制孩子的活动；孩子吃的喝的穿的都是自己小心挑选的；上了学，担心孩子受欺负，还给老师送点东西，天天盯着孩子学习，担心自己不管，孩子学习就没办法跟上；再大点，就担心孩子早恋，然后孩子的固执也让她担心以后到了社会上没有人包容她，结了婚和老公、婆婆闹矛盾。总之，你会发现这位妈妈的担心就像魔咒一样，萦绕在孩子的身边。

她觉得女儿在很多时候做得并不好。还会和老师激烈地顶嘴。作业做得不端正，还拖拖拉拉，更严重的是会朝自己吼，觉得再不管就废了。自己很不容易把她拉扯大，前面几次离家出走，让自己担心得整夜没睡觉，还有一次报警了。孩子的暴躁脾气让自己无法直视，她的头疼问题困扰了这么久，医生都束手无策，这样子不是有精神问题了吗？以后能独自生活吗？

对于女儿的种种表现，她完全没有办法忍受。对于这些年的辛苦，她觉得都无所谓，只要孩子好好的就行。没想到，这么全身心去培养孩子，却得到了这样一个结果。她既无力又心存怨恨，生活从来没有优待过自己。

她询问咨询费，询问经过几次孩子就能好。然后也用一种隐忍的控制试图影响我，想让我给她一些承诺。我明显感觉出来，思雨在妈妈这样的压抑下，是非常难受的。

她的爆发、挣扎和头痛，只是保护自己的一种方式而已。如果没有这些症状，她很可能已经放弃了自己。

案例分析

这样的一种模式，是如何形成的呢？

首先，是妈妈的自恋不足模式，也就是自我价值感薄弱，她觉得自己离婚，经济条件不好，所以感觉很糟糕，必须通过这些外在的成绩来体现，比如孩子的成绩优秀。所以她在外面一直在表扬女儿，但是面对女儿的时候，一个表扬的词都吝于给孩子。她担心一次的表扬会让女儿得意忘形，会不够谦虚。我想，这是很多父母的观点。因为每次出去做讲座，大部分的父母都不会表扬鼓励孩子，觉得孩子就应该批评。

但是，大家都忽略了一个事实，就是当我们批评孩子时，我们并没有去评估批评带来的效果，往往是相反的。我们越在意孩子的缺点，孩子的缺点就越难改正。**孩子需要的能量，是肯定，而不是否定。**否定，只会削弱孩子的自信，从而要运用更多的力量来对抗父母的评价，来担心自己出错，这种能量的浪费，就让孩子做不好原本可以游刃有余的事情。

思雨的妈妈就是这样，每次的批评指正，并没有带给孩子很好的转变。她不会去反思方法的对错，错的方式还一再使用。导致孩子越来越难以忍受，最后爆发。思雨的应对方式还是比较隐忍的，用这种转换的肢体病患来表达。而很多孩子没有办法表达，就会把攻击朝向自己，最后的结果就是和本文最前面说的那些QQ群里的孩子一样，厌世了。

我们还看到思雨妈妈的固执和对孩子的控制，**其实是缺乏安全感和自恋人格倾向的状态。**这一点，在和前夫的婚姻里也体现得非常明显。前夫后来出轨，是因为她在家里的指责和控制都让他无法呼吸。那么，这种控制，其实就是安全感不足的表现。从小开始，依恋关系建立的就有问题。她小时候父母经常吵架，父亲经常出去不回家，母亲就会把气撒在自己身上，觉得自己生的是女儿，所以不受他们家里欢迎。三年后当母亲生下弟弟，对于自己就更加不管不问了，于是，她就无法得到母亲和父亲的爱。那么，自然就形成了一些自恋人格倾向，这样的状态下她只会觉得自己永远是对的，别人是需要为自己服务的。因为她钻在自己的世界里，还需要弥补自己小时候的自恋未满，所以没有办法关注到他人。

干预策略

对于这样的家庭，我就让女儿和妈妈分开做了咨询。女儿在把自己压抑的情感表达后，再学会了一些处理方式。足够应对妈妈的状态。而妈妈，却需要更多时间的自我探索和改变。这是一个漫长的过程，但是改变对于家庭来说，都是值得的。

如果我们身边也有这样的家庭，那么，我们就施予他们爱吧。所有的神经症性问题，都是缺爱造成的。

所以，**对于孩子的养育过程，我们不能缺爱**。特别是头三年的时光，陪伴孩子，去满足孩子的需求，给予孩子无条件的爱。让孩子觉得父母可以被信任，这个世界可以被信任。当然，很多时候我们满足不了孩子，这对于孩子来说也是可以接受的。他们不需要一百分的父母，**六十分就足够了**。我们很多家长，比如前面说的那两个例子，就是太想做一百分的妈妈，所以会带来焦虑，自己又不能缓解，只能把焦虑传给了孩子。

孩子承载不了的焦虑，只能外化，通过病症显现。头疼、厌学、离家出走，都是孩子给出的信号。有些孩子更严重，会得精神分裂，甚至自杀。所以尽量不让孩子承载这些本不属于他们的东西。

一个家庭的问题往往会从最弱小的那个人身上体现出来。所以，孩子就很容易成为受害者。很多家庭不理解，于是就带着孩子四处看病，结果了吃药，其实就是让孩子当了替罪羊。在这里，我们倡导，**谁强大，谁改变；谁强大，谁吃药**。

如果你发现自己就是那个焦虑的妈妈，总是担心孩子未来的妈妈，那么多看看自己的内心，关心自己的需求，把关注点转移到自己身上。你的家庭带给了你多少不安，你的现状让你有什么样的焦虑。看看自己的期待和恐惧是什么？

慢慢地去发现自己的思想框架到底有多少，如果自己破除不了，那么就寻求专业人士的帮忙。打破框架，从感受出发，这样生命才能生动、从容。

一丝一缕的剖析，就是慢慢让自己安下来，而不是把焦虑传递给孩子，通过控制孩子来解决自己的焦虑，这只是一种恶性循环而已。当我们明白了这些，也就是改变的开始。

妈妈心理的牢笼——可夏的婚姻择偶路

哪位妈妈不爱自己的孩子呢？大家听到这句话，觉得都挺对。其实意识里爱，潜意识里不爱的父母大有人在。我们和伴侣在一起的时候，你能说，百分百都是爱着的吗？再幸福的婚姻，都有两百次离婚的冲动，**有五十次想杀死对方的冲动**。而在家庭里，同样如此，再爱孩子的父母，都有两百次想揍孩子的冲动，有五十次想抛弃孩子的冲动。

经典案例

这次的故事很有意思，妈妈觉得女儿有问题，一定要让女儿来做咨询。

女儿二十五岁，正逢家里要拆迁，妈妈就想着赶紧让孩子结婚，好分房子和钱。积极帮忙找资源，但是安排的相亲却一个都没成功，妈妈就觉得女儿是同性恋。自己千挑万选来相亲的，各方面条件都很好，为什么女儿就是不愿意去或者看不上呢？每次都是敷衍了事，这就不得不让妈妈产生了怀疑，但是妈妈又不敢问女儿，所以就打了电话到我这里来咨询。

母女俩按时来到咨询室，两个人都是愁眉不展。可夏穿着一件纯白色的连衣裙，一头乌黑的齐肩发，平刘海，五官清秀，看着就是个乖乖女的形象，长得又甜美动人。看到她，我就会想，一般男孩子看到这样的女生，应该都会有一种莫名的喜欢了。妈妈穿着一身深色的衣服，短发，精炼，表情凝重。

因为电话是妈妈打的，所以我让妈妈先进了咨询室，她还没开口就开始抹眼泪，然后就诉说自己的辛苦。一把屎一把尿把孩子拉扯大，现在希望她能够找到更好的归宿，如果找个老公，就一下子可以拿很多钱，自己打工一辈子可

PART THREE
剪不断妈妈的爱

能都赚不到这些钱,她却开始和自己对抗了。女儿以前特别听话,特别乖,上学期间什么都听自己的。工作也是自己帮忙找的。在一个单位做会计,也不累,工资不高没关系。反正家里不愁钱。最近因为相亲的事情,女儿发了好几次脾气,还有一次晚上跑出门也不肯回来。来做咨询就是想让咨询师看看女儿到底是有心理问题,还是同性恋。希望孩子能在年底之前把这件事情给完成了。当妈妈把自己的烦恼都说完了,我就让她把女儿请进来,她出去,我单独和可夏聊。

可夏进来时,有一个短暂的沉默,然后就说,其实自己也是想来咨询的,并不是妈妈逼的。因为她也开始怀疑自己有问题了,当然不是性取向的问题,而是内心极度排斥妈妈给自己介绍对象。她说妈妈每天都会给自己一个微信号或者手机号,然后过两天就问自己有没有中意的。她说,找对象又不是买菜,看两眼就可以了。见自己不主动,妈妈后来就开始主动帮忙约相亲的时间和地点了,也不管可夏愿不愿意去,有没有时间去。只是提前一天通知,或者就临时通知她下班了去哪里。连男生的信息也非常少。她不能违抗妈妈的命令,于是就会去赴约。但是每次赴约,也不管男生的条件如何,就像故意似的把相亲搞砸了。于是回家就和妈妈交代一下,说对方不喜欢自己。

后来有一次,妈妈偷偷打电话给一个男生,问他不喜欢可夏的原因,那个男生很诧异,说没有不喜欢可夏,第一印象其实还挺好的。但是可夏基本上也不回微信,所以后来就没有再继续。妈妈当时就打电话质问正在上班的可夏,然后把可夏骂哭了。后来的每一次相亲,她就更不愿意去了。其实她也知道,如果能够找到一个合适的人结婚,自己就会轻松很多,后半辈子也有保障了,也就是说她的意识里告诉自己,是要赶紧找一个男人结婚了。但是就是不知道为什么,对于妈妈的安排非常抵触。她非常苦恼,自己到底是怎么了?这是不是一种病呢?她眼里含着泪水直直地盯着我,内心充满了得到答案的渴望,随即低下了头。沉浸在自己的情绪里好一会儿。

我微笑着看她,和她一起抽丝剥茧,分析这种理智和内心的冲突。到底是来源于哪里?其实内心只是反抗妈妈的控制,这种对相亲对象的抵触,就是因为妈妈一直在安排自己的人生。在结婚这件大事上，自己终于好像醒过来了，**想要自己把握自己的人生**。前面二十多年的人生，似乎都不是自己的。我想，这种醒悟并不算晚。

说起和妈妈的关系，有一种爱恨纠缠的感觉。自己从小就是乖乖女，和爸爸关系一般，但是和妈妈关系一直都好。妈妈特别关心自己，现在的工作虽然不是自己特别喜欢的，但是也不累，所以就觉得还好。每天早上妈妈会进来叫自己起床，然后自己的衣服基本上都是妈妈洗的，从来不干家务。在家里，爸爸没什么地位，也经常不在家，自己和爸爸也基本上没什么交流，就是没有零花钱了会问爸爸要。爸爸也从不吝惜给钱，然后关心的话也不会说。像其他父女那样手挽手出去逛街，坐着聊家常什么的，从来都没有。

慢慢地，她其实也就能意识到了，以前好像太听话了，现在到了自己人生最重要的时候，却不想听话了。可以肯定的是自己不是同性恋，但是对于男生也从来没有过特别喜欢的。中学时候当然也会暗恋，但是那也是很简单的。所以，就感觉自己的生活特别平淡。平时就和几个好朋友一起逛逛街，吃吃东西。也没有其他的爱好。对人生也没有什么规划和追求。现在觉得自己一个人也挺好的，好像并没有特别想要找对象的欲望。现在回想起来，以前这二十多年，就是活在妈妈的生命里，走着她给自己安排的路。

然后回忆起和妈妈在一起的点滴，没有表扬，只有批评。无论自己怎么做，在妈妈看来似乎都不够好。从小成绩都很好，妈妈就说不要骄傲。高中考大学时，因为发挥不好，没有进到自己理想的大学。妈妈就觉得自己不够努力，会说自己，当时自己也挺委屈的。当说到妈妈的严格要求时，可夏不自觉地又开始流泪。

案例分析

可夏和妈妈的相爱相杀，源于母女一体性终于要分化了。这个母子一体化的分离过程，其实应该在孩子五个月就开始的。但是她们却在这么多年里，保持了这样的一体性。妈妈习惯了自己对于孩子的控制，习惯了孩子是自己的一部分。当孩子有了自我意识，开始要分离的反抗，让她变得非常恐慌。所以她会觉得自己女儿是不是有心理问题了。而孩子在要分离的时候，也出现了恐慌，她习惯依附在妈妈身上，这种自立的意识最终到来时，让她不知所措。

潜意识里，女儿要长大，妈妈不想女儿长大。也就是说，妈妈离不开女儿。这么多年的粘连中，最后女儿也离不开妈妈了。但是人始终是有自我意识的，这种成长只是时间的问题，年龄越大，成长的代价也就越大。

我们的生活中，有很多这样的母子或者母女关系，妈妈的心理承受不起孩子的离去。所以，他们要把孩子绑在自己身上，放在自己周围。比如考大学时，不让孩子去异地，工作不让孩子去异地，嫁人不允许嫁异地。总之，不能离开自己的控制范围。不然，妈妈就觉得是世界末日了。她觉得孩子在自己身边就是最安全的，离开了她，孩子没办法活下去。

我们回头看时，其实会发现，是因为这样的妈妈在小时候也没有很好地度过分离期。那时候可能是父母没时间管，所以不得不分离，也有可能是父母管得太多，让她失去了独立的能力。于是，她恐惧所有的分离，所以要牢牢把握住关系。在小时候的那个自己心里，就进驻了这样一个概念：妈妈离开我，我就活不成了。所以，等她自己有了孩子，她的潜意识会告诉她，孩子离开妈妈是活不成的。

陷在这样关系里的孩子，会很痛苦。因为她无法独立，而我们人的最终目的就是独立。**潜意识的独立愿望和现实里的依赖经常打架**，而自己又无法意识到。所以自己感觉痛苦，但是不知道痛苦从哪里来，也不知道如何解决。她们有时候会用躯体的疾病或者心理的失常来表达。就像上个案例中的那个孩子，用头疼来抗议，有些孩子用不停地感冒、咳嗽、肚子痛、呕吐等方式来表达。经常跑医院的家长其实就应该引起重视了，是什么导致孩子不停地生病？

当我们把很多的能量来抵抗这种意识和潜意识的冲突时，就没有能量来抵抗身体上的病毒攻击了。所以，能量守恒，在我们人身上也是同样适用。

 干预策略

在这个案例中，分别给孩子和妈妈做咨询，然后后面几次就母女一起。梳

理了妈妈的模式、女儿的内在需求。当母女一起的时候，彼此表达各自的需求，用家庭雕塑的方式，让她们感受彼此传递的信息。当她们眼含热泪，双手相握时，在内心终于实现了一次分离。经过了二十多次的咨询，最后她们也成功地和解了。

在现实生活中，我们发现自己处于这样的模式中时，就应该引起重视了。然后去分析自己背后的模式，包括行为模式、认知模式等，去看看自己的成长环境，它们到底对自己产生了什么样的影响。同时对自己进行价值的评估，关系的梳理。

这样，就可以更加清晰地知道，自己是在用怎么样的方式对待孩子和家人。其实在这个案例里，**父亲的游离，也是对妈妈的一种回应**。因为，他根本没有办法插入母女中间，她们那种密不透风的关系无人能够插足。所以，夫妻关系也是亲子关系的一面镜子。当我们发现夫妻关系慢慢疏远，或者交流困难，都有可能会让一方去拉孩子作为自己的同盟和另外一方对抗。这样的结果，还是孩子最受伤。

作为妈妈的我们，如果发现我们的妈妈在这样控制着我们，我们也需要去觉察，自己对妈妈是依赖还是抵抗呢？这些都是被妈妈影响的，如果没有很好地处理，模式就会一代代传递下去。如何在我们这一代截止？就是觉察，然后试图去和妈妈和解。不依赖，也不对抗，而是独立于妈妈。

在我们的传统家庭里，这种关系多多少少都存在着，完全的独立只是一种理想化。我们需要关系，但是在关系里，我们清楚地知道，自己想要的是什么。所以，**健康的关系就是我们能够一起成长，然后收获自己的果实**，而不是我们的果实或者一个人的果实。

妈妈依赖的女儿——得了乳腺癌

健康的理念,应该是身心健康,而不仅仅是身体的健康。之前有位专家说,去医院看病的人,70%以上的都应该同时去看心理医生。因为心身是一体的,身体的疾病往往都是因为心理的不适造成的。我们心理学界有句话:听身体的话,身体会说话。很多疾病都离不开心理因素,比如溃疡(包括胃溃疡、口腔溃疡等)、高血压、糖尿病、风湿性关节炎、偏头痛、消化道疾病等等,都是对自己的提醒,需要照顾自己了。我们的长期不良情绪,就是导致身体病变的直接原因。一个家庭的问题,往往都是让最弱小的那个人成了替罪羊,问题代言人——也就是孩子。如果你家有经常生病的孩子,那么,请仔细审视自己的家,是不是不太安宁呢?

乳腺癌是非常典型的情绪性疾病。女性情绪波动大,但是又不能很好地表达,压抑自己,进而就会产生一些病变,而乳房非常容易受到攻击,这就是身体代言了心理问题。

我们要讲述的这个家庭里,就出现了令人唏嘘的问题。从家庭的脉络里,我们能够清晰地看到,**家庭的遗传,不仅仅是基因的遗传,更多的是情绪和生活方式的遗传。**

经典案例

有一天,当我们在社区进行服务时,有位社区人员带来一位大妈,介绍说这位大妈是来咨询家庭矛盾的问题。

大妈剪着齐耳短发,穿着黑色的小棉袄,一双小布鞋。神色有些紧张,略微凝重。刚进到咨询室，眼中露着急切的心情，一屁股坐在我旁边的咨询椅上，还没容我说话就开始絮叨自己的家里情况。大妈的老伴在前年因为胃癌去世了，他们有一个女儿38岁，这个女儿去年也查出得了乳腺癌，正在治疗阶段，目前情况还比较稳定。

女儿现在单身带着孩子，孩子已经15岁了。她在孩子5岁时和女婿离了婚，然后就一直和他们老两口住。外孙女现在正在上高中，平时住校，基本上周末回来。大妈的女儿因为要管孩子，所以一直就没有工作，完全靠着爸妈在生活。因为也就这么一个女儿，所以他们也没太在意。以前老两口做生意，有一笔积蓄，在杭州市中心还买了套房子，郊区也有一套。因为外孙女要上学，就得把孩子的户口迁过来，于是他们老两口就把房子的产权过户到女儿和外孙女名下了，好让她们户口能够顺利登记上。这么多年过去了，虽然经常吵吵闹闹，但是大妈也没往心里去，觉得女儿也挺不容易，一个人带着孩子，所以什么事都会让着孩子。只是在有些小事情上，她还是会管着女儿，比如卧室不整理，也从来不做饭。在教育外孙女上面，女儿基本上也没法管，都是老两口盯着。

虽然女儿嘴巴毒，不会说话，但是看到她现在生病的状态，大妈实在不忍心再去惹她。只是半年前她经人介绍认识了一位大爷，两个人在一个二胡队，经常一起拉拉二胡聊聊天，还挺合得来。大爷的老伴也是前几年去世了，现在也有个女儿，已经成家了。他们相处也有一段时间了，两个人都觉得可以凑合着过完下半辈子，总比一个人要好。她就想着带回家，然后和女儿说说，能不能住一块。

论经济条件，肯定是大妈家里好，有两套房子，现在住的这一套还是大套间，有上下两层。想着和女儿一起住还能照顾她，于是就商量着住在这边。没承想，刚说到这件事，女儿就开始跳了起来，死活不同意。还开始骂大妈，说大妈老不死的，这么大年纪了还寻花问柳。总之说得很难听。还要把大妈赶出去，不让大妈住家里了，说这套房子是她的，没有大妈的份。后来大妈退了一步说，那他们住郊区的那套房子去。但是因为要户口本去登记，女儿也死活不同意。说那套房子也有她的份，不准他们住。总之，就是不同意她找老伴。但是大妈也很坚持，觉得现在能够遇到合适的人不容易。但是又不想和女儿闹僵，还想着以后等她养老送终的。

现在一家人闹得很僵,大妈找社区调解,社区也调解不了,只能找到了我们。很多人都觉得这应该就是调解的事情,跟心理有什么关系?其实问题就出在大妈身上,因为对于这件事她非常保密,她不想让这个社区里的人知道,也不想找法律顾问,因为怕传出去不好看,面子上过不去。其实她自己有一笔钱,重新买套房子都没有问题,或者把那套房子的款给了女儿也没问题,她就是不肯,因为害怕女儿不给她养老送终了。这是她最放不下的一点。她觉得女儿就是因为得了这个病以后才变得性情暴躁的,很可怜,也不能撒手不管了。

后来我们进入到这个家庭进行干预,和女儿也进行了深层次的沟通,发现事情并不是看起来那么简单明了。很多时候,一面之词,就会让我们陷入迷雾,因为一个人的思想地图,一个人的角度,永远是局限的,所以我们还是顺着女儿这条线来挖一下事件的冰山吧。

案例分析

大妈说想要孩子养老送终,这其实就是一种价值的缺失,虽然经济条件保证自己可以得到善终,但是没有了女儿,什么都不是。这种对于女儿的依赖是从小开始的,她经常说的话是,妈妈就养了你这么个女儿,爷爷奶奶都想要孙子,我们觉得女儿最好了,所以就经常和他们吵,你要是不表现好一点,我就没脸在这个家里住下去了。这么多年,我过得很辛苦,外面赚钱陪人喝酒应酬,都是为了你。

等女儿大一点,她就会盯着孩子的成绩,但凡有一点退步的苗头,她就又开始苦口婆心地和女儿说,我们做这些都是为了你,你一定得表现好,才能对得起我们这么辛苦呀。曾经有一段时间,女儿状态很差,大妈回来陪女儿,还是在耳边唠叨。这让女儿压抑得无法喘气,曾经有段时间其实看过心理咨询师。

妈妈的这些话,**就像魔咒一样紧箍着女儿的人生**。从小就要表现乖巧懂事,学校里努力学习。所以这么多年来,女儿过得特别辛苦。当自己结婚了,妈妈还是在耳边唠叨,要恪守妇道,要孝敬公婆,对老公好一点。没承想,自己千方百计讨好老公,他却在外面找了小三,还生了孩子。这个打击对于她来说太大了，从这件事情后，自己整个人就好像变了。原来的乖乖女不见了，变成了满身都是刺的一个人，见谁扎谁。她开始埋怨妈妈，觉得都是她的原因，所以自己婚姻不幸，早早地以离婚收场。于是就搬进父母家，吃父母的，喝父母的，也没觉得不好意思。觉得自己的现在都是父母造成的。在家里，父母还是那么宠她，只是经常会说她、挑剔她。一家人就经常吵架，严重了还会砸东西。

后来有一段时间她又抑郁了，吃了一段时间的抗抑郁药。没想到去年还查出自己得了乳腺癌，整个人生就好像崩塌了。要不是还有个女儿需要照顾，自己真的不知道活下去的意义。这次妈妈带着那个大爷回来，自己就是不乐意，就是不想让妈妈过好日子，因为她一直觉得自己的好日子就是妈妈毁了的。

看到这对母女的相爱相杀，两个人都失去了爱的能力。彼此互相依赖，却互相伤害。她们想把对方推开，但是潜意识里却离不开彼此。因为从孩子一出生，她们就从没在心理上分离过。妈妈在自己家庭里因为女儿被歧视，所以立志要表现得很好，同时也不想让女儿经历自己的痛苦，就和女儿说要自强。也就是她把自己的无价值感投射在了女儿身上，也让女儿继承了她的无价值感。她们是彼此价值的依存，少了一个都是毁灭。

这样的家庭，我们在周边也应该看到过很多。这种互相依存，又互相报复的亲子关系。家庭系统里，如果没有人能够走出来，那就是生生世世的循环。

干预策略

在这样纠缠的亲子关系里，能够看到彼此的需要，形成彼此独立的关系，是很不容易的。抽丝剥茧，让父母和孩子都去看到自己匮乏的内心，才能药到病除。

其实，如果从动力沟通的角度来说，就是妈妈的思想框架太重了。在大妈的脑海里，女儿是不好的，所以要努力。自己是没有用的，所以得让女儿有用。她有很多的预设，还有期待，都像紧箍咒一样，把女儿和自己深深地套住。这些思想框架存在她脑海里已经几十年，要连根拔除基本上不太可能。**中毒太深，一次性拔出，血肉相连**，生命也就会失去了基础。所以**只能慢慢地解，细水长流**，让女儿和大妈同时来处理彼此间的关系。

如果在生活中，你也遇到过类似的家庭，请别着急帮忙解决问题。而是先去看到这位妈妈的价值，看到女儿的价值。看到她们身上彼此的感受、情绪。让她们知道彼此的存在，就是一种价值。并不是相爱相杀，才能够存活下来。

那么，如果发现自己是这样的状态呢？用一个意象来说明，就是自己得拿把锋利无比的刀，一点点地下手，轻轻地、利索地把彼此粘连的皮肤给割开。在这个过程中，不一定会伤害到谁，只能坚持，这样独立才有希望。否则这辈子的粘连，可能会一直持续到下一代。

这么痛苦，我们还需要改变吗？那就看我们哪个更痛苦吧。这个痛过之后就是新生。就像这对母女，显而易见这个女儿是最深的受害者，如果没有很好地与母亲分离，她会把模式继续传递给自己的女儿。所以，你该选择什么呢？

与妈妈分离的旅程——为妈妈而强的女儿

在和原生家庭搏斗的过程中,总会有人受伤,有人流泪。如果能够破茧成蝶,那么一切的奋斗都是有益的。人生本就是一场搏斗,怎么去看到和母亲的博弈,如何从这里走出不一样的风景,不再被血路而浸染,我们从下面这个例子中或许能得到一些启发。

经典案例

那天和老同学一起吃饭,来了一位她的朋友D,说特别想认识一下从事心理咨询工作的我。

一见面,就感受到对方的热情大方,丝毫没有忸怩之状,一看就是厮混商场的女强人。落座后,我从慢慢铺展开的语言,感受到了她欲言又止,似乎有很多话想一吐为快,却不能在公开场合诉说,饭局结束后的第三天,她就联系了我,说要来见见我。

在咨询室里,再见时依然是那个穿着打扮精致的女人,只是神情并没有之前轻松愉悦。她最近在工作和家庭中遇到一些烦心事,说孩子也有一些问题,问能不能带孩子来做咨询。然后就开始说起自己的人生。

D现在有两个孩子,大儿子上小学,因为情绪特别暴躁,注意力也不集中,老师经常投诉,让她非常头疼。在家里老公是个特别安逸的人,觉得是自己管孩子太多了,才会把孩子管成这样的。就这件事,两个人经常吵架。老公的不上进也让她很恼火。老公现在自己经营一家公司,生意不温不火,他觉得这样子也挺好,没什么大的压力,公司运营下去没有困难,但是想要更进

PART THREE
剪不断妈妈的爱

一步的话就需要投入很多的精力。自己不愿意那么辛苦，觉得现在条件也不错了，再那么拼也没有必要。而 D 却认为，老公在逃避责任，明明可以更好，为什么就这么安于现状，不思进取。D 自己在一家大公司任高管，之前自己也是从一线员工开始做起的，经过了几年的努力，慢慢地从基层管理上升到公司核心团队，这几年特别不容易，而老公却经常责怪自己不顾家庭。

最近一段时间，和底下的员工沟通出现了一些问题，他们的情绪很大，有几个还提出了离职。因为在前面一个项目里，D 把他们几个人的项目书全部否决了，运用了自己的方式去和客户谈判，结果谈判结果并不理想，大老板也非常不高兴。这个业务暂时就被搁置了。她很困惑，自己平时是不是真的太严厉了，还是太自以为是了？

然后她说起自己的妈妈，眼睛里露出了愤怒和无奈。她是独生女，在她 8 岁时候爸爸和妈妈就离婚了，然后妈妈就独自带着自己生活。一个女人带着孩子，日子过得非常辛苦。当时妈妈的娘家人都让她回去，但是心高气傲的妈妈不肯，带着孩子走了好几个地方，打了很多份工。后来遇到现在的后爸，两个人也终于安定了下来，妈妈考进了一家国企当会计。

从记事起，D 就觉得妈妈对自己非常严格，期待很高。在离婚前，她还记得妈妈对爸爸的埋怨，两个人的吵架声至今还能让 D 从梦中惊醒。

后来，生活稳定了，妈妈就开始严格限制自己的时间，放学后不准在外逗留，作业要在规定时间内完成，没有完成任务或者做错事了，经常会一顿打。记忆中的妈妈，表情严肃，不苟言笑，在家里很少能够看到她的笑容。但是一到外面，发现她对其他人都很友好。外人都说妈妈老是夸自己的女儿有多能干，可是这些却从来没有在女儿面前表现过。

妈妈还经常会拿大院里的一个差不多年纪的小朋友和自己比较，不管是成绩、性格还是平时的生活习惯等，觉得自己没有一样能比得上那个孩子。

即使现在自己已经是公司的高管了，在别人眼里光鲜亮丽，但是妈妈还是觉得自己一无是处。她总能挑剔出来自己的毛病，比如家务做不好，孩子管不好等等。

之前，老公在外面和女人搞暧昧，虽然没有查清楚到底有没有真实的关系，但是手机里已经被她发现有猫腻，只是老公一直不承认。后来老妈得知这件事，竟然责怪女儿，说D无理取闹。那一段时间，她差点就得了抑郁症。后来还是因为怀了老二，老公回来悉心照料，加上自己的学习，才从那种状态中慢慢调整过来。

就因为一件件事情的积累，D对妈妈的态度也一直不好，虽然明白她很不容易，但是始终不能原谅她。去年，因为自己要上班了，二胎没有人带，保姆来又不放心，只能叫老妈再过来帮忙。但是就这一年多的时间里，家里还是鸡犬不宁。妈妈总是指责自己带孩子的方式不对，比如老大现在这样的状态，肯定是自己以前给惯的，没有培养良好的习惯。所以现在老二的教育，不能再放手让D管了。

她一直就不肯信任女儿，觉得D做不好事情。

说到这里，D苦笑了一下。她说自己这段时间其实想了很多，到底要不要让老妈回家，不要再待在这里，但是又下不了决心。后爸在前年因为意外去世了，如果让她自己一个人住自己也不放心，但是一起住也闹心。

这么几年，也找了很多书看，看了书后，隐隐约约地知道，自己和妈妈之间的问题所在，但是具体怎样和解，两个人的关系如何重新梳理，都是自己没有办法做到的。

案例分析

在这个案例里，我们同样能够看到，一个活在妈妈魔咒里的孩子。D虽然已经是两个孩子的妈妈，但是她并没有很好地完成与母亲的分离。她在持续地寻求妈妈的关注，希望得到妈妈的正向反馈，哪怕只有一次。但是却始终没有，所以她陷入在要获得妈妈的肯定的欲望里而不能自拔。

在家庭关系中，她不仅认为自己要优秀，自己的丈夫、自己的孩子，也需要优秀，需要为自己代言。所以，她开始逼迫丈夫上进，觉得丈夫平稳就是不思进取，差点把丈夫推出了婚姻。她还逼迫孩子学习，孩子用自己的方式来对抗她，比如情绪暴躁，注意力不集中，都是孩子保护自己的方式。刚开始，她会觉得妈妈的方式不好，绝对不会运用妈妈的方式，但是不自觉地就进入了这个怪圈。

在工作中，她对自己的同事和下属要求也非常严格，经常会在开会的时候骂人。她不能允许工作不到位，所以很多同事都要求调走了。自己经常加班加点，也经常出差，所以家里有时候也会顾不上。最近因为孩子的事情，经常走神，出了好几个纰漏，领导也有不满的情绪了。

所以，不管在家里还是工作上，**她都是一个极度渴望得到认可的女人**。她觉得人生不奋斗就没有价值，得不到妈妈的肯定，就一直追求自我的提升。她想离开妈妈，却又离不开。因为是妈妈一直没有让她离开。妈妈在内心里也是一个没有价值感的人，所以她要逼迫自己的女儿变得越来越优秀。她不能容忍孩子的一丝瑕疵。现在，她把这个愿望似乎开始寄托在外孙和外孙女身上了。

D终于开始醒悟，觉得这种方式不能再传承下去，想着需要改变了。在自救这条路上，她看书、参加课程，虽然都没有很好地解决自身的问题，但是却给了自己更明确的方向，也有了更强的改变动力。

干预策略

当D意识到自己和妈妈这么纠缠的关系时，明白了需要拯救自己和孩子。

刚开始，她一直觉得自己的人生观是很正确的，就是需要不停地努力奋斗，不能停下来，休闲的生活是不被允许的，那样等于浪费生命。慢慢地，她意识到自己不停地奔跑，就是为了迎合妈妈的需要。不停地想要妈妈的肯定，这个内在的驱动力让她在潜意识里一直奋斗，然后又是用了这样一种人生观来激励自己。

所以回首过去的这些日子，自己确实很累，没有人可以倾诉，没有人理解自己。原以为周围的人都是错的，后来发现，原来自己错了。

当她慢慢地开始树立自己的标准，不再跟随着妈妈的脚步，跟随着妈妈的思想走的时候，她渐渐地不再怨恨妈妈。她也能够理解妈妈在那个年代，经历的那些事情，造成了现在这样的局面。

理解和接纳，就是改变的开始。奢求母亲的改变，最终变成了改变自己。

这就是整个心路历程，让她们家庭和睦的历程。

经过了将近一年的咨询，D和妈妈的关系终于处理得比较顺畅了。不论在生活中还是工作上，她都变得更加柔和，也和周围的世界进行了和解。

在维护自己权益和孩子的关系中，她做出了改变，也没有伤害到母亲，这一点，让她感觉很欣慰。

当我们回首自己的来时路，看看自己的建立的价值观和标准，是否也是父母控制的遗留呢？觉察下自己的状态，有没有从内心感受到快乐。那种充实的，有着难以名状的愉悦，而不是为了取悦他人，获得他人的认可。

当我们教育孩子的时候，我们也需要觉察，孩子是否会经常为了取悦我们或者他人而改变或者否定自己，没有自己的原则底线。如果有的话，我们就应该引起重视了。我们的教育方式是否得当，有没有给孩子足够的自由去发展他自己的自我价值观？是否把自己的价值观强加给了孩子呢？

失去觉察的人，就会经常盲目肯定自己，觉得自己正确，让孩子服从自己。让我们不停地探索，不停地整合，让自己的价值观确立，也尊重孩子的发展。经常去衡量彼此之间的标准，让孩子在不超出社会规范的原则下建立自己的三观。这个过程也就是让孩子一步步走向成熟的路途。

安文化小贴士

从进化史来说，人类的准备期，比任何动物的时间都要长，从出生到离开父母，这是一个漫长的从紧密结合到分离的旅程。健康的成长，从获得安全感开始，到逐步完成分离，剪断心理的脐带结束。作为主要的养育者——妈妈，因为在这个漫长的成长期里，投注了太多的情感和精力，导致没能很顺利地抽身，与孩子产生了粘连，成了孩子成长过程中的绊脚石。如果想让孩子成为独立的个体，有能力追求他自己的幸福人生，妈妈首先得学会很好地分离。

PART FOUR

妈妈请勇敢地说 NO

杨 谨

在孩子降生的那一刻，相信妈妈们都会有这样一个体验，看着怀中这个柔软的、哭泣着、挣扎着来到世界的小生命、我们生命的延续体，妈妈们的母爱在心头泛滥，在心底暗暗发誓，要拼尽全力去保护眼前的小天使，要把我们获得的最好的物质无私地奉献给他，不希望他的受一丁点的委屈，要让他在全然的快乐、幸福、无忧无虑的环境中成长。随着孩子一天天长大，他们的自我意识开始迅速发展，妈妈们的烦恼开始来临，当孩子的行为与基本规范和要求有出入时，该怎么办？

会拒绝的智慧妈妈

让人眼熟的一幕：一个3岁的小男孩因为妈妈拒绝给他再多买一个大玩具皮卡车模型伤心地坐在商场地板上嚎啕大哭，妈妈束手无策地站在一旁说："家里已经很多了！"孩子无动于衷，越哭越凶，眼泪就像拧开的水龙头，旁边开始有人围观并指指点点。妈妈妥协了，拽着孩子起来，边为孩子擦眼泪边无奈地说："我的小祖宗，妈妈给你买，我怕了你啦！"孩子一听，立马止住了哭声。妈妈边摇头边拿出钱包朝收银台走去。

亲爱的你，曾经遇到相熟的场景吗？又或者正在经历？拒绝这样一个漂亮可爱，情绪表达充分又激烈的萌宝对妈妈而言实在是难。亲爱的你，认同这个观点吗？

孩子的心里话：真的好想要这个玩具，虽然妈妈说家里已经有很多了，但这个比家里的车模都大，好喜欢好喜欢呀，就想把它带回家。妈妈不理解我的心情，真是好伤心，好委屈！这样的场景发生过好几次，只要我大声地哭，坚持哭，妈妈就会心软，上次就是这样的，妈妈最后还是给我买了玩具熊。这次也一定会这样的！

更智慧的做法是：蹲下去，理解孩子的心情，安抚孩子的情绪。轻声说，宝贝，妈妈知道你很喜欢这个玩具，对吗？想把它带回家，是吗？它会在这里等着咱们的，但不是今天，今天该花的钱已经花完了。上个周末咱们刚买了小奥迪车，再过2周，等咱们攒够钱，再带它回家。当你语调平静、温和而坚定地说完这几句。再观察孩子的情绪与表情，会有很大的变化。

无独有偶，2岁的迪迪，早已学会走路，却总是在妈妈带他出行时张着双臂求妈妈抱，看着他扬起的稚嫩小脸，委屈得要哭的表情妈妈实在心软，屡屡妥协。妈妈心中很困惑，要知道小家伙在刚学走路时有多刻苦执着，有时妈妈都想歇会啦，他还要坚持自己蹒跚着走。现在完全会走了，走得很好了，却总赖着大人要抱着。一次爸爸独自带迪迪出门玩耍回来，妈妈问及孩子是否要求抱着时，爸爸说："全程都是他自己走的。"听到这个答复，妈妈感到很诧异。"为什么会这样呀？他专门欺负我呀！"爸爸说："那是因为你不会拒绝！"后来，妈妈独自带迪迪出门时，迪迪没走多远又要求抱时，妈妈会蹲下身来，温柔坚定地说："迪迪长大了，完全可以自己走了。如果是累啦，咱们就一起歇一会儿再走。"

再看这一幕：周末小区的儿童活动中心内，4岁半的乐乐玩滑梯正嗨，妈妈走近他，对他说："宝贝，今天就玩到这里，咱们该去看奶奶了。"乐乐不情愿地从滑梯下出溜下来，喃喃地对央求妈妈："再玩最后一次！"妈妈什么也没说，只是**态度坚定**地摇了摇头说："这可是咱俩约定好的时间哟！"孩子乖巧地跟在妈妈身后。第二天在小区又偶遇乐乐妈，赶紧讨教，是如何培养出这么自律、讲规则的孩子。乐妈对我说：**"做会拒绝的妈妈，孩子更自律。"** 在乐乐更小的时候，走路不小心摔倒，想扑到妈妈怀里大哭时，妈妈就会先接纳他的情绪，让他哭一会儿，然后开导他，当你走路越来越熟练时，就不会摔跤了。从不会把乐乐的摔跤归责为道路不平或其他原因，让乐乐学会对自己的行为负责。当乐乐吃完原先选定的蛋糕，又想要更多时，妈妈也会拒绝，并温柔而坚定地告诉孩子，今天乐乐的小肚子不能再填下更多的蛋糕了，否则夜里就会不舒服。那时的乐乐也会委屈地哭泣，妈妈就会搂着他，轻拍他的肩膀，告诉他："妈妈知道你很委屈，但明天如果你还这么想吃，可以再吃一块的，今天真的不可以啦！"就这样既接纳孩子的情绪，又温柔地坚持不打破规则，一次次地陪伴孩子，延迟孩子的满足，乐乐的自律性和规则感越来越强。但乐乐也没有丧失活泼开朗的性格，更难得的是他比同龄的孩子更会接纳他人的情绪。

6岁的乐天比同龄孩子高出半头，脾气暴躁，在幼儿园跟其他小朋友玩耍时会有以大欺小的行为，抢其他孩子的玩具，甚至推搡跟他一起踢球的伙伴。老师在家访时了解到，乐天是家族中的长孙，从小就受到祖辈和妈妈的过渡溺爱，不敢让他受一点挫折和委屈，家中最好的食物优先给他，想要玩具无条件满足，亲戚家的孩子来玩如果出现摩擦都得让着乐天。在这样的家庭氛围中长大，他变得越来越以自己为中心，行为也越来越难以管束，多次有其他家长到家里告状，妈妈也为之前的毫无规则教育方式而后悔。

0—2岁是婴幼儿与母亲建立安全依恋的最佳时期，妈妈最重要的任务是回应孩子的需求，不仅仅是喂养方面的，还包括情绪、情感上的互动。随着自我意识的发展，孩子在3岁左右会出现第一次逆反期，儿童的自主欲求也逐步提高。对力所能及的事情想自己做主，对父母的帮助、阻止会用"不"来反抗，口头语是"我不、我要、我来"。家长一方面要理解孩子想自己做主的想法，但也应对孩子的行为有所把控，不溺爱不骄纵。4—6岁的孩子可以培养他们的延迟满足感，不即刻满足孩子的全部需求，让他们对物质的需要更有忍耐力；还可以在日常活动中教会他们遵守基本的社会规则，让孩子更自律。

年幼的孩子都是微表情判断高手和与家长谈判的专家，他们很容易就看穿妈妈的底线。如果妈妈不能温柔地坚持原先设定的规则，孩子会一次次打破规矩、用自己的方法达到目的，比如毫无节制地睡懒觉、吃甜食、看动画片、玩手机、发泄情绪，甚至对长辈不礼貌、在公共场所大声喧哗、不守规则，成为毫无自律、不能觉察自己行为对周围影响的熊孩子。

怎样才是"会拒绝"的智慧妈妈？
1. 蹲下来的心态
蹲下来，接纳孩子的情绪。这样不仅仅拉近了和孩子的物理距离，更拉近了与孩子的心理距离。当孩子了解到妈妈始终爱自己，只是自己做的事情或态度有了偏差，妈妈拒绝的是事件，不是孩子。当孩子了解到这一层后，妈妈的拒绝才是温柔的，才会更有效果。

2. 坚定不动摇的姿态

孩子都是察言观色的专家，妈妈的微表情、肢体语言会让孩子知道妈妈这次是坚定的还是动摇的，妈妈的底线在哪里。如果妈妈本身就是犹豫不定，内心七上八下的，在孩子哭天抹泪中常常会"败下阵来"。所以只有坚定的姿态，才会真让孩子意识到这次的行为过头啦！

3. 事后的解释

遭到妈妈拒绝的孩子，多数会委屈、愤怒、伤心哭泣、发脾气等等，这时候跟孩子讲道理，他们已经没有能量去理解和消化了，所以听不进去，反而适得其反。声色俱厉，讲得越多、孩子哭得越大声，情绪反应更大。所以只要保持当时的镇定，等孩子情绪宣泄完了。稍后再跟孩子做解释，孩子哪里做得不恰当，会给他人或环境带来哪些影响。请用孩子能听懂的语言讲解，最后别忘记，抱抱孩子，告诉他，"妈妈爱你！"

会和老师沟通的智慧妈妈

当孩子成长到一定年龄，便开始了社会化学习，比如进入幼儿园、上小学、中学、大学……在孩子年纪尚幼时，和老师沟通的重任在妈妈身上。

我的一位好友C，是全国知名的造型师。他不仅有成功的事业，还拥有自信、乐观的性格；健谈、幽默、为人亲和；每次看到他，周围总是聚着一群好友，既是事业上的伙伴，又是生活中的好友。这样的人生状态让人羡慕。有次工作之余，大家聚餐，谈到亲子关系的话题。C分享了一个妈妈的智慧故事：C小时候也是个话多的孩子，也免不了上课说话，惹老师生气。开家长会时班主任特意留下C的母亲单独谈话，对C批评指责，让妈妈严格管教。妈妈十分尊敬老师，耐心听完老师的教诲，也不忘跟老师坦诚地说："这孩子就是个开心果，单纯、善良、虽然违反了课堂纪律，但真的不是有意的，我回家一定好好说他。您千万别生气！"回到家后，妈妈并没有把老师的原话和态度直接转述给孩子。而是说："这次家长会上，老师表扬你啦，数学成绩有进步，老师说成绩的提高与上课认真听讲分不开。希望你每门功课都能有进步，还说你是个聪明的孩子，只要上课专心听讲，各科成绩都能像数学成绩一样有所进步的！"他听了以后打心眼里尊敬感激班主任，上课专心听讲并且改掉了上课时跟同学说话的坏习惯，那个学期的期末考了全班第三。事隔多年以后，才在同学会上和班主任再聚时了解了妈妈的智慧。

还曾听过这样一个故事：一位资质平平的初二学生，尽管学习很努力，但每次考试成绩总不理想，老师为之着急，找来家长。老师好心地替妈妈着想，孩子虽然很努力，但成绩一直在班上垫底，考虑家庭的经济状况，建议孩子直接考中专或职高，以孩子目前的基础，即使升上本校高中，将来也很难考上大学。妈妈听了这一席话，虽然难过，但仍然告诉老师，自己对孩子有自信，也请老师不要放弃这个孩子。到家后，孩子问妈妈，老师都对她讲了什么，妈妈回答："老师说你学习很努力，现在跟开学比已经有很大进步了，只要坚持现在的学习态度，把课后的作业全弄明白，下次考试会有更大进步的。还说了，不懂的问题可以直接问老师。各科老师都会喜欢爱提问的学生。"听了这番鼓励的话，初中生的学习更努力了。并且不再害羞、敢于提问啦，把原先很多不理解的基础知识慢慢地补上了，期末考试的总分比原先的成绩提高了100分，初三毕业时，孩子以全年级第35名的成绩考入本校高中。经过高中三年的刻苦学习，最终考上全国一本大学。收到录取通知书的那天，母亲激动得热泪盈眶，中学整整6年，母亲从未放弃过自己的孩子，母亲持续地鼓励是孩子努力过程中的一盏明灯。即使初中老师做出过预判，但丝毫没有影响母亲对自己孩子的信心。

然而，在我接触的个案中，也不乏如下的例子：从小就被送进寄宿幼儿园的康康内向、胆小，有时在幼儿园尿裤子也不敢跟老师说，只是把脏裤子藏起来，不让老师发现。后来被老师找到了脏衣服，跟妈妈说了。好不容易一周才见到妈妈的小康康渴望妈妈温暖的拥抱和亲昵，哪曾想回到家，妈妈就打了他，并严厉地斥责孩子："这么大了还尿裤子，脸都被你丢尽了！"康康委屈地大哭。从此在幼儿园里变得胆小、自卑，生怕犯错后，老师再告诉妈妈。上中学后，康康变得有些叛逆，尤其听不进母亲说的话。有次在家里跟妈妈顶嘴，妈妈一气之下，瞒着康康找到了班主任，述说了家里发生的事情，让老师当众批评康康，让他长点记性。正值青春期的康康在全班同学面前挨了批评才知道妈妈曾到学校找老师告状，愤怒得不行，觉得妈妈一点都不理解自己，还害得自己在全班同学面前抬不起头来。从此以后亲子关系跌入冰点，直到成年后，跟母亲的关系也不好。记忆深处总有几件事情让他对妈妈的做法强烈不满，他说，虽然道理上能明白妈妈是爱自己的，但从情感上、感觉上丝毫没能感受到妈妈的爱与温暖。在他的眼里，妈妈是个控制欲极强的人，只要所做的事情伤了妈妈的面子，违背了妈妈的意愿，妈妈会毫不留情地让他更加难堪。

 心灵导航

每个孩子在母体内都与妈妈都有着非常紧密的连接，出生后的互动和感受会在个体经历中产生不同的经验和亲疏关系的变化。心理动力流派的人格发展理论称妈妈是孩子的第一客体关系。这个流派主张人类行为的动力源自寻求客体，关注外部客体（父母和孩子世界中的其他重要他人）对其建立内部心理的影响。

简单地说**客体关系就是人际关系，与妈妈的关系**，是婴幼儿互动最多、联系最紧密的人际关系，妈妈是伴随孩子成长的重要客体。当孩子开始接受社会化教育后，比如入托儿所、学校，老师也会成为孩子的另一重要客体，相对于家庭成员中的长辈而言，**老师这个客体更具权威性、威严感**。虽然在家庭关系中，父母对孩子而言也是权威，妈妈的存在更具有女性特有的温暖、善良、呵护、关爱等特质，爸爸则具有刚毅、果断、有担当、充满力量感等特质；所以在父母不同的性别角色中，孩子获得的能量和感受也各不相同。随着孩子进入社会化学习后，妈妈也承担起孩子与社会权威沟通中的辅助或桥梁作用。但由于每位母亲的个体经历和性格差异，在与社会权威的直接沟通中，会有不同的心理感受及对外反应。

0至12岁的孩子并未形成完整成熟的自我评价系统，孩子对自己的评价大多来源于重要他人的评价，尤其是母亲对其的态度与评价。妈妈若过于严苛、批评过多，孩子自然退缩、恐惧、胆小、自卑；母亲若鼓励、赞美、温暖，孩子自然开朗、自信、阳光。每个孩子都希望得到母亲的爱、认可、关注与赞美，成为母亲的骄傲，孩子从很小的时候就会为了取悦母亲而讨好。因为孩子的心底有个声音："如果连给予生命的母亲都不重视及认可自己，那么我就是个坏孩子，没人会喜欢我。我是没有价值的。"所以，即使妈妈从老师那里得到孩子表现不好的差评，也要只针对事情本身加以矫正，而非否定孩子本人。

如何才能做到会和老师沟通又能保持与孩子拥有良好亲情的智慧妈妈？

1. 老师的要求是社会化的标准，应该尊重。

无论是孩子哪个年龄段的老师，老师的要求都是那个年龄段的孩子应具有的社会化要求。但由于孩子的个体差异，不是每个孩子对能很好地完成相应年龄的社会化要求。妈妈是最了解孩子生理状况、性格、脾气和日常安排的人，因此妈妈可以承担孩子表现与老师要求之间的桥梁作用。对于老师的评语及要求应给予重视及尊重，及时了解孩子与学校要求水平之间的差距。

2. 根据自家孩子的特点，用正向积极的心态传递信息，改变孩子心态，达到学校标准。

妈妈是最了解自己孩子的人，知道话该如何说孩子才能听进去，当理解老师要求的最终目标后，就能及时地把二者相结合，达到沟通桥梁的作用。既不让孩子感受到是说教，有压力，又能使孩子的行为有所改变和提升。

3. 管理好自身情绪，做高情商的智慧妈妈。

母子连心，孩子的各种表现也最能牵动妈妈的心情及情绪。尤其是听到孩子在学校表现欠佳时，会引起妈妈的诸多情绪表现，比如愤怒、羞愧、委屈等等。尤其是在学校当着老师的面，很多情绪都被妈妈压抑着，憋了一肚子的火回到家就冲着孩子一股脑地发泄出来，孩子就变成妈妈复杂情绪的承受者。孩子也会感受到委屈、惊恐、羞愧与愤怒，要知道每个孩子都希望获得妈妈的无限认可与爱。一旦被自己的母亲批评、指责就更加羞愧和懊恼，恼怒之下，什么也听不进去不说，还会对老师有看法，从心底排斥那位让妈妈情绪激动的老师。这样造成的连锁反应不利于孩子以后在学校的反应及表现，对于青春期的孩子有时恰恰起到适得其反的效果。所以管理好自身情绪，做高情商的智慧妈妈尤其重要。

会尊重爸爸的智慧妈妈

家庭是每个孩子的第一所学校,父母的相处模式和关系也是孩子未来所有关系的基础。在母强父弱、母亲言语刻薄的家庭模式里,孩子的学不到相互尊重。

小德妈妈年轻时能干好强又漂亮,因为要解决城市户口问题,嫁给了老实巴交、不善表达的小德爸爸。结婚后能干好强的小德妈看不惯丈夫的邋遢、干活慢、木讷等等缺点,经常数落丈夫,小德爸爸一开始忍气吞声,后来也与之反驳,家庭矛盾愈演愈烈,每日争吵。小德就是在这样的环境下长大的:开始是恐惧害怕父母争吵,后来是习以为常,变得麻木。小学以后,小德逐渐认同了妈妈对爸爸的评判,在心底深处也瞧不起爸爸。中学时期,因为妈妈的严格要求和控制,小德学习成绩不错,但同学关系极差。他说,看不上班上的任何同学,他们都太虚伪;同时他也强烈地感受到同学们都排挤他。大学住校后,他说没有朋友,上课总远远地坐在同学们的后边,同寝室的同学们都欺负他。他也学会以牙还牙。比如,寝室其他同学午睡时,他放歌曲,声音响到干扰其他人,直到有人提意见。他的理由是,我就是故意的,他们也曾经这样做过。周一回到宿舍时,发现有人把东西放在他的床上,他会毫不留情地全部扔到地上,还会狠狠地踩上几脚。他的内心几乎被恨全部占据着,同龄人从友谊中获得的快乐、力量与接纳他丝毫没有体验过。在咨询的过程中,小德花了很长时间去回忆妈妈与爸爸的争吵,家庭氛围的紧张扭曲。有一次,小德深深地陷入父母由争吵升级到动手事件的童年情绪体验中,恐惧令他的身体缩成一团,愤怒使他的双手不由得握紧拳头,他用意志力拼命克制自己的情绪,在疏导后情绪如洪水般得以宣泄，泪水洗刷着他的恐惧和愤怒。

心灵导航

孩子在母亲体内孕育成长，直到瓜熟蒂落的一声初啼降临到世界上，不仅与妈妈有十个月的共生期，并且妈妈也是孩子的第一客体关系。简单说，客体关系就是人际关系，与妈妈的关系，是孩子互动最多、联系最紧密的人际关系。在妈妈陪伴孩子成长的整个过程中，妈妈的语言、语气、语态及与爸爸的互动模式都会对孩子产生深远的影响。妈妈的情绪也会对孩子的情绪产生影响。如果妈妈对配偶是挑剔、苛责的，孩子也会习得在人际交往中斤斤计较、睚眦必报；如果妈妈对爸爸是宽容、尊重的，孩子也将学会包容与谦让。母亲是孩子未来关系的典范，孩子恰恰是在母亲的一言一行中学习人际交往的应对模式。夫妻间的沟通模式不仅给孩子提供了成长的家庭氛围，并且会延伸到孩子社会人际交往互动中。

在心理学研究中，性别角色的行为存在个体差异。传统的性别模型把男人描述为独立的、果断的、非情感化的，女人是依赖、柔情和富于爱心的。孩子正是从父母不同性别角色中吸收不同的性格元素成长为人格完善的人。如果母亲的女性角色充满攻击性、强硬和挑剔，孩子无法从父母的性别模型中吸收柔软、温暖、善良与关爱的元素，那么在孩子的成长岁月中，吸收到的都是攻击性、冰冷、坚硬、挑剔的人际交往模式。孩子的人格健全会大打折扣，体验爱、传递爱的功能也将丧失。孩子的内心积攒太多的扭曲与愤怒需要发泄，内心没有平和。

如何才能做到尊重配偶，让孩子学会尊重？

1. 学会非暴力沟通

每对夫妻在日常生活中都会遇见各种摩擦，心平气和地沟通才能明白彼此的分歧和期待，找到合适的方法解决；语言暴力会使情绪更加激化，越冲动越容易出口伤人，拉大彼此的距离，加深彼此的误解。

2. 学会换位思考

男女的思维存在差异，男士直线思维，女士复杂思维；男士理性，女士感性；女士喜欢倾诉，男士急于找解决方法；这些差异都会造成沟通上的冲突与不畅，只有学会换位思考才能理解对方的不易。

3. 定期召开家庭会议，鼓励孩子发表自己的想法。

定期召开会议并邀请孩子加入的家庭，更民主。孩子也会从互动中学会尊重对方，一方说时，大家聆听；全部意思表达完，可以讨论和发表自己的意见。

4. 管理好自己的情绪，定期表达感恩；给孩子树立榜样作用。

每位家庭成员在一天的工作、生活中都会有情绪的积攒或压抑，可以适度地通过全家参与文体活动调整每人的情绪，从而提高家庭的凝聚力。养成感恩的习惯，多使用拥抱的行动温暖家人，多用赞美的语言表达感恩。在这样的氛围下，孩子会习得宽容、爱、欣赏与赞美。

学会放手的智慧妈妈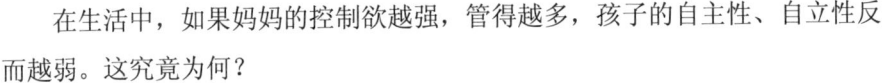

在生活中,如果妈妈的控制欲越强,管得越多,孩子的自主性、自立性反而越弱。这究竟为何?

乐乐是位小学五年级的学生,爸爸是外企高管,工作很忙。管理乐乐生活及学习的任务就全部落在妈妈的肩上。乐乐妈是个很要强且控制欲强的人,任何事情如果没按自己设定的方向发展,就会难受得抓狂。妈妈说很怕失控的感觉,自己带孩子上各种辅导班,疲惫辛苦!周末送孩子上课外班的路上,妈妈很焦虑,边看手表,边不停地对乐乐说:"走快点呀,要迟到了!"被妈妈说烦的乐乐带着情绪不屑地回答道:"迟到了关我什么事儿!"把妈妈的肺都要气炸了。元旦到了,乐乐学校有文艺表演,妈妈问乐乐报了哪个节目?要知道平时妈妈对孩子的才艺学习可没少下工夫,手风琴、舞蹈、表演、绘画乐乐全学过。可乐乐的回答再次让妈妈失望并生气,乐乐说:"没兴趣,啥都没报!"妈妈感到很痛苦,孩子的爸爸一心扑在工作上。照顾好乐乐的生活和管理好乐乐的学习就是妈妈生活的全部重心,只有孩子多才多艺,成绩优异,表现出众,乐乐妈的努力才没有白费,所有的辛苦才有回报,才有生活中的成就感。乐乐妈说,乐乐小时候很听话,也爱学习,曾经女儿是自己全部的骄傲;谁承想,如今的乐乐却是这样的不懂事和叛逆,这叛逆期是否来得太早了些?带着内心的痛苦和疑惑,乐乐妈带着孩子走进咨询室。

乐乐的心里话:我已经五年级了,可妈妈仍然把我当很小的孩子看,啥事都要管。有时说起来没完,真的很啰唆很烦,更没法专心写作业了。课外班真不想上那么多，有时周末想跟同学们约着出去玩，妈妈不让，也没有时间。看着其他同学们能一起去书店去公园真羡慕呀！想到这些，上兴趣班当然没动力啦，那些都是妈妈喜欢的，只是让我去完成罢了，想有一个快乐轻松的周末，而不是下了这门课赶去上另一门课，没有一点属于自己的时间！

心灵导航

乐乐妈没有自己的事业和丈夫的关心与陪伴，内心的感受是孤独寂寞的；内心的空虚和无力感反而使她向外抓取；这是很多母亲的通病。而她最易掌控的就是女儿的生活作息和安排课外班。孩子小时候，自主意识还不强，对妈妈也很依赖，这样的掌控还未对母女关系带来太多的困扰，孩子也还顺从。随着孩子长大，无论是生理还是心理都在发展变化。心理方面孩子自主意识越来越强，小学高年级的学生和初中以上的学生普遍期待拥有更多能自己支配的时间。孩子正常的心理发展需求与妈妈过于控制的心态越来越冲突，妈妈才是需要积极调整的那位。妈妈的过度掌控夺走了乐乐的主观能动性，也使乐乐越来越逆反。如果妈妈把主动权交还给孩子，母子关系会好很多。

妈妈谈到自己的童年，因为家庭经济条件不好，没有学习任何才艺，看见同学们在毕业晚会上能歌善舞非常羡慕；父亲有重男轻女的思想，只看重弟弟的学习成绩，对自己不闻不问。当自己有女儿后，妈妈希望女儿能完成自己学生时代未完成的心愿，为了补偿自己的童年没有条件学习才艺的缺憾，给女儿报了多个课外班，没有尊重女儿的感受。丈夫在家庭生活中的位置又恰巧演习了自己父亲的模式，终日在外忙碌，没给自己关注与温暖。这更让乐乐妈把所有的期待放在女儿身上。咨询室里，咨询师跟乐乐妈聊完后，她痛哭流涕，帮助乐乐妈找回内心的力量是我们接下来的工作。随着乐乐妈逐渐放手，不过多地掌控、强迫乐乐的课外班安排。乐乐找回了自信和自主权，积极地学习并参与学校班级的活动，不仅学习成绩有所提高，也愿意参加学校的文体活动，真正地展现了才艺班所学的成果。更可喜的是，乐乐和妈妈的关系也越来越融洽；母女俩聊天的话题越来越多。爸爸也通过心理咨询，也更多地参与到家庭生活中来，挤出更多的时间陪妻子、女儿。整个家庭往更健康更快乐的轨道上发展。

如何做会放手的智慧妈妈？

1. 孩子的年龄不同，妈妈对其管理的内容和相处的时间也不同。

婴儿阶段，孩子跟母亲建立依恋关系，妈妈是孩子最重要的他人，孩子的衣食住行都离不开妈妈的悉心照顾！母婴相处的时间很多，也是孩子一生中最黏妈妈的时间段。幼儿期，父母主要处理的是孩子的生活作息和表达能力、情绪、打人等问题，上幼儿园以外的时间，仍然是父母陪伴为主。小学阶段，父母更多的是处理孩子学习、与同伴交往、尊重长辈、做家务等方面，父母在一定范围内管理和引导儿童的行为，孩子也开始自我监督和管理的阶段，比如学习习惯的养成、交友等行为都有了自己的主张，跟父母相处的时间有所减少。12 岁以上的孩子，孩子有了更多的自主权，自己可以做出比之前更多的决定，跟同龄伙伴的相处时间增加，与父母相处时间缩短。聪明的妈妈应该了解儿童心理发展的科学规律，放下自己的控制，顺应孩子的心理发展需求。

2. 学会倾听的妈妈，更懂得放手。

弱小的生命出生后，妈妈总想竭尽全力保护孩子；当他们还是婴儿时，一声啼哭就会让妈妈揪心，抱着他就能到任何地方；那时候，妈妈的怀抱就是他们最温暖的港湾。随着长大，他们的自我意识开始发展，到 3 岁左右迎来人生的第一次叛逆期，他们有了更多自主的表达习惯："我要、我不、我来！"如果，妈妈能倾听，会给他们一定的权力做力所能及的事情。再大一些，孩子进了幼儿园，会跟家长说发生在幼儿园里的事，他们有了逐渐扩大的社会圈子，也开始有了自己的思维；他们向妈妈表达了更多的自我意愿。孩子进入小学后，跟妈妈相处的时间缩短了，他们更在意学校里老师和同学们对他的评价，他们有了更多想自己支配时间的愿望。只要妈妈肯倾听，他们会滔滔不绝地说，自己最喜欢的老师、功课和最好的朋友，也会向妈妈请教如何与同学们相处地更好，只要妈妈善于倾听，孩子的心灵永远向妈妈敞开，有了这份信任与敞开，妈妈更懂得尊重与放手，会让亲子关系更加和谐，也让孩子拥有更多的成长空间。

3. 充实自己的妈妈，更会放手。

孩子刚出生时，有些妈妈会选择当全职母亲，放弃工作，全心全意地陪伴孩子。随着孩子上幼儿园，妈妈们又会重返职场，开始与社会的链接，构建自己的社会价值感。随着妈妈的自我充实，不再抓取对孩子一切安排的控制权。妈妈的独立与自信，也给孩子起到榜样的作用，无论在学习上还是承担班级的工作时都会受到妈妈的影响，自信、积极、独立。

会孝敬老人的智慧妈妈

这是我的一段亲身经历。2012年元旦刚过,79岁的老妈不小心摔了一跤,导致股骨颈骨折。因为已是高龄,医院最后决定采用内固定偏保守的手术治疗方案。这也意味着术后3个月内,老人不能下地行走,需卧床90天,无论饮食还是大小便,都需在床上解决。恰逢孩子的寒假,当时他还不满10岁,却成为我照顾老人的最好帮手。我给老人喂饭,他在一旁看着,过了几天就主动请缨给姥姥喂饭。我跟老妈说话时的耐心与温柔,他都模仿得神似,我心里十分欣慰。每天孩子都跟着我给老人洗脸、洗手、刷牙,按摩腿部和胳膊,促进血液循环。在学校发的幸福手册里,孩子用稚嫩而充满爱的话语写到,姥姥摔骨折又做了手术一定很疼很疼,我一定要对姥姥好,让她早点康复。妈妈对我说:"每天为姥姥做3件小事,就能帮她很大的忙。我爱妈妈也爱姥姥,看到这么多人来看望姥姥,送牛奶、水果、营养品,感受到大家的爱和关心,每天看着姥姥有笑容、身体逐渐恢复,我觉得自己很幸福!"记得有个公益广告,四五岁的孩子看见妈妈给姥姥端洗脚水,自己也端了一盆满满的温水让妈妈泡脚。言传不如身教,对孩子最好的教育是父母的言传身教,潜移默化。孝顺老人的妈妈,孩子也温良敦厚,富有爱心。孝敬老人不仅仅局限自家的老人,推而广之,"老吾老以及人之老"。有次我接孩子放学,在过街天桥上遇见一位八旬的老人提着重物,非常艰难地爬楼梯,我跟孩子说:"咱俩去帮忙吧。"我搀扶着老人上楼梯,孩子帮老人提重物。老人跟我们讲了很多,一听就是个寂寞的老人家,当我们把老人送上公交车,老人站在车门内频频向我们摆手,嘴里说:"多好的孩子呀!"看着公交车渐行渐远,我问儿子:"帮助了老人,你的感觉如何?"孩子说:"老人真可怜,希望能帮助到更多的老人。"后来,在我们居住的小区内,只要儿子看见有老人提重物,或者行动不方便的老人,儿子都会主动帮忙,完全不用大人的督促。

我也家访过这样的家庭,父母不孝顺奶奶,经常呼来喝去,儿子才5岁也会对着奶奶说:"你又犯病了!"甚至是:"老不死的!"孩子自私自利,不懂何为友爱。在幼儿园里有小朋友不小心碰到他,他一定会用推搡还回去。在聚会或旅行中自己的水果、零食从不与人分享;对家族中的长辈也没有礼貌,不尊重。都说百善孝为先,真是不无道理。

心灵导航

对老人的尊重与否,看似一个道德、礼仪问题,实则还是跟亲子关系紧密相连。上面那个不尊重奶奶的案例,源于家族的溺爱。父亲是家族中的唯一男孩,备受爷爷奶奶的宠爱,因为母亲是外地户口,一直不受家里人的尊重。孩子成长的头6年一直生活在爷爷奶奶身边,他经常看到爷爷奶奶对母亲轻蔑的态度,听到家族长辈对妈妈的微词,逐渐从心底认同了爷爷奶奶对妈妈的态度,开始疏远和嫌弃母亲。上小学后,妈妈把他接回身边,但他仍觉得与母亲生疏,总怀念在爷爷奶奶家度过的时光,对妈妈也难以真正地尊重起来。随着孩子年龄的渐长,进入青春叛逆期的他更是嫌弃母亲,母亲也没有自我成长,提升自己的文化水平,渐渐地,孩子说些什么她听不懂了,孩子在想些什么她也不知道了。夫家的不认可及轻蔑内化成母亲深深的自卑。孩子也习得了家族对妈妈的态度。

怎样才能让孩子在家庭生活中学会孝敬老人呢?

1. 父母以身作则

言传不如身教,身教不如环境教育;父母给孩子创造的家庭环境是孩子的第一所学校;家庭氛围和家庭习惯潜移默化地影响着孩子,如果父母懂得尊重长辈,言语及行为恭敬,孩子自然习得。反之,在不尊重长辈的家庭氛围中长大,孩子也会学习父母对长辈的习惯态度。

2. 百善孝为先

我的优良传统就是"百善孝为先,"不仅仅在于言传,更在于身教;如果家长没能给孩子做好榜样,那么孩子根本无法从生活中学习到。

3. 建立良好的亲子关系,父母不能停止学习

孩子小时候,家长更多的是照顾其生活起居;但随着孩子一天天成长,他有了更多的自我意识,他们的价值观、人生观、世界观也逐渐形成;这个过程中,如果家长对孩子的关注仍停留在衣食住行上,显然跟不上孩子成长的步伐。所以,为了更好地了解孩子,保持良好的亲子关系,父母也需不断学习,与时俱进。

会鼓励孩子做家务的智慧妈妈

常常听见有朋友如此抱怨:"为啥我这么勤快、能干,闺女这么懒呢?唉,都随了她爸爸!"也看见太多能干的父母无法接纳自己孩子的平庸。到底怎样做才能培养出勤劳、生活可以自理的孩子呢?

丽丽妈是个手脚麻利、泼辣能干的女人,家务活全包,颇有主见也很强势;丽丽已经8岁,上小学二年级了,到现在每天穿什么都是妈妈早起帮她从衣柜里拿出来放在床头,她起来穿就好;鞋袜也由妈妈搭配好放在门口,丽丽长到这么大连自己的袜子都没洗过,更别说干其他的家务了。每天早上丽丽上学后,妈妈推开房间,就会看见乱扔的脏衣物,书桌上也乱作一团;妈妈收拾停当后重新恢复整齐与干净,但到第二天早上,同样的场景再演一遍。在学校,丽丽比其他女同学怕脏怕累,大扫除总是担心弄脏自己的白色衬衣和袜子;也比较娇气,学习上遇到困难也不愿意独立思考,总是等着老师或同学给自己讲解。家长会上,老师找到丽丽妈谈到了这些情况,丽丽妈才开始重新审视自己的包办代替带来的后果。寒假里,丽丽的表姐来家里小住几日;表姐只比丽丽大三个月,但眼里特别有活,不仅每天把自己的床铺收拾得井井有条,还帮着丽丽妈择菜、打下手、打扫卫生;看到两个同龄女孩间的差距,妈妈的不安与后悔涌上心头。回想孩子小时,自己包揽了孩子的一切,从头发丝到脚趾头都照顾得妥妥贴贴。偶尔一两次孩子爸爸单独带孩子出去玩耍,没有照顾周到,回家发现端倪都会被数落一顿;开始丽丽爸还辩解孩子不能太娇惯,但妈妈的理论是"女孩子要富养"!强势的妈妈总在争吵中占上风,以后爸爸也不敢多说了。就这样丽丽长到八岁都没洗过自己的袜子。

除了丽丽这样的个案,在家访中看到更多的孩子不爱家务劳动的习惯是这样养成的:皮皮3岁半时,就踩在板凳上模仿爷爷刷碗,奶奶看见了又好笑又赶紧阻止说:"你现在太小了,打碎了碗反而会给我添麻烦。快下来!快下来!"皮皮的第一次大胆尝试被阻止了,估计内心小沮丧吧!乐乐5岁时,踩着椅子收拾妈妈的五屉柜兼梳妆台,不小心打碎了妈妈特别喜欢的玻璃花瓶,没敢第一时间跟妈妈坦白;等妈妈发现时,完全控制不住自己的情绪,立刻大发雷霆,训斥乐乐,乐乐既委屈又害怕,吓得哇哇大哭!从此以后帮妈妈收拾屋子再也不是愉快的记忆。7岁的虎子周末看见爸爸清洗爱车,就模仿着爸爸的架势,没想到用错擦车布,导致车漆被刮花,爸爸盛怒之下打了孩子,并骂道:"真是败家子,刚买的新车!"孩子的美好动机被打得荡然无存,甚至影响了亲子关系,事后虎子在回忆这次经历时说:"那一刻,我恨爸爸!"家长在第一时间发现孩子做错事情,完全被情绪控制,没有考虑孩子行为后面的最初动机,如果孩子帮忙做家务这样良好的动机遭到重创,不被理解与赞赏,反而因无心的失误遭受打击和指责,很多原本可以热爱家务劳动的孩子变得退缩、懒惰,甚至对父母有抵触情绪。

除了上述反面例子外,**生活中也不乏积极的例子**,10岁的桔子从小就开朗活泼,并且动手能力特别强,在同龄的孩子里面,她的生活自理能力特别强。7岁上小学就开始自己叠被子、收拾书包、文具和自己房间。房间内家具摆放的位置都是小姑娘自己设计的。8岁,二年级时开始在厨房里给妈妈帮厨,现在已经会自己准备早餐、煮面条,会几种鸡蛋的做法、几样简单的小菜,爸爸工作忙、妈妈身体不舒服时,她会主动下厨,让妈妈休息。父母的朋友或亲戚来家里做客时,她就是小主人、沏茶倒水、端水果……大家都争着问妈妈,这么勤快、眼里有活儿的贴心小棉袄是怎么培养的?妈妈总是面带微笑神秘地回答:"只需做会夸奖的懒妈妈就好了!"是的,从小女儿想模仿大人干家务时,妈妈从不阻拦,智慧的妈妈深知打碎几个碗和鼓励女儿的干劲儿、培养孩子从小养成良好的习惯相比太廉价了。女儿帮忙时,她总是鼓励、夸赞女儿哪儿做得特别好,女儿真聪明,一学就会,女儿,你真有做饭的天赋呢!奇妙的是,女儿在这样的夸赞中越来越自信,做家务并不影响学习成绩,反而她做作业的效率提高了,学习成绩也进步了,因为女儿深信父母是认可自己、疼爱、欣赏自己的,从而有了内在的自信心和主观能动性。她相信不断地练习就能做好一道菜,学习也是同样的道理。在她越来越自信之后,妈妈就可以心安理得的示弱、偷懒啦!

家长对孩子的不同态度加以时间的积累,会改变孩子的行为,促进或降低孩子的主观能动性。12岁以下的孩子,自我评价系统尚未建立,他们的自我评价源于外部系统,尤其是重要他人的评价,重要他人主要包括父母、家庭长辈、老师等;尤其是父母、直接抚养人的评价。因为直接抚养人跟孩子相伴的时间最长,态度和行为具有长期稳定性。所以在日常活动中,直接抚养人长期给孩子怎样的评价,对待孩子用怎样的态度会对孩子当前的自我评价有深刻的影响;并对未来孩子自我评价系统的生成有长远的影响。如果家长在评价中一直认为孩子动手能力差、笨手笨脚、帮倒忙、破坏分子、懒虫,等等,那么12岁以前的孩子就在内心这样评价自己,并且这些评价会延续到孩子的未来。所以家长朋友们,了解到自己的言行、态度对孩子的重大影响后,请保持觉知的能力陪伴孩子成长。

如何成为鼓励孩子做家务的智慧妈妈?
1. 看到孩子内心的渴望

孩子3岁以后,自我意识高速发展,做事开始有自己的主见,爱模仿、爱动手,活动范围逐渐扩大。3岁以上的孩子,如果他们模仿大人的举动开始最简单的家务,请看到他们内心深处对自主的渴望,想获得父母认同与赞美的渴望;而不要一味剥夺孩子渴望尝试的愿望。当然,保证孩子的人身安全是前提。

2. 放下家长高高在上的全能感,在心理上与孩子平等

越是能干的父母越具有全能感及权威感,对自己的教育方式自信心爆棚乃至自大;常常以居高临下的态度对待孩子,随时散发的信息是:"你还太小,啥都不懂，别给我添乱！"孩子是敏感的，虽然很多家长表示，我嘴上可没这么说，但这些信息从您的面部表情、肢体语言、说话的语气、语态全都表露无遗，孩子全都接收得到。

3. 做示范、多鼓励，看到孩子的进步

在孩子跃跃欲试，又不得要领的时候，家长最适合做些什么？多做少说！多做示范，少阻拦，少打击，少批评，多鼓励，看到孩子的具体进步加以鼓励，孩子的主观能动性被激发，会干劲十足，无论是学习还是家务、劳动，都会越来越积极！

4. 放下自己的控制欲，尊重孩子

有部分家长有极强的控制欲，只希望孩子听自己的话，完成自己期待的事情，把孩子当作达成自己心愿的工具，没有尊重孩子自己的意愿和基本的选择权和自主权。孩子喜欢运动，父母觉得没出息会阻止；孩子喜欢游戏，父母觉得浪费时间会制止；孩子想尝试劳动，父母觉得"孩子，你只要搞好学习其他的不用你动手"。要知道，只有在家中感受到被尊重的孩子，才会在社会上尊重他人，不以自己为中心。只有自己的愿望被满足过的孩子内心才不匮乏，才快乐，才懂得什么是战胜困难后的成就感！请家长们学会听见孩子的渴望，看见孩子的努力，尊重孩子正当的选择，放下自己的控制欲！

安文化小贴士

妈妈安，家就安，孩子安！每个孩子回到家，会习惯地喊："妈，我回来啦！"孩子，包括成人，在受到惊吓时会脱口而出："妈呀！"看似习惯性的口头禅或失控状况下的应激反应其实都是集体潜意识的表达。孩子与妈妈有共生期，这是爸爸无法取代或体会的，尤其是在孩子婴幼儿时期，妈妈在孩子心理意义上意味着生存与食物，只要有妈妈的呵护与陪伴，孩子就能生存下去。妈妈的情绪也是家庭的稳定剂与风向标，所以祝福所有的妈妈们，好好爱自己，悦己，安家，爱丈夫，让孩子在爱与自由中茁壮成长！

PART FIVE
单亲妈妈你快乐吗?

刘 虹

> 我是个单亲妈妈，没错，可是对孩子来说，最重要的是妈妈是快乐的。
>
> ——齐豫

为什么一个男人和女人谈恋爱时能够彼此关心彼此照应，结婚以后两个人的关系越来越亲密的时候，反而问题越来越多？很多恶习暴露出来？各种怪异脾气也都爆发出来？他对我比普通人还恶？

这个现象心理学认为，当一段关系进入很深、很亲密之际，无意识中退行到与母亲的共生关系中，"婴儿最初的状态就是没有边界，没有你我，我和母亲是一体，我觉得一切都是我的"。因此无意识中进入到儿时与父母的关系模式中，无意识中想通过这样的亲密关系修复早年的心灵创伤，潜意识会期待补偿曾经缺失的爱与认同。

因为，**一个好的婚姻关系就是**修复曾经缺失的爱、安全感、肯定、赞美的**港湾**；**一个好的婚姻关系就是**帮助你从原生家庭中或者说从母亲用力的爱中分离出来使其成为一个真正独立的灵魂。

如果亲密关系中其中有一方能够保持住对方的"攻击、偏执、任性……"或者有修复伴侣创伤的能力，这样的亲密关系就可以继续往下走。

然而，很多两性亲密关系没有等到或者说没有给到对方和自己真正成为独立个体灵魂的机会，便将自己和对方双双**丢进了"大海"**。

但是，进入"大海"清醒一下未尝不是一件好事，很多单亲妈妈也因此走向了人生另一个巅峰。当单亲妈妈把内心的无助、茫然、郁闷、悲伤、恐惧等巨大的负面能量，转化为乐观、向上、努力、自立、自强、自爱的积极正能量，再重新走向"岸上"，正是**塑造全新的自我**，使生命由此第三度重生的绝佳契机,正所谓"绝处逢生"。

在美国阿拉斯加地区,有一个小镇叫格鲁特吉伦,这里靠近北极圈,全年平均气温只有4℃,冬天最低气温可达零下40℃,一年四季该镇都笼罩在皑皑白雪之中,由于气候严寒,居民生活来源有限,因此该镇失业人口众多,生活极为艰苦,不少人悲观失望郁郁寡欢,一些人甚至打算背井离乡前往他处谋生。为了驱散格鲁特吉伦的悲观气氛,鼓励当地居民积极生活,2005年2月1日,格鲁特吉伦镇委员会制定了一条在全世界都堪称独一无二的法令,该法令规定:每天傍晚6时到7时为"快乐一小时"时间,在这60分钟里,镇上所有居民包括前往该镇旅游的客人都必须快快乐乐,不得吵架生气、悲观失望、愁眉苦脸、郁郁寡欢,如果违反了这一法令,轻者将处罚金,重者强制学习,学习的内容是观看喜剧电影和诙谐有趣的电视脱口秀节目。

这一奇特的法令颁布后,每到傍晚6点到7点,那些面带微笑的警察和执法人员,便走街串巷观察人们是否正在快乐,如果发现不快乐者,执法者微笑着对其处罚,渐渐地在每天"快乐一小时"期间,格鲁特吉伦镇就成了快乐大本营,无论男女老老少、无论平民富商,大家都聚在一起开怀大笑、相互逗乐,随着法令的执行,小镇居民相继认识到,无论一个人心底的忧伤有多沉重,**只要不放任自己在忧伤中沉溺**,只要努力去找寻快乐创造快乐,快乐就一定会常驻心中,慢慢地格鲁特吉伦镇重又充满了活力与欢笑。

"**快乐一小时**",在那些皑皑白雪覆盖下的寒冷日子里,能够与心中浓重的阴云相抵抗的唯有心灵的阳光,拥有一颗快乐的心,就能不断散发出温暖明亮的光芒,驱散心中的严寒。

孩子是来成就你的最好礼物

世上有些东西是我们无法选择的，比如出生，很多时候，因为种种原因我们也无法选择成长环境、教育条件等等，但有一样我们可以选择，那就是**心境**。

不少单亲妈妈往往认为自己经历了比普通女性更坎坷的人生，因婚姻的失败进而否定自己，诋毁自己，觉得自己是失败的，是不够好的，曾一度将自己缩在鸵鸟的翅膀下哭泣。

但是，因为你是母亲，你根本没有时间悲伤，你的身边还有一个比你更渴望温暖、渴望安全的小人儿正眼巴巴地看着你。

王女士38岁，两年前离异。

"刚办完离婚手续的那些天，我的心情糟糕透了。我请了一个星期的假，把自己关在家里没有去上班，每天给女儿10块钱，让她放学回来时自己买点包子什么的，我没什么胃口，什么都不想吃，我除了整天睡觉就是看电视或者一个人蒙头痛哭，或者歇斯底里地砸东西，我不关心我自己，也不关心女儿。"

"一天，女儿放学回来给我带回来了煎饼，又小心翼翼地给我捧来了一杯纯净水，然后说要去打网球，因为下一周她要参加全市的网球比赛。我冷冷地说：'你自己去吧，妈妈没心情陪你去。'因为以往都是我陪她去练习网球，女儿悄悄地关上房门出去了。我一个人在家越想越气，翻出家里所有的照片，把所有带她爸爸的照片全部撕碎，女儿晚上回来默默地收拾被我搞得乱糟糟的房间，竟然偷偷藏起了一张全家福，并把这张撕碎的照片重新拼在了一起。一周后，女儿参加全市的网球大赛并获得全市青少年组网球赛的第一名，女儿带着获奖证书欢欢喜喜地跑回家，捧着证书对我说：'妈妈，你看我获奖了！'我懒洋洋地说:"嗯,我知道了。"女儿又说:"妈妈,我知道你心情不好,要不你骂我一顿吧,你骂我我不顶嘴,你打我我也不哭,我希望我能快点长大好让你高兴一些……"

"我看着女儿突然觉得我好惭愧,**我和她爸爸离婚,可孩子是没有错的**,为什么让孩子来承担这份委屈呢?我再也控制不住自己的自责、愧疚、委屈,抱着女儿大哭起来。那一夜,我和女儿说了好多好多。当我问到她:爸爸在你心目中是怎样的人?女儿忽闪着眼睛看了我好半天说:爸爸会唱歌,还会……然后她吞吞吐吐的不再表达。我听后心里说不出是什么滋味。

"我一夜无眠,第二天早上给女儿做了早饭,又给她穿上漂亮的衣服,我决定走出旧生活的阴影。等女儿上学后,我把屋子打扫了一遍,重新摆放了家具,把女儿重新拼好的那张全家福又挂到了墙上。我想,这也是对女儿的一份尊重,在女儿的心中留一个爸爸的位置。

"接下来我觉得自己应该出去工作,但我想换一个环境。于是我应聘到一家外资企业,公司里我这个层次的员工大多是刚出校门的大学生,为了和公司年轻人更好地相处,也能赶得上年轻人的创新,我报名参加了英语专业的自学考试。我的业务做得很出色,连续两年被公司评为营销冠军。我在这家公司一做就是六年,六年来我从未因为孩子生病等琐事请过事假,我的心情开朗了,和公司年轻人相处得非常好,他们年轻的朝气感染着我。公司年末总结会上老板主动给我敬酒说:"王小姐,您帮我改变了一个观念,过去有单亲母亲来公司应聘,我总是不愿意要,一是怕她思想复杂心情灰暗,二是怕她家务事影响工作,是你让我改变了对这个群体的印象。"

"更值得我用泪水和欢欣迎接的是女儿——女儿越来越懂事,她快乐、自信,在学校里是有名的"运动天使"和"快乐女孩",女儿真诚地说:"妈妈那么坚强,我有妈妈关心怎能不快乐呢?"

"女儿是我的骄傲,更是我前进的动力。"

心灵导航

生活就像一面镜子,你对它愁眉苦脸,它也对你愁眉苦脸,你对他面带微笑，它也对你面带微笑。

1. 换个角度看问题

离婚，固然让你的生活发生了变化，但同时也让你有了重新思考和定位人生的机会；让你不再为那个浑身毛病的男人而伤心；让你离开了曾经错误情感选择的折磨；让你的家务劳动大大减少；让你有了更多自己的时间和空间。如果像案例中的王女士那样，离婚后发现了女儿的懂事，发现了自己的潜能，何尝不是一件好事呢？

2. 帮助自己和孩子建立支持系统

单亲家庭最主要的压力来源于经济压力和家庭支持力度不够。人的能力和时间都是有限的，再坚强的单亲妈妈也不是超人，不可能长期扮演好父亲与母亲的双重角色，向外寻求家庭的支持，建立亲人、朋友的支持系统，勇敢接受亲朋好友伸出的关爱之手，教会孩子懂得感恩与爱的付出，**多参加公益活动，在奉献中收获快乐。**

3. 寻求心理咨询的帮助

单亲妈妈心情郁闷、心理压力大，又不愿意向亲友诉说，那就要勇于寻求心理咨询的帮助，做好自我情绪管理，不迁怒于孩子。

心理咨询师就是起到镜子的作用，帮助您反射出你内心的困惑和症结，并协助你走出阴霾的心灵房间，**帮助你在心灵房间多种鲜花，当鲜花开满了房间，杂草也变成了养料。**

善于放下　和往事说再见

一个青年背着一个大包袱千里迢迢跑去找无际大师，他问："大师，我是那样的孤独痛苦和寂寞——长期的跋涉使我疲倦到极点，我的鞋子破了，荆棘刺破了双脚，手也受伤了流血不止，嗓子因为长期的呼喊也暗哑了，为什么我还不能找到心中的阳光？"

大师问："你的大包里装的是什么？"

青年说："他对我可重要了，里面是我每一次跌倒时的痛苦，每一次受伤后的哭泣，每一次孤寂时的烦恼，靠着它我才能走到您这儿来。"

无际大师带着青年来到河边，他们坐船过了河，上岸后大师说："你扛了船赶路吧！"

"什么？扛了船赶路？"青年很惊讶，"它那么沉我扛得动吗？"

"是的，孩子。你扛不动它！"大师微微一笑，"过河时船是有用的，但过了河，我们就要放下船赶路，否则它会变成我们的包袱。**痛苦、孤独、寂寞、灾难、眼泪，这些对人生都是有用的**，它能使生活、生命得到升华，但须臾不忘，就成了人生的包袱，放下它吧，孩子，生命不能太负重。"

青年放下包袱，继续赶路，他发觉自己的步子轻松而愉悦，比以前快了很多，**原来生命是可以不必如此沉重的**。

兰儿今年38岁，丈夫是一名老师，因为有晚自习每个星期回家两三次。兰儿发现丈夫和一个大一的女学生在一起，于是她开始跟踪丈夫并和他谈判，丈夫发誓断绝关系，可惜没过多久，他们加了微信又开始联系，兰儿又跟丈夫大闹了一番。

兰儿说，"没想到不久前他与我谈及了离婚，我很震惊，我从没有想到他会提出与我离婚，我不想离婚，我们小地方离婚的女人很少，我怕以后没有合适的人选，自己会孤单，我们还有12岁的儿子，以前和他生气时没有忍住，我们在孩子面前也吵，现在孩子知道了这事，也不和爸爸说话，也不愿意回家，这更坚定了他要和我离婚的决心。他觉得我太强势了，他说谁不喜欢年轻貌美的，他说再累只要见到'她'就能兴奋起来，在家里就是闲着也不愿意碰我，有时也想同房但就是不行！他说他也只是想和她上床，还是想和我一起生活的，说我像他妈，我听了真是很气愤，原来他把我当成他妈！现在我又很纠结，离也痛苦，不离也痛苦。我每天都很担心、纠结、矛盾、恐惧……时间一天天过去，日子一天天在混着过，我就是想用时间拖住他。"

"可是，有一天儿子的班主任老师打来电话，说儿子在学校的学习成绩直线下降，在学校与同学打架，而且儿子在性格上还出现了自负与自卑相交织的现象。我有些后怕，我和他爸爸之间的问题不可以使孩子成为家庭的牺牲品，于是我下决心要和儿子做个坦诚沟通。

"我认真、如实地和孩子讲了我和他爸爸之间的关系，并征求儿子的意见，你是否同意妈妈、爸爸离婚？我没想到儿子会这样说：'你们两个人既然过不到一起了，干吗非要在一起呢？妈妈你放心吧，我已经长大了，没有爸爸了还有我呢！'我当时真的控制不住自己的情绪，大哭了起来，我真是没想到儿子会这样想。

"这几年以来，我每天担惊受怕，我害怕儿子失去父亲，我害怕儿子不能原谅我们，我害怕……**原来所有的害怕、担心都是我自己设定的。**

"于是我决定和丈夫离婚，**我和丈夫签字离婚那一刻，我觉得全身轻松，如释重负**。我决定要认认真真担负起一个母亲的职责，我要把这些年跟踪丈夫的劲用来照顾自己和儿子，好好做一个负责任的妈妈。

"心态真是可以改变生活。我开始用心陪伴儿子学习生活，放学以后我陪儿子去踢球，陪儿子说话，渐渐地儿子学习成绩又赶上来了，儿子也越来越懂事，不再和同学打架，仿佛一夜之间长大了。工作上我也觉得越来越有劲儿，周末业余时间我开始练习瑜伽，过去从不化妆的我也开始了粉墨淡妆，我从儿子身上得到了无穷的力量，获取了前进的动力。

"我不再感到忧郁、烦躁和害怕，我也开始尝试着原谅前夫，因为我知道儿子需要父亲的角色，这样一想，我不仅没有觉得委屈反而轻松了，仿佛长时间压在心头上的石头挪开了，有阳光照射下来，重新感觉到了温暖。"

 心灵导航

1. 坦然接受现实，勇于面对现实

"离婚"这两个字还是让身带"印记"的单亲妈妈和孩子生活在别人异样的目光下，即使别人没有另眼相看，很多单亲妈妈还是沉浸在阴影中不能接纳不完美的自己。

有些破裂的家庭中**夫妻名分早已经是名存实亡，但仍在自作聪明地采取了回避或者"鸵鸟政策"**。其实这是非常不明智的，回避会让孩子更困惑，会使问题更复杂、更糟糕，正视现实、坦然面对才是克服困难的正确起点，坦然接受现实可以锻炼妈妈的韧性，激发孩子的潜能。

但是，坦诚面对问题的前提是——**父母和孩子间一定先有"好的关系"**。

2. 别拿爱孩子当理由

许多离婚边缘的"伪家庭"，堂而皇之拿着**"不想让孩子失去父亲或者母亲"为理由展开持久战**。也许我们没有办法保证孩子绝对不会因为父母的离婚而受影响，但是，殊不知这样的持久战会对孩子的身心成长将造成更大的影响，**严重者会造成精神分裂或者人格障碍**。因此，一是请"伪父母们"放下自己的恐惧和担心，勇敢面对现实；二是请父母们承担起自己的责任，**不要因自己的不成熟行为而伤害孩子的一生**。

人生如意之事不常有，不如意之事常八九。如果父母真的为了孩子，就请给自己学习成长的机会吧，父母完全能够以自己健康的心态和得当的做法，把对孩子的影响降低到最低程度。

3. 实话实说，其实孩子什么都懂

美国社会学家罗杰斯先生，在"罗杰斯先生与父母谈心"一书中，真诚鼓励父母在给孩子解释离婚问题时，把他当成一个成年人来对待，此外，他还提

倡进行讨论，**让孩子明白在他们的生活中，到底哪些关系会发生改变，哪些则不会。**

不要企图对孩子隐瞒真相，也不要轻描淡写地应付孩子，孩子的感知能力总是超乎你的想象。父母离异给孩子的生活会带来不小的震动，父母要帮助孩子平稳过渡，正确面对现实，这个过程中**更重要的角色还是妈妈**。如果妈妈能够以积极的态度面对困难，孩子有了安全感，就不会感到自卑和恐惧。

离婚不离家 危险的游戏

单亲妈妈在感情生活中"藕断丝连",不仅是对自己的伤害,更是对孩子的伤害。**"离婚不离家""离婚同居"**,如今已经成为社会另类的风景和游戏,有的人因为难言之隐,有的人因为玩的就是心跳……不论什么原因,**这都是一种危险的游戏。**

这样的场景才像一个家吧:同在一个屋檐下,三个人围坐在餐桌旁吃饭,饭后她在厨房里洗洗涮涮,父子俩在客厅里看看新闻看看动画片,聊聊学习、生活的话题,这样的氛围正是家的味道、爱的味道啊!

柔儿说,"**每周五的晚上我都会尽心尽力地演好一出戏**,我让自己显得轻松而愉快,一边叮嘱9岁的儿子写作业,一边侧耳听着楼梯间的声响,我期盼着前夫岳横推门进来,一家三口终于团聚的时刻。我没有告诉自己的父母和儿子,我和岳横已经离婚两年了,我更知道岳衡欺骗他的现任妻子说,他每周五在单位值班,我心知肚明,岳横只是在利用我对儿子的爱和对家庭形式的完整,利用我对他的留恋之情而将我作为他的情人,我每次想到这一点都觉得尴尬、郁闷,当年我那样痛恨那个夺走岳横的"第三者",可现在角色转换,离婚后的自己却当上了曾经最不耻的"第三者",我常常不能原谅自己。"

"记得,那还是离婚两个月后的一天,我病倒了,我躺在家里全身无力,下午4点儿子马上要放学了,没有人去接刚上一年级的儿子,我习惯地拨通了岳横的电话,前夫接了儿子回家。安顿好孩子之后,二话没说便背着我就去了医院,打针输液最后又将我送回家,坐在床边他替我掖了掖被角,这个呵护与温暖的小动作,我无法忍住我的眼泪……岳横说:'别怕还有我呢,我还会回

到你们母子俩身边，我最爱的还是你和儿子。'

"这样的承诺虽然听着有些遥遥无期，但我还是因此软弱下来，我听任岳横紧紧地搂着自己……就这样我很快说服了自己，儿子那样喜欢爸爸，只要和爸爸在一起他就比平时活泼快乐，每周末儿子都盼着'在外地工作的爸爸早点回家'，当然，其实最私密的原因是我还依旧爱着他，**我离不开他**，岳横就是我的星光，星光虽然微弱却是暗夜里唯一的光亮。

"时间一天天流逝，岳横每次面对我的追问'什么时候复婚'，他的回答越来越敷衍：'现在不是挺好吗？我每月都给你一些钱，每周都会回来，而那边的女儿还小，怎么能离婚呢？'到最后他的言语中甚至有些威胁意味了：'现在我和儿子处得挺好的，你就不要节外生枝了。'

"直到有一天，儿子自己发现了真相。

"一个周日的课外活动中，儿子看见爸爸和另一个女人牵着一个小女孩的手在小公园里嬉笑，他突然想到了，这几年爸爸从来都是一周回家一次，他没有带自己外出游玩，更没有陪自己和妈妈。

"儿子已经10岁了，他隐约明白发生了什么事。回家后他瞪着眼睛质问我：'你为什么欺骗我？你是坏妈妈，我恨你，我没想到妈妈也会骗人。'爸爸是儿子心中的神，他无论如何也不能原谅爸爸，**但他更不能原谅欺骗他的妈妈。**"

对于儿子来说，他需要父亲，需要父爱，这是光明正大的要求，也是孩子的权利，这份父与子、母与子的关系血脉相承永不割舍，但是**夫与妻只是一曲双人舞蹈**。

 心灵导航

1. 设立边界，心理断乳

当一个婴儿呱呱坠地，慢慢地和母亲生理、心理脐带断乳，屹立于宇宙中成为一个独立的个体，他就具备了"爱与被爱的能力；安全自我保护的能力；独立自主责任感的能力；与人连结的能力；自我价值体现的能力——**生命的五朵金花**"。正所谓：**生命本自足。**

成为你自己——更是单亲妈妈必修的功课。

孩子不是母亲生活的全部,其实**母亲对生活的态度就是孩子对生活的态度**,母亲最重要的是自尊、自立与自爱。

2. 懂得尊重,定位自己的新角色

尊重就是爱,更重要的是尊重自己、善待自己。过去已经成为过去,**任何守望都难以换来破镜重圆的结局**,固执下去只能给别人增添笑料,给自己和孩子换来更多的伤害。

尊重当下、活在当下,一直微笑下去,水到渠成、自然健康的婚姻生活就在你人生的正前方。

3. 学会享受孤独,做自己的好父母

孤独是心灵的栖居,**孤独是精神、思想的流浪**。孤独和寂寞是有本质的区别,带着觉知享受内心的安宁与祥和,触摸内心更深的自己,倾听内心的声音,正所谓"心知道答案"。

"做自己的好父母,学会对自己温和而又坚持",**温和地**保护和照顾自己内在的弱小和曾经的伤痛,**坚持而坚定地**对自己不成熟的任性和错误的认知并严加管理。

活出你自己

萨提亚 Virginia Satir

当我委屈时
我允许自己委屈
我陪伴着自己委屈
我内外一致而不分裂
我的力量油然而生

当我愤怒时
我看见自己的愤怒
我看见是我的想法让我愤怒

在想法的背后

是我生命里美好的需要没有得到满足

当我看见愤怒由我而起

我给予我自己深深的爱与接纳

力量由此而生

当我温柔说话时

它由心而发

内心的那份力量与温柔同在

我知道

我是在有力地表达自己

我要发光

我的生命之花要绽放

我知道

这是人性的一部分

我越爱我自己

我越能够去爱你

这是生命里深深的慈悲

我知道

这是人性的一部分

我想要幸福

当幸福与我同在

你也会感受到幸福

当你幸福时

我同样感受到幸福

PART FIVE
单亲妈妈你快乐吗?

我深深地理解
我们的幸福彼此相依
我知道
这是人性的一部分

当我活出自己的力量
我就踏上了回家的路

患绝症的单亲妈妈

著名作家刘墉曾讲过一个**故事**，有一次他遇见一位从越南归来的美国战地记者，记者神秘兮兮地掏出一卷影片放给刘墉看：那是一群人奔逃的画面，远处传来机枪扫射的声音，小小的人影一一倒下了。

刘墉问："你叫我看这个？表示你冒着生命危险拍到杀人的画面吗？"记者没有说话，把片子摇回去又放了一遍，指着其中的一个身影说："你看，大家都是同时倒下去的，只有这一个，倒下得特别怪，而且不是向前扑倒，而是慢慢地蹲下去……"记者抽搐了起来，继续说："等枪声离去后我走近看，发现**那是一个抱着孩子的年轻妈妈**，她在中枪临死之前居然还怕摔伤怀里的孩子，而慢慢地蹲下去，她是忍着不死啊！"

忍着不死，这就是母亲面对生命绝境的选择——因为她身为母亲。

芳芳是位坚强、善良的女性。芳芳一生坎坷，几乎人生所有的不幸全让她遇上了，1996年生孩子时难产，2006年因丈夫外遇而离婚。2010年底查出患有直肠癌，但**生活也给了她最珍贵的礼物**，一对双胞胎女儿大双、小双和在风雨中磨炼得更加坚韧的性格。

芳芳只有初中文化，面对沉重的生活压力，她干过临时工，开过小商店，最后她选择了只有男人才涉足的重体力活，做屋顶防水工程。2012年3月，芳芳的直肠癌复发，医生坦言告诉她，手术是将肠子拿出来留在体外帮助排泄，这时芳芳的病情已经到了晚期，最多只能活2到3个月。对于芳芳来说，离开人世未尝不是一种解脱，但是她想到了两个女儿，她仿佛看见大双、小双茫然无措的神情。芳芳深深地自责：这几年来，自己每天早出晚归干活供女儿读书，

单亲妈妈你快乐吗？

因为不愿让女儿在父母离异后再受打击，她对女儿隐瞒了病情，尽可能地宠着她们，但现在**死神随时都会降临！**

坚强的芳芳痛哭之后擦干眼泪，决定要在生命的最后2个月里教会女儿勇敢地面对自己的离开，要教会女儿生活一切的琐事，教女儿如何做饭如何洗衣服。16岁的女儿正一天天长大，她们在不久的将来就会面对复杂的社会，面对工作，面对爱情，面对婚姻……

芳芳找来了大双、小双的父亲，她用平静的口气对他说："医生说我可能活不到3个月了，我们之间的恩怨都过去了，大双、小双从此就没有妈妈了，你是他们最亲的亲人了，请你一定在行动上表现出来，平时多打电话问问情况，尽量每个月抽一天时间带她们出去走走，孩子升学时，将来谈恋爱时、结婚时，你多关心一下指导一下。"

芳芳将自己生病时分别找谁借过钱，借了多少钱，全部写成账单留给女儿们，对女儿说："妈妈对不起你们，什么也没给你们留下，却给你们留下一些欠债，你们长大后要学会感恩，要感谢所有曾经关心帮助过妈妈和你们的人，还有，只要有可能就尽量帮助需要帮助的人"。

芳芳坚强地指导两个女儿怎么开煤气炉，怎样用电饭锅，怎样放油，怎样放盐……她还在一些纸条上写满了关煤气炉，出门别忘了带钥匙等叮嘱的语言，贴在家里的厨房门、柜子等地方，**她将一个母亲所有的不放心、所有的信心都凝聚在一张张的小纸条上。**

以前芳芳从来没有带两个女儿去看过自己工作的地方，但现在她决定带她们去看看，当方芳气喘吁吁地带两个女儿爬上八楼的屋顶时，女儿们惊呆了，一口黑色的大锅里正熬着沥青，空气里全是呛人的气味儿，虽然才5月份，可在楼顶只待了不到半个小时，她们就已经热得浑身冒汗。女儿惊讶地问妈妈："妈妈，你每天都是这样子干活吗？"芳芳笑了笑没说话，女儿们沉默了。

回到家里，芳芳拉过两个女儿的手说："妈妈今天带你们去看工地，不是让你们觉得是妈妈有多苦，而是想告诉你们，妈妈吃得了的苦你们也一样可以，今后你们的路还长着呢，可能也会遇上很苦、很难的事情，到那时你们就想想妈妈，妈妈吃过这样的苦都能挺过来，你们也一定可以的，记住要好好学习。"

芳芳知道自己在物质上不能给女儿留下什么，她只希望能给女儿留下最宝贵的精神遗产：乐观。芳芳常常有意识地告诉女儿，自己今天情况不好，也许随时都会走，她不许女儿们哭，自己也不哭。虽然露在体外的肠子上排泄物经常让她很狼狈，但芳芳尽可能把自己和床上收拾得干干净净，芳芳对女儿说："你们都是大姑娘了，也许很长一段时间里，你们因为没有钱，不能买新衣服，不能买护肤品，但是你们只要将自己收拾得干干净净，那就是最漂亮的。"

2012年6月9日早晨，大双、小双依依不舍地和妈妈说"妈妈乖，我们去上学了，拜拜！"两个懂事的孩子让芳芳倍感欣慰，她知道自己这2个月的苦没有白吃，**女儿在这短短的两个多月里坚强地长大了成熟了**，这是她最后一次听到女儿的声音，当天晚上芳芳走了。

心灵导航

这是一个真实的故事（摘自单亲妈妈教子方案），芳芳是有两个孩子的单亲妈妈。在生命的倒计时时刻，**一位单亲妈妈的责任感**，意识到仅仅给孩子疼爱是不够的，因为孩子总会长大，母亲总会离开，她选择了一条正确的路——将自己的坚强和乐观教给孩子们，**分离也是一种爱**。

1. 微笑，是孩子最好的礼物

一个人改变不了别人，也改变不了环境，但可以改变的是**心境**。危难是生命的试金石，如果我们没有勇气去死，就必须勇敢、快乐地活着。

人生会有很多的无奈，而**无奈最大的推动作用，就是勇敢地接受和微笑地面对**，微笑是战胜一切困难最好的武器。

2. 信任，是孩子最好的礼物

心理学研究表明，有两种人最有主见：一是在逆境中成长起来的人；另一种是虽然没有经历逆境，但从小受过良好的教育，心胸开阔，有坚强的个性，对生活有独到全面的见解和把握的人。

保护和放手都是一种责任，都体现了对孩子的爱，但后者有可能有益于孩子的一生。**放手不是放任**，芳芳在生命危机时刻，勇敢地放手，但芳芳是**有的放矢地"放手"**，给到孩子充分的信任和具体指导，促使她们成为独立、坚强的人。

3. 前夫是求援的最好对象

结婚时我们"爱屋及乌",把丈夫的亲人视为自己的亲人,离婚了是不是就"恨屋及乌"了呢?单亲妈妈怎么选择是自己的自由,但是不应该连带着孩子跟随着妈妈来选择,婚姻虽然解体了,但孩子和父亲家血缘的亲属关系依旧存在,**让前夫的家人和亲人参与到孩子的成长中,**给到孩子精神和物质的支持,促进孩子健康成长是事半功倍的有效方法。

别把弥补对孩子的亏欠当作爱

单亲家庭只是**家庭结构变了**，但是**爱和责任没有变**。离婚对孩子多少会产生负面影响，但是如果父母能妥善安排好孩子以后的生活，那么这些负面影响就会减少到最低程度。

对于孩子来说，他最大的担心莫过于因为父母离婚而让自己失去父母的爱。**如果母亲能够给足孩子坚定的信心**：虽然父母分开了，但是父母还是像往常一样爱他，他就能正确地预想或者面对家庭的变动。

但是，"完整的爱"和"完全的爱"，绝对不是一个性质的概念。

小丹和大刚因长期两地分居，感情淡漠，于两年前协议离婚。她们有一个12岁的儿子亮亮，离婚时他们约定：每个月大刚必须要抽出一整天的时间陪儿子亮亮。

这天一早在小区门口，大刚接到儿子，还没等大刚表达一下思念之情，儿子的第一句话却是："爸你给我带什么了？"大刚有点失落，但还是赶紧从背包里取出礼物，一件名牌T恤。可是亮亮却皱着眉头批评爸爸："这什么呀，要限量版的或者有球星签名的才叫酷啊，我上次不是说了让你买一个新版奥特曼吗！"大刚两手一摊表示惭愧的样子，并答应下次一定带来。父子俩商量一天的行程，上午去体育用品商场，下午去奶奶家。父子俩来到了迪卡侬运动超市，亮亮挑选了一双运动球鞋，又选了一条运动裤，大刚在一旁负责刷卡。中午赶到奶奶家，奶奶爷爷见到大孙子自然的娇惯，奶奶赶紧给大孙子拿出早已准备好的亮亮最喜欢吃的红烧肉。吃饭的时候，大刚想问问亮亮最近的学习情况，还没等大刚开口，亮亮一句话让大刚闭了嘴："我一个月才见你一次，你能不能不像我妈一样唠叨学习的事啊？"大刚尴尬地看着亮亮说："臭小子。"吃完饭亮亮自顾自玩起了"星际争霸"，沉浸在游戏里。晚上，大刚将亮亮送回小区，亮亮对爸爸漫不经心地挥挥手，自顾自地背着大包小包回家了，大刚发现这一天忙碌下来居然还没有和儿子说上几句正经的话。

每次亮亮和爸爸出去一次回来，小丹的麻烦就来了，最初的几天亮亮的情绪总是不稳定，回来跟妈妈说话的语气也会没有礼貌。几乎每个月小丹都会在电话里抱怨前夫一通："你知不知道？每次和你呆一天回来，我就得用大半个月时间来纠正他的不良习惯和他的错误想法，刚刚扭转过来一点，得，你们又见面了，再这么下去，我就不许你见他了，也不许奶奶见孙子了。"

因为，亮亮在学校的成绩也一路下滑，老师说亮亮在学校里爱慕虚荣，对同学傲慢无礼，有时特别爱吹牛，有时又特别自卑。

大刚对12岁的儿子怀着深切的愧疚，似乎觉得自己没有尽到父亲的责任，儿子已经长得有他这个爸爸肩膀这么高了，他很清楚离婚会在孩子的心里留下阴影，因此，**在陪孩子的时间里他总想尽自己的全力来弥补对孩子的亏欠。**

心灵导航

1. 学会与前夫沟通，达成对孩子爱的方式一致

父母彼此间的情爱可以转移，但是对于孩子的爱不可变。**单亲家庭的父母最重要的一点，为了孩子必须要学会坦诚的沟通**。沟通的目的：一切是为了孩子的未来充满希望与光明，沟通之前处理好自己的情绪，没有指责，必须平心静气。

案例中的小丹，态度诚恳地主动约了前夫见面谈孩子教育的问题。小丹把咨询老师教给的方法转告了大刚，让大刚学会**走进孩子的内心**，才是建立好父子关系的关键，而不是靠买衣服等物质手段来填补。

建立好的父子关系要让孩子更多地了解父亲这个人，让父亲带孩子去参观他的工作环境，让父亲带儿子去参加一些体育或者户外运动等身体体验的活动，增进父子亲情的互动游戏等。

大刚非常配合，就在假期里带着儿子亮亮到了自己外地的工作住处，他叫儿子参观他的工作环境以及宿舍，当亮亮看到爸爸居住的宿舍环境，生活过得很清苦，心里有所触动，从那以后**儿子再也没有要求爸爸给买礼物了**，也知道开始学习了，在学校也懂得帮助老师拿书和主动帮助同学做科学实验等，在家里也知道陪妈妈去买菜了。

2. 绝不在孩子面前诋毁前夫的形象

离婚是父母两个人的事，切记拿孩子做筹码。尤其是在孩子出现了学习成绩下滑、心理动态不平衡的现象时，**妈妈要学会正确客观理智地与孩子沟通**。

案例中的小丹发现儿子亮亮在学校有不良的行为表现后，一改以往抱怨的口吻并坦诚地告诉亮亮："爸爸和妈妈之间是有矛盾的，但现在已经解决了，你爸爸非常非常地爱你。"小丹还拿出亮亮小时候的很多照片，告诉亮亮很多他小时候的故事。

单亲家庭不是问题家庭，**单亲孩子和问题孩子之间绝对没有因果关系**。更重要的是要用"平常心"接纳单亲的现实，建立"好的亲子关系"使孩子顺利健康地成长。

3. 先有好的关系，再有教育

单亲家庭的孩子很容易受到家庭变故的影响和母亲情绪的影响，**孩子的问题折射出父母的问题**。当孩子在学校出现了攻击、说谎、傲慢、无理取闹等问题，单亲父母们不要一味指责孩子，这时候父母首先要做的就是"关系"的建立，重新和孩子建立信任关系，**关系好了教育才能起到效用**。

爱孩子就不要给他一切

过分关注就是控制，爱他就放手吧！

有一种冷叫妈妈觉得你冷，

有一种热叫妈妈觉得你热。

都说世上只有妈妈好，有妈的孩子像块宝，可是**缺爱或者溺爱，这两种错爱现象更容易体现在单亲家庭**。

小秋今年45岁，在儿子3岁的时候丈夫因车祸去世，小秋没有再嫁，小秋说：**"我一个人再难也不让孩子受委屈。"** 小秋一个人辛辛苦苦带着儿子生活，现在儿子已经17岁，高中三年级准备迎接高考。

可是最近儿子情绪化严重，写作业或者做其他事情总是会发出一种怪异"吼……吼……"类似咳嗽又类似憋的声音，有时候还自言自语，学校老师说自从到了高三乐乐（儿子名字叫乐乐）开始给自己设立大学目标：非北大不去。他还经常说：做事要有始有终，做人要有原则。**乐乐在学校没有朋友，性格孤僻**，有时候自言自语，还会发出"吼……吼……"的怪声，已经严重影响到其他同学，老师建议休学或者退学。小秋要带儿子去医院看病，儿子坚决不去，说自己没有病，每天早上坚持去学校上课，小秋和老师商量，为了不打击乐乐，就给乐乐安排了单独的座位。

小秋痛苦中开始反思："自从乐乐的爸爸去世以后，我总是担心、害怕乐乐失去父亲而自卑，乐乐从小就害怕一个人睡觉，晚上睡觉总是要开着灯，**我就经常陪着乐乐睡觉**，时间一久乐乐离不开妈妈，我也离不开乐乐。乐乐一天天长大了，到了青春期我觉得应该和他分床睡，可是虽然给他准备了房间，但是乐乐睡觉的时候总要开着房门，也不可以关灯，还时不时跑到我房间和我要赖。"

小秋说，"乐乐小时候特别漂亮，特别招人喜欢，又聪明，乐乐的吃、穿、行都是我亲自准备的，乐乐爸爸去世以后留下的财产足够我们母子生活了，当时家里人都让我找个保姆或者再嫁，但为了乐乐我都拒绝了。**我要自己培养孩子，给他最好的教育**。从小到大乐乐每天早上起来要穿的衣服由内到外、从头到脚都要给他准备好，上学要带够一天的水，乐乐小学、初中学习一直都很好，一直是妈妈的骄傲，现在也是重点高中。"

"可现在怎么就突然这样了呢？"说着说着小秋嚎啕大哭。她灰心、失落、恐惧、无助、悲伤……

心灵导航

回看小秋的成长经历，小秋的妈妈在当地是有名的女强人，家里有三个姐妹，她排行老二，妈妈是个工作狂，很少照顾到她，她从小就是别人眼中的乖孩子，学习成绩一直就好，高中毕业因高考失利与著名大学失之交臂，后来嫁给了乐乐的爸爸，倔强的她自从乐乐父亲去世后她，自承担起了既当母亲又当父亲的重担。

"我一定要让孩子受到最好的教育"小秋带着这样的信念，却变成了"给予孩子一切他想要的"。她忽略了最重要的一条：**爱孩子就不要给他一切**。苏联教育家马可连柯说过："一切都让给孩子，为他牺牲一切甚至牺牲自己的幸福，这就是家长所能给儿童最可怕的礼物了。"

1. 将"担心"变"关心"

过度关注**折射出**家长自己内心**安全感的缺失**。孩子成为妈妈生命的全部，成为妈妈精神慰藉的工具。小秋这位缺失爱、缺失安全感的妈妈，**只有紧紧抓住儿子她才觉得是安全的**，随着儿子一天天长大，孩子的生理呼唤独立，心理贪婪的依恋与母亲共生，这种**生理与心理内在的强烈冲突**，将压抑出精神分裂或者障碍型人格。

精神分裂症其实就是处于一种幼稚的、混沌的你我不分的状态，尚未分化出我和你的分别，也未分化出想象与现实的分别。

因此这是不健康的巨婴妈和巨婴儿的共生关系，巨婴妈小秋必须要做的是**彻底给儿子乐乐心理断乳**。对于妈妈小秋更重要的是：修复童年的不安全感和不被爱的心灵创伤，修复丈夫车祸突然丧生这种情感依恋的失落和悲伤感。使自己有力量让内心这份巨大的恐惧、担心转化成"关心与爱的能量"，彻底与儿子分离，使儿子成为自己命运的主宰，发展建构健康的自我人格。**分离就是爱。**

2. 教育孩子少讲"理"

"道理，道理"一定是**"先有道后有理"**。《道德经》中"道"是衍生万物的本源，"理"是存在于一切事物之中的"道"的分支，现在人们常说的"道理"其实就是"理"。

本案中的妈妈小秋就经常会给儿子讲："你上课总是弄出怪的声音出洋相，是不是让老师同学们关注你啊！这样做和你是学生的身份不符，而且你是快要毕业的高三学生，学习任务很重的，老师不能以你的标准来要求全班啊！你要从你是一个学生的角度来想，怎么能融入班集体，不要和班里的同学作对。"

这样的"理"听起来就是头重脚轻。**失去了"道"**，"理"便是无源之水，无本之木。

3. 准确拿捏爱的"浓度"

"忽视"是对孩子的伤害，"过度"的关注同样也是伤害。妈妈如何给予孩子恰如其分的爱，**做到爱而不"溺"**？防止妈妈过度的关注和过分的溺爱而掉进"温柔的陷阱"里，失去了孩子独立自主的信心和能力，也失去了健康成长的权利。

建议单亲妈妈： 首先要懂孩子，要知道孩子具备哪些他本有的生命特性，就好像你要了解你家里的各种花，哪些属于草本植物，哪些是木本植物，草本植物和木本植物，它们怎样施肥，怎样浇水，怎样晒阳光。**懂他就是爱他**，就是尊重他，**尊重就是爱**。

　　同时还建议单亲妈妈，要有意识地为孩子制造一些"苦头"吃，让他在生活中去磨炼，去体验，去经历失败、受挫，**唤醒孩子沉睡的力量**，是妈妈给予孩子的"浓度"恰当的爱。宽而有度，严而有爱。

PART FIVE
单亲妈妈你快乐吗?

帮助孩子处理好和老师的关系

这个话题不仅适用于单亲家庭，也适用于所有家庭。因为孩子在成长过程中会受到很多传统教育的束缚："**应该**尊师重道，**应该**团结友爱，做人就**应该**谦卑"等这样的谆谆教诲。孩子的理性、智慧还没有健全发展到能够用哲学的唯物思想"任何事物的两面性"这样辩证的思考能力。

孩子们内心会经常感受到不公平，会有压抑、委屈、愤怒、恐惧等等复杂情绪，如果妈妈能够及时帮助孩子疏导孩子内心不平衡的情绪，帮助孩子处理好在学校与老师和同学之间的关系，是引领孩子建立"健康的人生价值观"重要的保障。

刘女士在儿子天天 12 岁那年，因与前夫性格不合而离婚，原本就懂事且学习优秀的儿子仿佛一夜之间长大了。天天顺利地考上了当地有名的重点高中，需要住校。天天不仅学习好，又是一个足球爱好者，但是由于家庭的变故，他本就内敛含蓄的性格增加了自卑的阴影。刚上高中一年级时天天因成绩优秀分配在小小重点班，后来再一次经过层层考试，天天被淘汰出局，被分在另外一个班级，班主任是年级组长，这是一个严厉的老教师。

一天，刘女士接到儿子天天的电话："妈妈你能来学校一趟吗？和我们老师说说，她总是批评我。"刘女士意识到问题的严重性，因为她知道儿子是最讨厌没事往学校跑讨好老师的家长，但这次天天主动要求妈妈去，一定是遇到大麻烦了。原来天天喜欢踢足球，每节课下课都要出去踢几脚，足球不离身边，时时刻刻在桌子底下，最近下午上课还常常睡觉，老师认为是因为天天踢球影响了学习。

刘女士听后马上安慰天天："好的，妈妈知道了，踢球的事情我和爸爸一直都是支持你的，但确实不能因为踢球而影响学习。没关系，妈妈相信你会处理好学习和足球的关系，你不要想太多妈妈明天就去找你们老师。"

第二天，刘女士按约定好的时间和班主任老师见了面，班主任老师热情接待了天天妈妈，见面寒暄之后班主任老师不客气地在刘女士面前告天天三大罪状。第一，下午上课睡觉影响班级其他同学；第二，足球不离身总是在桌子底下，希望他不要把足球带进班级；第三，不热爱班集体，经常跑去原来的那个班级画黑板报。（因为天天小时候学过素描）刘女士很平静地听完老师的诉说，**首先非常感恩**班主任老师能够这样关心天天，然后刘女士很坦诚地和班主任老师沟通了天天的家庭实际情况，并**对**天天从小学到初中的学习成绩**给予充分肯定**，对天天性格特点也向老师做了如实的阐述，然后对于老师说的以上三点给予一一回答："对于老师您说的**第一点**，天天下午上课睡觉，这件事情是天天做得不对，回去以后我一定会很好地和天天沟通，相信天天能够改变；**第二点**，关于天天踢足球的这件事情，我和天天的爸爸都是支持的，因为这是天天的兴趣爱好，天天视足球如生命似的热爱，而且我们认为足球是他很好地宣泄情绪和能够激励孩子生命的一个渠道，如果天天带足球进班级，影响了班级其他同学学习这是不对的，我回去后好好和孩子沟通，如果天天能保证即使带了足球到班级但不会影响班级的学习，那么也请老师给天天一次机会，我希望我们能尊重天天的意见和想法；**第三点**，老师您说天天到原来的班级去画黑板报，从这一点说明天天是一个重感情的孩子，不能说他是不热爱班集体，而恰恰天天是一个非常热爱集体、关心集体的好孩子，也许他刚来到这个新的班级，还没有和老师您建立很好的关系，那么老师您是不是可以调动天天的积极性，让他为咱们这个班级画板报，为咱们这个班级做贡献不是更好吗？"

刘女士和班主任老师沟通完以后，即刻就和天天通了电话，刘女士并没有如实地把老师说给妈妈的话全部说给天天，她对天天说："老师很喜欢你，老师只是对你踢足球有些想法，担心踢足球会影响你的学业，至于下午上课睡觉，妈妈也觉得这样是对老师的不尊重，这是不对的，老师不希望你把足球带进班级，但我跟老说如果你能保证不会影响学习，老师也是同意的，但你必须保证上课期间不要因为球而影响了其他同学。"

经过这次和老师沟通以后,天天的性格开朗了,自信了,他也不再惧怕老师了,老师对天天的看法也转变了,天天和老师的关系越来越好,毕业的时候天天和同学们亲切地称班主任老师为"老鸥"。

三年以后,天天以全班并列第一的好成绩,考进了国家重点大学。

心灵导航

单亲妈妈是孩子唯一的精神支柱,**给予孩子足够的安全与爱的支持更是单亲妈妈义无反顾、责无旁贷的责任**。很多传统观念认为老师说的任何话都是圣旨,尤其是有些单亲妈妈本身对自我认知不是很清晰,加之社会偏见进而影响自己和孩子更加自卑,导致很多单亲家庭的孩子在学校受到老师或者同学的歧视,因此,请单亲妈妈勇敢地保护好孩子的身心成长,**遇事冷静地分析,不偏听偏信,客观公正地将"人与事"分开**。

例如,案例中刘女士和班主任老师沟通中充分肯定和感谢老师对天天的关心,但是关于老师批评天天到其他班级画板报的这件事情,刘女士给班主任老师以反驳,充分保护了儿子天天的自尊,这就是**"对事不对人"**。

1. 勇于和老师直言沟通,树立孩子的信心

单亲妈妈要鼓励孩子在班上有几个要好的伙伴,经常一起学习一起沟通,一起踢球、打篮球,一起玩游戏等。

孩子遇到和老师或者同学之间的关系问题,不偏听偏信,客观公正地给予孩子内心的支持,让孩子感受到家庭支持的力量和温暖。

2. 温和而坚定的爱,是给孩子的支持

支持和鼓励孩子正确的想法,尊重孩子的兴趣爱好并创造有利的条件帮助他创新和发展。对于孩子不合理的想法和行为,单亲妈妈的态度要**坚定而温和的坚持原则**,帮助孩子设立边界:哪些是可以做的,哪些是不可以做的。

3. 教会孩子面对偏见和误解

"谁人背后不说人,谁人背后无人说",面对误解、偏见和歧视,无论是单亲妈妈还是孩子都要学会勇敢承受和面对,**对于偏见和误解最好的回应就是:做最好的自己**。

离开父亲不能脱离父爱

如果说，**妈妈是大地**，承载着孩子生命的源头；
那么，**爸爸就是天**，给孩子无限自由的空间。
如果说，**孩子是风筝，妈妈是那拉风筝的线**；
爸爸则是让风筝尽情舞动、高高飘扬的**风**。
如果**孩子**是**鳄鱼妈妈**含在嘴里的**蛋**，
爸爸就是那根撑在妈妈嘴里的**棍**，
不让**蛋**在妈妈用力的爱中窒息、**破碎**，
爸爸是帮助剪断妈妈和孩子之间精神脐带的**那把剪刀**。

心理学家格赛尔说"失去父爱是人类感情发展的一种缺陷和不平衡"，父爱是孩子健康成长的重要纽带。父爱是强大的精神力量，有利于孩子在潜移默化中增强自信心和意志力，**父爱是**引领孩子建立正确的人生观、价值观的关键角色，**母爱是**建立孩子安全感的重要角色。

单亲家庭的妈妈，要做好父亲与母亲双重角色的转换，这是对于单亲妈妈人格特质重要的考验。单亲妈妈的内心要有足够的**"温和而坚持"**的态度，对待孩子身心成长的过程当中既要给予温暖的爱又要给予坚定的有原则的**规矩与界限**。

一、给单亲妈妈的建议

如果母亲过度保护不敢放手，**折射出**母亲内在的恐惧和焦虑。婴儿在 0 到

PART FIVE
单亲妈妈你快乐吗?

3个月尚处于与母亲共生阶段,婴儿需要全然的被接纳、被爱;4个月到3岁婴儿逐渐要和母亲开始分离,但同时婴儿依然渴望依赖,**依赖与分离**正是婴幼儿内在冲突、矛盾的分化过程,这个时候需要母亲用"温和而坚持"的爱与安全感满足孩子的分离与独立,如果这个过程母亲没有做好,孩子可能永远不知道如何独立。这里所说的"孩子"也泛指我们作为父母的成人,因为父母也曾经是"父母的孩子",因此,**许多单亲妈妈如果你现在仍有很多的担心、焦虑,则要反思你自己的童年生活。**

一是,建议单亲妈妈勇敢地面对自己内在的恐惧,寻求心理咨询的帮助或者参加心理学相关课程。重新建构自己曾经缺失的爱与安全感,使自己内在的生命强大起来,有足够的力量陪伴和推动孩子的成长。

二是,建议单亲妈妈能够有勇气与他人再次建立婚恋关系,给自己和孩子一个温暖、有父爱的家庭。但是,**前提是你自己先要成为一个"健全的真我"。**

三是,寻找另外一个能替代原本父母扮演的重要他人的角色。**"重要他人"**,是指在孩子心理人格形成及社会化过程中最具影响力的一个人,这个人的养育态度及行为举止,将对孩子的成长起到决定性的影响,这个人除了父母以外可能会是祖父母、老师或者其他长辈甚至是保姆。但是,父亲角色的**替代应谨慎**。

如果孩子长期缺乏父爱,容易导致孩子(尤其是女孩)对男人不信任,缺乏安全感,如果**长期和母亲黏在一起**,不能很好地和母亲分离,就**无法真正独立**,男孩子甚至会出现性别价值取向问题和人格障碍。

因此,单亲妈妈如何面对现实,为孩子营造父爱的天空,让孩子始终沐浴父爱的阳光,不仅需要爱心和胸怀,更需要智慧和策略。

二、为孩子留出父爱的天空

1. 让孩子常熟悉父亲的形象

小孩子的形象感和感知能力比较强,如果婴幼儿3岁以前见不到父亲,就有可能把他忘得干干净净,因此妈妈应经常让孩子回忆父亲的形象,和孩子一起讨论有关父亲的点点滴滴,在家里留一些**父亲的照片**,让孩子常翻翻看并回忆和父亲一起生活的情境，可以和父亲约定时间让父子相见沟通，或者保持电话、邮件等形式的联络，让孩子始终能感受到父爱的存在。

2. 让孩子明白父母离婚不是父母爱的终结

单亲妈妈一定要告诉孩子，虽然爸爸、妈妈分开了不再相爱，但是爸爸、妈妈依旧都是爱孩子的，无论现在还是将来，父母对孩子的亲情和责任永远不会变调或降温。

3. 父亲是孩子建构人生价值观的导航标

如果孩子早年没有获得足够的父爱，那么青春期**很容易发生早恋**；如果早年没有得到父亲足够的赞美和肯定，孩子会有自卑和焦虑。所以，请记住：对于童年期的孩子，**父亲的一句肯定、赞美、认同胜过母亲的一百句**。

如果父亲在孩子在 6 岁以前很认真地看着孩子的眼睛对孩子说："孩子我很高兴，你是我的孩子，我很喜欢你，爸爸非常爱你，谢谢你宝贝儿。"孩子听到以后会高兴一辈子，快乐一辈子。

常与父亲相处的孩子对外界刺激的敏感性、生活独立感、学习力、自信心等方面有着明显的优势。长期生活在女性群体中的儿童，其性格特点和心理状态容易出现担惊受怕、烦躁不安、多愁善感等情绪。父亲对女孩的影响力大于对男孩子，**与父亲密切相处的女孩数学成绩更佳**。对于女孩儿来说父亲的形象是力量的象征，女孩心中的父亲是勇敢、果断、责任心强，因此女孩子受到这些影响会更严肃认真地对待生活和事业，而父亲的言行常常是男孩子的榜样，父亲身上许多优良的品质和个性，甚至一些不良习惯，都会在男孩身上展现出来。

4. 父亲是性别角色自我认同的关键

孩子四五岁时开始有性别意识，而给孩子取名、买衣服和玩具，与孩子游戏和谈话等，都传递着社会以及家长对不同儿童的潜在性别期望和标准。

父亲对待孩子的方式和态度会不同于母亲，他们会带孩子去冒险、去探索世界、去尝试做一些前所未有的事情，这样孩子在与父亲玩游戏时，可学会解决问题的方法，由此强化对外界的控制感，增强自信心，提高对自我的认同感。

父亲能够影响孩子的性别认同。孩子和父亲的关系好，女儿会更具女性美，儿子会更有男人味。在与父亲的互动中，父亲能把女儿女性部分更好地引发出来；同样，儿子会认同父亲作为男人的责任、原则、胸怀、胆识与气魄。所以，**和父亲关系很好的孩子，一般不会出现同性恋**。

单亲家庭沟通之道

一、了解父母离婚对不同年龄孩子成长的影响

社会心理学就父母离婚对儿童的心理影响进行调查得出的结论是，父母离婚对儿童有着不同程度的影响，但是，**也会根据儿童不同性格气质类型而表现出不同的影响**，普遍的大数据显示：2岁半到3岁3个月的儿童，会表现出倒退行为；3岁到5岁的儿童会表现出易怒、攻击、自我责备和迷茫；5到6岁的儿童，表现出更多的焦虑和攻击性行为；7到8岁儿童表现出悲哀、害怕以及希望和解的幻想；9到10岁儿童表现出失落感、拒绝、无助、孤独及愤怒与忠诚的矛盾；11岁以上的儿童表现出悲伤、羞耻，对未来和婚姻感到焦虑、烦躁和退缩，但是，儿童的适应水平与性别及性格气质类型不同，影响也有所不同。

因此说，单亲家庭要让孩子形成健康的人格和良好的性格，**关键的关键在于"做好与孩子的沟通"**，沟通开始得越早并能够坚持养成习惯，将对孩子的成长起到巨大的推动作用。

但是，**与孩子沟通最重要的原则是：先有好的关系，再有沟通**。如果单亲家庭的亲子关系，出现了无法沟通的现象，**先要检查母与子、父与子的"关系"问题**。

二、好的关系才有好的沟通

"关系"是沟和通之间的基本连接线，关系被对方认可才能进入沟通。

1. 沟通前的态度

一是平等的态度。人格的平等，把对方当作和你一样的生命个体对待，这就是很多父母最难做到的关键点，父母认为你是我的孩子，我高你低，本身就

建立在不平等的关系上,都很难达到有效的沟通。

二是尊重。尊重就是我允许你跟我不一样,你可以有自己的想法,你可以有自己的情绪,你可以用你自己的方式去生活去学习。

三是接纳。接纳就是我接受你原本的样子,我接受你完美的或者不完美的独立个体,我看到你就在这里,使其感到这里是安全的。

2. 沟通前的六问

第一是身份。你跟谁沟通?在对方的眼里你是谁?在我的眼里你是谁?对方是谁决定了你是谁。**亲子沟通中父母容易进入误区**:我是你妈,你是我的孩子你就要听我的。**切记"沟通不是要求"**。

第二是意愿。我愿意吗?对方愿意吗?

第三是目标。你要什么?没有目标的沟通就是发泄情绪。

第四是关系。首先要评估你和他的关系层次,如果用10分制评估你和他的关系,会是几分?

第五是情绪。必须要有稳定的情绪。

第六是环境。时间、地点是否合适。

3. "沟通目标"不等于"沟通目的"

举例:妈妈要和孩子沟通上课不注意听讲的这件事情,妈妈的目的是让孩子今后上课好好学习注意听讲,结果孩子第二天仍然没有做到,于是妈妈很气愤,因为妈妈认为我已经和你沟通过了你就要按我说的做,这种沟通就不是沟通,这是"要求"。

沟通只是手段不是目的。事实上你和孩子的沟通**目标**是:希望他上课能注意听讲,不影响上课纪律,妈妈把自己的想法和自己的期待告诉孩子,给到孩子改变和变化的时间,信任他,鼓励他,然后再达到最终上课注意听讲的**目的**。**是通过目标达到沟通的目的**,这样即使没有达到目的,也不会伤害沟通者之间的情感,或者也不会感到失落和气愤。

4. 运用冰山达到有效沟通

成功的有效沟通中语言占38%;文字占7%;肢体动作即非言语占55%。因此,单亲妈妈和孩子沟通时重要的不是你说了什么,更重要的是**你听到了什么**,

倾听孩子语言背后的声音，不仅用耳朵听，还要用眼睛去观察，用**心去听**，倾听孩子潜意识表达出的真实想法，**沟通就是潜意识的沟通。**

运用冰山探索自己与他人

行为：_____

应对姿态：指责？讨好？超理智？打岔？一致性！_____

感受：_____
感受的感受（或决定）：_____

观点：_____

期待：_____
①对自己期待：_____
②对他人期待：_____
③他人对自己期待：_____

渴望：被接纳？被爱？被肯定、认同？尊重？自由？价值感？_____

自我：（生命本质、精神、灵性）_____

三、单亲妈妈与孩子沟通技巧

第一步：寒暄（开场白）

第二步：探寻（发问）

第三步：倾听 ｜ 缓冲（共情）；
　　　　　　　｜ 探寻；
　　　　　　　｜ 聆听。

第四步：表达（表达自己的感受、想法和期待）

第五步：反馈（他的感受、他的想法和他的期待）

第六步：总结。

表达的具体方法：

第一，当我看到……听到……的时候……

用五感（眼、耳、鼻、舌、身）陈述事件。

第二，我感到……（我的感受）

表达感受（喜怒惊恐悲、惧、忧等）。

第三，我的想法……

只表达真实的想法，不评判不指责。

第四，我希望或者期待……

举例： 孩子离家出走，妈妈和孩子的沟通。

"孩子，当妈妈知道你离家出走的时候，**我感到**特别害怕，也特别后悔，可能是我以前对你管得太严了，（或者可能是我平时太忽略了你），除了学习就是学习，还经常向你发脾气，妈妈真是错了，妈妈**想**对你说对不起，妈妈**希望**以后好好和你说话，也希望你以后不要再离开家了，妈妈爱你。"

但是，**请谨记：** 一定是"先有了好的关系才有好的沟通"。

四、单亲妈妈与前夫沟通需要注意的是

1. 诚恳的态度；
2. 稳定的情绪；
3. 放下期待，只表达自己的想法；
4. 尊重，允许对方有和你不同的想法和看法，注意倾听；
5. 区分你的身份。

五、谁和孩子谈"性"的话题更合适？

中国人谈"性"色变，"性"字本身的含义是：性质（事物的属性）；性情；特性（脾气、秉性等）；性别，如男性、女性、雄性、雌性；本性；生命（明心见性）。

因此作为家长不仅是单亲妈妈，首先要**正确理解"性"本身含义**的真正意义，正确解读"性"在人生命中的重要性，如果单亲妈妈能够端正自己的态度，不再恐惧"性"的话题，那么谁来谈就不是问题了。

1. **对男孩来说**，最佳的人选就是父亲，父亲容易通过聊天，或者游戏的方式切入"性"的话题，使孩子正确解读性带来的困扰和好奇。

如果缺失父亲的单亲家庭，一是建议单亲妈妈可以通过书籍，或者学校老师，或者孩子比较亲近的男性亲友与之交流；二是如果单亲妈妈自己有足够的正确认知、有足够的心理能量，完全可以坦然地和男孩沟通性的话题。

2. **如果是女孩**则是母亲和孩子沟通"性"的话题，可以通过书籍、生活体验中的指导等，让女孩子正确接受性带来的喜悦和恐惧感，使其正确认知自己是女性的幸福感和成熟感。

因此，谈"性"重要的**是妈妈端正自己的态度。**

安文化小贴士

单亲妈妈安住于心，必须勤于学习，给自己心灵充电，必须梳理并疏通好上一段遗留的"情感垃圾"，才能迎接雨过天晴的彩虹。

单亲妈妈安住于家，温和而坚定的**做自己的好父母。**

欣赏和感恩自己，顶着巨大的经济压力、社会舆论及自我不成熟的重重阻碍，直面各方面的挑战。

谨记：世上没有完美的人，只有两个不完美的人精雕细琢之后变得相对完整，不是变完美，而是变完整。

PART SIX
再婚家庭幸福的秘诀

刘 虹

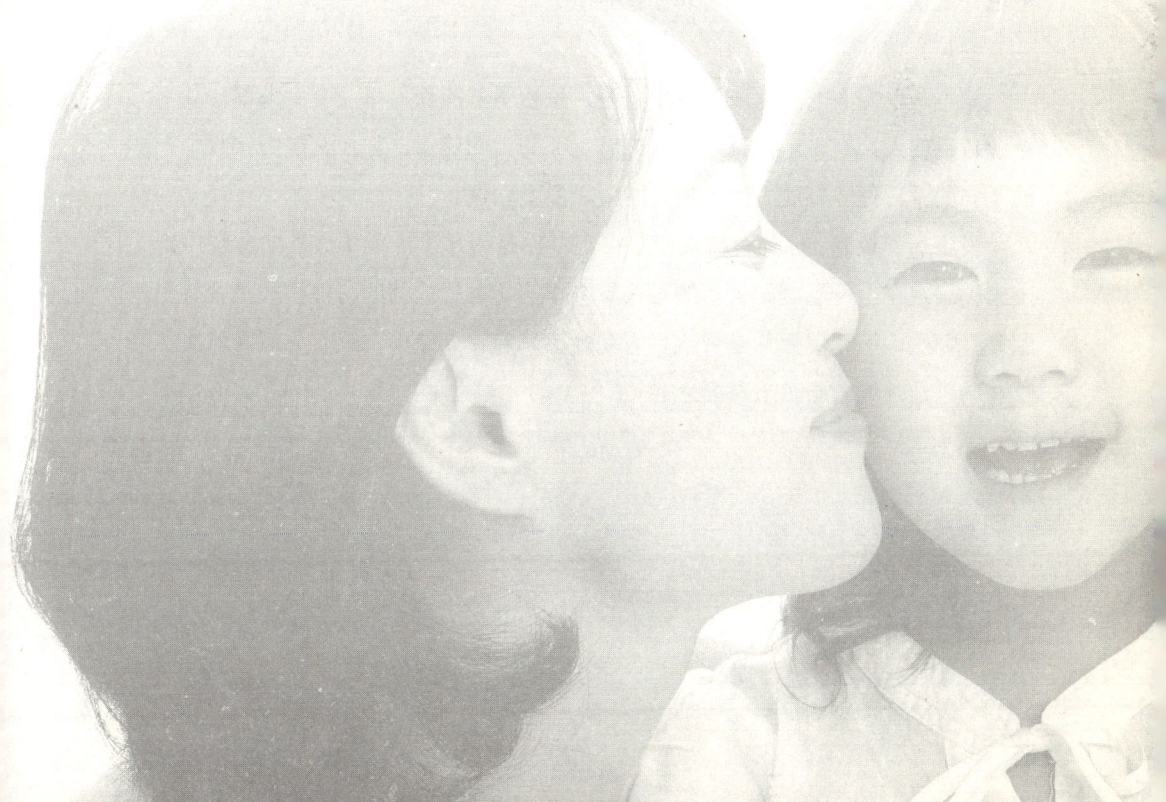

因为经历过婚姻的失败；因为经历过感情的伤害；因为担忧孩子在继父面前受委屈，因为……许多的"因为"局限了很多单亲妈妈寻找新的情感归宿，而这些"因为"源于内心的恐惧。

将恐惧转化为勇气吧——生活本身就是一种体验，只有在体验中才能享受痛并快乐！只有在穿越自己的恐惧、茫然、愧疚中才能感受到生活的喜悦与幸福！

"再婚"和"伤害孩子"不能画等号，这只是你的想当然，只要找到了合适的人，再婚之后的家庭结构将更健全，新的感情生活会让单亲妈妈身心愉悦，进而让自己和孩子更拥有充实、稳定的精神家园，而且，如果对方真心爱你，他也一定也会爱你的孩子，帮助你教养孩子。

爱是一切的答案。

爱不是单方面的索取或者付出，**爱，是给予与接受**。每一个女人都想找一个爱自己的人，但是，**前提是**你要拥有足够的爱的能量，你才有能力接收别人给予你的爱，你才有能力给予他人的爱，爱是动词。

再婚的要诀是：你是否梳理好了自己？你是否从上一段不成熟的感情中走出来？确定在上一场婚姻关系的对决赛中影响你发挥成绩的习性模式是否有问题？有哪些问题？然后你是否认真客观地改编和输入完毕？只有弄清并解决了这些问题，**才能重新踏上真爱之旅**。

找一双合脚的鞋子

很多人第一次婚姻是冲动的产物：**年龄大了**，为了完成父母的心愿而草率结婚；**年龄大了**，看到别人结婚而盲目结婚；"**门不当户不对**"两人不同价值观的对决；缺乏安全感、内心孤独寂寞的互相取暖；**早恋、同居**失去自我，不成熟的两个巨婴；**拯救者**姿态，混淆爱情与同情；**受害者**姿态，索取爱的滋养。

这些不健康或者不合理的观念、想法和行为，注定了一部分"原配夫妻"，始终无法形成相濡以沫的感情，彼此之间存在着一道**无法逾越的障碍**，于是经过反复切磋、洽谈、缓冲、谈判、争斗、博弈、冷处理甚至是斗智斗勇最终达成**"离婚"，终止一纸合约**。

你是主动终止毅然退出围城，还是被动终止合约无奈退出围城，决定了你下一场婚姻中的幸福与否。

顾女士，43岁，公务员，10年前因家庭出身和文化差异和前夫离异，当年自己抚养8岁的女儿。4年后与编辑老赵再婚，在长期的再婚生活中，**建立起胜过原配夫妻的恩爱关系**，其女儿也在继父的潜移默化中成为一名优秀的大学生。

顾女士说，"我大学毕业后考取了公务员，一年后认识了前夫老王，他是一位仪表堂堂、能说会道的人，出生在一个偏远的农村家庭，通过自己的努力考上大学，又在读经济学硕士，也在某机关工作。我和他交往半年后结婚，结婚以后我发现两个人因志趣和审美的差异经常发生争执，这些差距多源于家庭出身和成长环境的不同，我出生于知识分子家庭，从小受父亲熏陶喜欢阅读文学书籍，憧憬着理想的爱情生活，喜欢睡觉前喝点葡萄酒，不喜欢白酒辛辣的气味，每天晚上睡觉前刷牙、洗脸、洗脚、洗袜子，讲究生活细节。但是老王不能做到每天睡前的生活小结，而且每天脱掉袜子从来都是这里一只、那里一只，**因为这些生活小事我们开始了口角**，这些我都在极力隐忍。我在文化宣传单位工作，会因工作需要经常与异性打交道，包括经常给一些未婚男女扮演红娘的角色。前夫老王无法接受这些东西，他说不愿意看到自己的老婆经常和别的男人说笑，也不希望家里经常接到异性的电话，不希望我参加与工作无关的个人应酬。为了维护婚姻关系我做了一定的妥协，但仍然无法避免经常为了某些生活琐事发生冲突。某年的国庆节局里组织一次大型的联谊会，会中我正与一位新来的大学生跳舞时，老王冲进来二话不说便打了那小伙子一拳，事后老王解释说看那小伙子搂着我的腰搂得太紧了。"

"我和老王仿佛来自两个不同的星球，永远无法达成有效沟通，**于是我坚决提出离婚**，当时正当他提选副处长，前途一片光明，他坚决不同意离婚，他担心离婚让自己背上陈世美的名声影响仕途，这种情况下，我只能到法院起诉离婚，半年后我们终于分手了。"

顾女士和大多数离婚后的女性一样有"**再婚恐惧症**"，她担心在经历了一场失败婚姻后，会不会再经历二婚的失败？所谓一朝被蛇咬十年怕井绳，一个女人可以义无反顾地进入第一次婚姻，但当她带着一颗受伤的心灵逃离那座围城后，**往往会心存余悸**，因为女人最大的资本是青春，大多数离婚女人的青春优势都在第一次婚姻中丧失殆尽，离异女人只能在离异男人中寻找再婚配偶，这种背景下的离婚男女组成的新家庭，**还会再有好日子过吗？**这些都是离婚女人不得不思考的问题。

聪明的顾女士对自己失败的婚姻进行了深刻的反思，她分析自己和老王过不下去的主要原因：一是来自两个不同的原生家庭，两个人的人生目标、审美、兴趣爱好，存在着无法逾越的鸿沟；二是自己需要的那份情感，老王无法满足自己，老王需要的那部分鼓励和认同，自己也不愿意给予。**清晰了自己想要什么以后**，顾女士选择了一个人带女儿好好生活的同时开始自我学习，丰富自己工作以外的业余生活，学习"爱"的艺术。**同时给自己设定了选择未来配偶的标准**：一是对方要有与自己接近的成长历史，两个人的人生目标和生活理念要一样；二是对方最好是学人文学科的，这样两个人能志趣相投，有比较接近的话题；三是对方最好是不带孩子即使有也是女孩。除此之外，至于对方的收入、年龄、有没有房子都不重要，确定了目标后顾女士把更多的心思用在照顾好女儿和自己的心灵成长上。

再婚幸福生活是经历过**灵魂暗夜后的重生**！离婚以后第四年的年底，顾女士结识了现在的丈夫老尚。

"老尚比我大十岁，他毕业于北师大中文系，在一家杂志社做编辑，他当时已经离婚两年多，妻子在离婚后带着女儿去了加拿大，现在他一个人生活在这座城市里，住在单位九十年代分配的五十平方米的一居室，**生活得很清贫**，他出生在一个书香门第家庭，父亲早年毕业于清华大学，他外表沉稳儒雅，但却诙谐风趣。

"我和老尚相识在那年秋末即将入冬的季节，我们并肩走在铺满厚厚树叶的小路上，略带潮湿的树叶在脚下发出吱吱嘎嘎的响声，他略带感慨地说：'你看这里环境多静啊，一个人如果能经常到这儿来散散步，会暂时忘掉竞争带来的种种烦恼，现在的人们都在为生存而四处奔波，为财富多寡而焦虑不安，还有多少人能心静如水地到这清静环境里散步呢？'我也感慨说：'是啊，市场经济让人们丧失了昔日的宁静心态，变成了金钱的奴隶，整个城市变成了人生浮躁的喧闹场所，竞争和欲望剥夺了人们亲近大自然的闲情怡致，却不知道人们在得到财富的同时却丧失了最本真的天性，比如想象和对美好事物的感受能力。'老尚说：'你还记得叶芝那首《当你老了》的那首诗吗？'我说：'忘得差不多了。'老尚便轻声吟诵起这首诗：'当你老了，头发白了，睡思昏沉，炉火旁打盹，请取下这部诗歌，慢慢读，回想你过去眼神的柔和，回想它们昔日浓重的阴影，多少人爱你年轻欢畅的时候，爱慕你的美丽、假意或真心，……'

"我当时听了非常感动，虽然那天是我们第一次见面，我知道我找到了心仪已久的那个理想伴侣。

"**婚姻是朝夕相处在一起过日子的事情**，在我们刚刚结婚的头两年，很多生活琐事并不是那么完全一致，但我们俩能通过积极、妥协、沟通来克服不同的生活习惯。关键是源于我们在精神生活和理想追求方面是一致的，我们都属于重精神轻物质的人，我们从没有因为经济问题发生过争执，我们都是简单的存在主义者。"

在一个没有共同子女作为连接夫妻感情的再婚家庭里，**靠什么东西来形成比结发夫妻更和谐的家庭气氛呢？**

"我和老尚在精神生活中的默契与和谐，促进了我们在物质生活上相互关爱。结婚后不久，老尚就摸透了我在饮食上的特点，我也了解了他在饮食上的特点，每次在他做饭时，总是要按着我的清淡口味做菜，每次吃饭他都要先让我尝尝，而且一定要等到我和孩子一起吃，我说好吃他就高兴得像个孩子似的，如果那顿饭做的不理想，他会说："真抱歉伙计，今天的菜可能有点咸，请你多多包涵，下次一定注意。"在这种情况下，即使他做的菜真的不合胃口又算什么呢？老尚的行动感动了我，只要我在家做饭，我也尽可能做他喜欢吃的菜，比如他喜欢吃羊肉，尽管我一口也吃不下，但我都会买来羊肉做上一顿羊肉汤。

"**但是，我们也有不愉快的事情发生，**我洗澡时一直习惯用沐浴露将自己从头到脚弄得像个雪人似的，而且每次洗澡时间都比较长，有一次老尚计算着我在洗手间内洗澡的时间，说我在洗手间里足足待了90分钟，很不高兴地说：'你又不是挖煤工人，何必每次往身上打那么多的泡沫呢？而且你每次在洗头和往身上打沐浴乳的时候为什么不关掉水龙头呢？你知不知道你每次洗澡水龙头哗哗的流水声，我听着心都疼呢？过日子需要精打细算，这样不仅增加我们自己的开支，也给国家浪费水资源啊？'我当时真觉得很惭愧，因为我觉得他说的是对的，自那以后我就改掉了洗澡浪费水的坏习惯。

"我和老尚能够互相尊重，能够互相照顾对方的感受，说到底是因为我们都把对方的需要看得更重要，做什么事都首先考虑对方的承受能力，我们真正感受到什么是互敬互爱。

"再来看看**老尚和我女儿的关系，**老尚从一开始就把我的女儿视为他的亲生女儿，他用他的学识和智慧引导女儿成为一个有用人才。事实证明，女儿之所以能被剑桥大学录取，主要得益于继父教育有方。老尚和她的亲生女儿只能通过视频或者电话联络，他常说现在有两个女儿了真好，那个不在身边还好有这个在，还能让我这个'老朽'有用武之地。

"在我们结婚的第一年,我要求他不要急于约束女儿的行为,我担心孩子会对他有逆反心理,想通过一年的时间,让女儿和这位继父建立起亲密的感情。老尚也极力配合我,为了避免女儿因为妈妈的爱被另外一位男人夺走而感到失落,老尚会尽量腾出一些空余的时间让我和女儿单独相处,同时他总是用他风趣幽默和渊博的知识给女儿出一些小题目去思索,比如:为什么大海会有永不停息的波浪?为什么有的人在一见之下就互有好感?为什么人类活动会造成温室效应?为什么在动物世界中猫和狗是一对儿冤家?他总是鼓励让女儿凭借自己的理解来回答这些问题,当女儿确实回答不上来或者回答的不准确时,老尚才会给她做出详细的解答。**比如在'猫和狗为什么天生是一对儿冤家'这个问题上**,女儿就不知道该如何回答。这时老尚用手一刮女儿的鼻子说:'你不是像小猫一样喜欢吃鱼吗?你一定要知道为什么猫和狗总是搞不好团结这个问题喔。'女儿大笑,在她的纠缠下,他说:'猫和狗不对付,是因为它们在语言表达方面存在着严重误解,狗通过抬起一只爪子摆动和吐舌头的方式来表达对猫的友好,这是狗表达亲密关系的一种本能行为,但这套动作在猫的眼里却是具有挑衅的意思;而猫则通过竖起全身的毛并发出噜噜的声音表达它对狗的友好,但猫的这亲密行为却被狗理解成这样一种语言:'哼,你小子胆敢在我面前耍威风,你死定了。'女儿经常会被他幽默的语言逗得捧腹大笑。

"老尚总是习惯于在说笑中通过讲故事来丰富女儿的人文知识并启迪她的创造性思维。而且他还会常常在女儿做完作业,临上床睡觉前给她讲个故事,后来发展到只要他在家,女儿睡觉前都要大喊大叫的'亲爱的爸爸'并抓着他的手用撒娇的口吻'命令'给她讲个故事,每次女儿都认真地瞪着乌溜溜的黑眼珠仔细听着,然后会在爸爸那抑扬顿挫的语调中微笑睡去,有时睡着了还在抓着他的手,这时他总是在她床边坐一会儿才慢慢地抽出手里离开她的房间。

"每逢周末或节日,我们一家三口经常去自然公园或者外出郊游,老尚会经常变出一些方法和女儿做游戏,每次在爬山累了想中途休息时,他总是鼓励女儿说:'咱俩来个比赛好不好?我先让你100米,看谁先爬到山顶,谁要落后谁趴在地上学狗叫。'女儿一听来劲儿了,马上就和他比赛起来,事后老尚说,他要用这个办法来培养女儿的毅力,他曾多次告诉女儿,'你总归是要长大的,早晚都要离开父母,你必须要有一个好的身体去应对未来的工作和生活。'他还经常批评我不要对女儿太严厉,要多对孩子鼓励,不要总是批评和指责,否则会影响她未来的自信心。女儿在他的陶冶下逐渐成为一个富有灵气、热爱生活和身心健康的姑娘,在女儿高三的那一年,老尚鼓励他申报剑桥大学,他说剑桥是一所历史悠久的著名学校,他一生都向往这所美丽的'精神孤岛',如果女儿能考上这所大学也算是圆了他的梦想,最后女儿没有辜负老尚寄予她的厚望,女儿不但被剑桥录取还享受该校每年最高的奖学金。"

顾女士说:"我个人再婚生活中的体会是,一,离婚并不一定对孩子的身心健康就是伤害,只要平衡好孩子和他的关系,反而会促进孩子身心成长;二,一个女人经历过第一次婚姻失败后,反而变得理智起来,她们不会在第二次婚姻中再犯当初的错误,会克服自己的缺点以全新的面貌进入二次婚姻。**婚姻就像一双鞋子,如果它是合脚的,那你就穿它一辈子,如果它是挤脚的,那你就别凑合,脱掉它再换一双合脚的。**"(摘自《再婚家庭状况调查》)

心灵导航

很多男女在第一次婚姻中,在没有理性的分析,没有自我认知的情况下,浑浑噩噩地进入婚姻,迷迷糊糊地持家过日子,直到有一天**发现是两个**不愿意去满足彼此心理需求的假大人,**是两个**不匹配的受害者或是拯救者,**是两个**因缺失母爱或者因缺失安全感的心理饥荒者。因此,婚姻是生命的延续,**进入婚姻需学习**。

1. 再婚之前一定先学习,从学习中增加爱的能力

案例中顾女士离婚后没有盲目寻找另一半,而是先自我反省,踏上了上课学习成长之路,在学习中找到自己内心真实想要什么,清晰自己的优缺点,**我能给予对方什么?我需要什么?**这是离婚女性的明智之举。因此说,再婚之前一定先清理掉上一场婚姻中遗留的负面情绪,以全新的姿态迎接新生活。

2. 了解自己想要什么,设定未来配偶的标准

顾女士通过学习重新自我认知,知道自己的优缺点,便对未来的配偶定了标准,很快,她在照顾好自己和女儿的同时,抱着**"没有他我依然很好,有了**

他我会更好"心态,迎来了柳暗花明又一村。

3. 夫妻关系是定海神针

顾女士和老尚能够彼此满足对方的关爱和尊重,又不遗余力地协调和女儿的关系,给到女儿心理和生理的成长空间,处理好三者之间的关系,重要的是顾女士和老尚之间夫妻关系的定海神针,同时又引领女儿学会分离、独立使其健康成长。

顾女士与尚先生之所以能够彼此恩爱,表面上是"找对了鞋子",**更重要的是他们懂得彼此内心的心理需求**,在读懂对方的同时又愿意给予彼此,相互满足彼此的"爱的需求"。

再婚情感错位的尴尬

——6岁女儿成了"第三者"插足

一半以上的再婚配偶会带有未成年孩子,他们会通过特别的关爱来抚慰孩子那颗因父母离异而受伤的心灵,但这一行为却又影响了再婚配偶之间亲密情感的交流,**导致被冷落的"受害者"**会对配偶心怀怨言。这种情况下使许多再婚夫妻陷入进退两难的**尴尬处境**。

叶女士34岁,在外企工作,三年前与前夫离异并于一年前再婚,带有6岁的女儿。配偶陶先生是某外企高管。双方是在一见钟情基础上进入再婚的,但夫妻感情却因6岁女儿"插足",情感错位而陷入冷战状态。

叶女上说,"我和前夫都非常疼爱我们的女儿佳佳,她是一个漂亮活泼又懂事的孩子,我的前夫在与我们分手时曾为他不能再与女儿生活在一起而流过泪。我们的分手是因为他在美国进修时结识了一个华人女孩并与她同居,后来那女孩跟随他回国,前夫最终选择了她,他把房子留给了我和女儿并给予我们充足的生活费,我本人也有着较高的收入,我们母女俩在物质生活上并没有缺憾。

"我们分手后,我一个人带着佳佳过起了单亲生活,我将所有的精力和时间都用来陪伴女儿。**我们并没有告诉佳佳我们分开的事实**,我总是说爸爸因为工作忙才不住在家里的,但有一次佳佳就突然问我:'爸爸是不是不喜欢你了?他是不是爱上别人了?他是不是永远不再回来了?'我当时一听就流泪了,我无法理解一个6岁的孩子为什么会有如此敏锐的直觉,但我不能欺骗她,就委婉地告诉她:'爸爸不再和我们一起生活了,但他仍然像以前一样爱着你,他会永远关心你，会经常来看你。'佳佳听了这番话就不再说什么，从那以后她变得有点忧郁。"

叶女士叹口气说，"我现在真的好后悔和现在的陶先生相识，他是一个很好的人，事实上我一个人带着女儿生活了两年多，就是担心某一天一下子出现一个继父让她不能接受，而那两年多的时间女儿也没有因为父母离异而形成明显的心灵创伤，因为他的爸爸几乎每周或者每半个月都会来看她。**可我的内心是很不平衡的**，每次前夫来看女儿我的心里总是有一种很复杂的情绪。

"后来在同学们的劝说下，认识了现在的丈夫陶先生。陶为人性格沉稳、做事周密、气质出众，他有一个正读大学的女儿，是一位事业型的中年男人，我们交往几个月后便有了同居关系。为了让女儿佳佳能够接受未来的继父，我一直故意让佳佳知道我在和陶交往，而且经常带她和陶一块儿外出吃饭、旅游，时间长了佳佳接受了陶，但其实在佳佳心目中，她最爱的还是她的爸爸。

"半年后我们结婚了，我对佳佳说：'今后我们要和陶伯伯一起生活。'佳佳难过地说：'**爸爸爱上了别人，妈妈也爱上了别人，你以后还会像以前那么爱我吗？**'我当时真的不知道怎样安慰她，我说：'妈妈永远都爱你，妈妈永远不会离开你，只是妈妈一个人太寂寞了，想找一个人说说话。'

"可我没想到她会突然问我一句这样的话：'你和陶伯伯结了婚，是不是就要和他睡在一起了？'我当时又惊讶又尴尬，为了安慰她我说：'妈妈想你的时候还会和你在一起睡，你想妈妈的时候妈妈也会随时陪着你，但是妈妈也有自己的生活，现在佳佳长大了，已经可以一个人独自睡一个房间了不是吗？'她又想了想说：'那我有病的时候，你还会像从前那样守在我身边吗？'我说：'当然，我永远都是你的妈妈呀！'

"**可随后发生的一件事情却让我非常难堪**，有一天晚上我把女儿哄睡以后，我便回到了我和陶的房间过起了夫妻生活，也许是我们的声音有点大，加上房门也没有上锁，突然门被推开了，当时房间的灯是关着的，我看到一个小矮人走进来站在那里看着我们一动不动，我被吓得尖叫了一声，当我缓过神来才认出那是佳佳。我赶紧把她抱回她的房间，佳佳说：'我不愿让你和陶伯睡在一

起，我要让你过来和我一起睡。'

"第二天小佳佳不起床了，她说她病了，不想去幼儿园，摸她头也不发烧，问她哪儿不舒服，她说全身疼，我要送她去医院她又不去。磨蹭了大半天，**她要我答应她以后天天晚上要睡在她的房间里。**

"我和陶说明了情况，他很理解并爽快地答应了，但他没有想到问题的严重性。从那以后我每天晚上都是陪着女儿讲故事直到她进入梦乡，睡着的时候她的小手还在拉着我的手，生怕我跑掉了。这样的日子过了很久，直到有一天晚上在佳佳睡着以后，**我偷偷溜到了丈夫的房间**，我一时犯懒就睡在了那里，结果半夜时分，我被丈夫叫醒了，睁眼一看，天哪，屋里的灯居然全开着，女儿穿着睡衣正站在门口用憎恨的目光盯着我，我感到极大的愧疚和羞耻感，女儿那双纯洁的眼睛里包含着与她年龄不相吻合的复杂内容，我马上去抱她，她却转身跑回了房间并锁上了门，我只能站在门口恳求她开门，她就在里面哭，我就在外面流着眼泪站了一个多小时。**第二天上午女儿真的发起了高烧**，到医院输了两天液才退了烧，那以后我再也不敢离开女儿的房间。

"她为了不让我接近陶，只要我回到了家，她就不停地给我找事做，一会让我陪她看动画片，一会让我给她讲故事，一会让我陪她练钢琴。反正只要我离开她一会儿她就不停地叫我，这样一来，搞得我心神不宁，我白天在外面忙了一天，晚上回家后又要**寸步不离地陪着她**，直到她睡下为止。这不仅让我丧失了和陶过夫妻生活的兴趣，甚至没有时间坐下来和他说话聊天，就是在吃晚饭的过程中，女儿也会在不停地干扰着我们的注意力，**她总是在不停地和我说个没完，让我无法与陶说上几句完整的话。**比如每次我和陶刚说几句话，却被佳佳给打断了，陶就叹口气并用很复杂的目光看着女儿，然后说一句：'你们母女聊吧，我回房间了。'然后就冷着脸回书房看书去了。"

叶女士叹气说："哎，**我虽然安抚了女儿，却冷落了丈夫。**我们也多次商量过关于佳佳未来的生活安排，他曾多次提出让佳佳读国际小学，这样可以住校，或者将佳佳送到我母亲那里，但我都不同意，我认为孩子的教育离不开母亲的陪伴，尤其是整个小学阶段处于智力启蒙阶段，不能离开母亲这个重要的角色，我需要利用业余时间来督促、检查她的学习质量、进度，同时还要额外对她进行人文素养方面的辅导，比如钢琴、绘画等，这都是在我培养佳佳过程当中做的计划。

"可是我发现陶对我的态度慢慢地冷漠下来，他好像通过这种方式来表达对我的不满情绪。我记得在我们刚刚结婚那段日子里，每次在我回到家里，他都会主动拥抱和亲吻我，每次在我加班回来，他都会接过我的包帮我脱外套，问寒问暖，晚上下班都要等我回来一起吃饭，双休日还会陪我上街购物外出吃顿饭，经常还给我买束鲜花和小礼物什么的，**可如今我加班回来以后，他却待在书房里不再出来迎接我**，晚饭他也总是一个人先吃了，让保姆把剩饭给我留在锅里，他也不再给我买鲜花和小礼物了，他变得沉默呆板起来。我希望他能够再耐心和宽容我们母子一段时间，我会在今后的时间里改善这种处境。"

陶先生中等身材，低调中泛着幽默的谈吐，陶说："我很无奈，**我非常理解**叶对孩子身心健康的关注，**我也理解**她因再婚对女儿的内疚心态，我们也无法要求一个6岁的孩子理解父母之间感情的历程，**但理解是一回事儿**，接受是另一回事。从私人角度来说，叶的女儿再聪明、再活泼、再漂亮可爱，也不会在我这儿形成真正的血缘情感，这种情况对所有身为继父角色的男人都是一个事实，我不需要说些冠冕堂皇的话，我能够给予佳佳的是爱屋及乌的一份爱，这份爱是建立在她母亲基础之上的，没有她母亲的存在或者说如果我不是因为爱她的母亲，**怎么喜欢上一个我素不相识的女孩子呢？**换句话说，我爱的只是叶这个女人，但我同时可以分出一份感情去善待这个孩子，因为这是叶感情历史的一个组成部分，**也是她不幸婚姻的一份遗产**，我爱她就意味着我可以接受她的所有历史，**但接受并不意味着剥夺**，我既然与叶成为夫妻，我就有权利享受夫妻婚姻生活，可如今我成了这个家庭中的一个多余者，我有理由认为我自己仍然是个单身汉，我没有真正的家庭和妻子，可我又丧失了单身生活的那份宁静与自由，因为我不能在婚姻关系中再发生移情别恋的行为，**这样的婚姻对我还有什么意义呢？**"

陶犹豫了一下，又说："我也不知道该怎么办，我可以再等上几年，可我已经是往50岁上奔的人了，我经历过许多年的婚姻不幸，又过了几年单身生活,好容易爱上一个女人,却又不能完整地得到她,我也觉得挺无奈的,**眼下这种鸡肋式的婚姻关系,**如果没有她女儿作为第三者插足,我们的婚姻生活应该是非常幸福的,**可惜呀!**"

可惜什么呢?虽然陶不愿意表达,但似乎他已经有了选择。

(摘自《再婚家庭状况调查》)

心灵导航

爱,是一种选择。

叶没有错,女儿作为一个无助的生命,有权利得到母亲的爱,叶也有责任和义务照顾好年幼的女儿;陶没有错,他也有权利得到正常的夫妻生活和互相关爱。

德国心理学家康德说:"**快乐是我们的需求得到了满足。**"

叶与陶的这段再婚关系中,他们像大多数中毒的婚姻家庭一样,茫然地带着自己内心**"爱的匮乏"**再一次向对方支付了**"爱的红包"**,堂而皇之称"因为我爱你,所以怎么怎么样……"

他们还携带着在第一段婚姻战役中因缺少"军需品"而败下阵来的**"伤痛"**,又忙不迭地**迎来了第二场**"婚姻战役"。其结果,必定是再次惨败,甚至会"伤及无辜"而落荒而逃。

1. 婚姻制度本身就是一个让男女双方妥协的产物

无论是初婚还是再婚家庭中,在孩子10岁前父母基本上都是**倾斜给孩子更多的时间,**做妻子的大都因为关注孩子而冷落了丈夫,但是由于婚姻制度的责任感更大于情爱饥渴,因此这也正是考验父妻的心理成熟度期。

婚姻家庭的**第一个阶段,**夫妻间是1+1等于1,我们是一个人;**第二个阶段** 1+1等于0,我的所有痛苦不幸都是因为你,我恨你;**第三阶段** 1+1等于2,我是我,你是你,我们在一起。

第二个阶段的憎恨很重要,活过这个阶段才能幸存进入第三阶段,是两个独立的灵魂,彼此相爱。但是**很多婚姻都是阵亡在第二段关系中,**更何况是再婚夫妻,没有孩子血缘关系的连结,当对方满足不了自己"爱"的需求,**"责任"**

便成了一句空谈。

2. 孩子是再婚夫妻最好的礼物

如果说在第一段婚姻中没有安全渡过"1+1=0 的第二个阶段",那么**再婚又是一次涅槃的修行炼狱了**。案例中的陶先生如果能够持有足够的耐心和包容,调整心态,将真正"爱屋及乌"的情感也转移给孩子一部分,让孩子从心里接纳这个继父,**使孩子感受到安全与爱**,随着岁月的推移和孩子对新家庭逐渐认可,慢慢地稳定的"等腰三角形家庭关系"自然就会建立起来,然而这也正是促使陶和叶在第一段婚姻关系中**不成熟内心的一次成长契机**。

如果你还需要别人爱你,你就是欠缺爱的人,而如果你心中欠缺爱,你又如何给人爱呢?那就好像两个乞丐在互相乞讨它们没有的东西。爱他之前先爱你自己;爱他就是接纳他的一切,包括他的家族。

情感被忽视的无奈

——18岁的儿子被家庭"边缘化"

大多数离异者的背后都有一段辛酸或者痛苦的遭遇,但这不是再婚父母忽视孩子心灵健康的理由。凡是带着未成年孩子进入再婚的男女,**都会分出很大一块情感和精力给孩子**,何况又是两个人分别带着的两个甚至是三个孩子呢?当感情这块蛋糕重量不变的时候,要多切一块给孩子,就意味着再婚配偶要少分一块,**同时又要平衡切的大小是否均匀**,这就要考验再婚夫妻的智慧了。

赵女士47岁,企业老板,13年前再婚,丈夫王先生今年50多岁,当年两个人分别带着一个6岁和一个5岁的儿子,他们的再婚是那种在别人眼中婚外情的结合,生活中她们彼此照顾,做什么事情总是先想到对方,包括孩子的爱护也总是要先照顾到对方的孩子,然而**这样的小心翼翼却忽视了自己的孩子**。

赵女士说起自己的儿子觉得很难过,觉得很对不起他。"儿子三宝高中三年级时候就辍学在家,我当时和他的关系非常紧张,三宝抱怨我每天只想着工作、赚钱,只想着老爸和二宝,觉得我心里没有他。说实话,这话让我很伤心。当年我和他父亲离婚,我是顶着所有人的反对才把他带在身边的,我想我再难也要把他培养成人,可没我想到今天是这个结果,你知道我心里有多难过吗?**为了这个家我几乎付出我全部的生命**,当年我和老王的结合也是顶着社会舆论的压力在一起的,他还有一个大儿子在前妻那里,跟二宝之间相差1岁,我们就把这三个儿子称呼为大宝、二宝、三宝。

"大宝也和老王来往比较频繁,他们都把老王叫老爸。当年三宝才5岁的时候就和老王一起生活，他们的感情很好，老王总是带着一个6岁一个5岁的二宝和三宝，出去钓鱼、上山爬树玩，二宝和三宝也相处得很好，二宝性格比较随和，说话比较少，三宝比较爱热闹好动。

"当年我们带着着对彼此的爱，带着对未来生活的憧憬，投入了新的家庭生活当中，很快在现实的婚姻当中感受到经济的压力和生活习惯不同磨合间的问题，很快我们也将两个人所有的积蓄消耗掉，这期间老王也拿出了自己所有的积蓄，下海创业自己做生意，但是被残酷的市场经济拍在沙滩上，以失败而告终。我们两个人商量后，我做起了保险和营销老本行，后来又开始做培训，我把所有的精力全部放事业上，家里的生活包括做饭、洗衣服、接送孩子等家务活全部交给老王，老王他性格沉稳脾气很好，他从来不会和孩子们大吼大叫，交给他带我也放心。我除了工作会经常给孩子们买衣服、买鞋子等生活必需品。每次买衣服、鞋子永远都是同样的，**两个孩子走在一起仿佛就是一对双胞胎**，他们也给我们带来了很多欢乐。

"我的工作几乎没有节假日，周末时间也都在培训。孩子所有的生活起居全部由老王一个人照顾，我每每也觉得对孩子的愧疚，只能每个月抽出一天的时间，好好陪陪三宝，可是又要考虑到二宝的感受，只能是每次都要带着两个一起出去吃肯德基、去买菜等，很少有单独和三宝在一起的空闲时间，在学习上两个孩子是上的同一个年级，二宝一直比三宝的成绩要好。三宝表面大大咧咧，嘻嘻哈哈的性格掩盖了他内心的沮丧感。我忙于一家四口人的生计，无暇照顾孩子的学习，将所有的生活学习责任都全交给老王来照顾，老王在生活当中非常努力地去帮助三宝，努力地去照顾到三宝的情绪，包括做饭的时候他总是要做三宝喜欢吃的。但是三宝比较好动，上课经常注意力经常不集中，搞得老王也奈何不得。我能理解继父的角色，**打不得说骂不得**，左右为难。有一次三宝在学校和同学打架，老师找到了家长，老王到学校给同学家长赔礼道歉又赔了药费，这件事情三宝哀求老爸说：'你千万不能告诉我老妈，你看我老妈多辛苦，这些事若是让她知道了，你说她多伤心？就不为我受罚的问题你也要为妈身体着想啊。'老王觉得他说的也对就没有及时告诉我，当然过了很长时间以后他还是和我讲了事情经过。在教育三宝的过程当中老王经常会在我和三宝面前**两面讨好**。

"我在这个家中是唯一的女性，这些年我养成了一个习惯，每当我下班回家上楼之前，我都要调整好自己的状态，面带笑容走进房间，并对他们说：'宝贝们，我回来了。'我心里无论怎样大的压力，我都会坚强地扛过去，**努力地营造温暖的家庭气氛**，丈夫老王对我呵护有加，几乎每天晚上都给我端热水泡脚，有的时候还要亲自帮我按摩身体，孩子们也很懂事，一个拉着我的左胳膊一个拉着我的右胳膊，一会儿捶捶腿一会儿捶捶腰，那一刻我感觉到幸福，所有的疲劳都会烟消云散。

"我努力地照顾到家里的每一个人，包括老王的大儿子大宝每一次来，我们都要热情地招待，走的时候买好多的礼物。孩子们一天天长大了，但最让我没想到的事，三宝高中三年级刚刚开学不久说啥也不去学校了，他开始跟我对抗，不和我作任何沟通，最长时间我们有一个多月不讲话。为此我意识到问题的严重性，我将工作辞掉，全身心的在家陪伴他，但这时也为之晚矣。

"**孩子要求去找他的亲生父亲，我并没有阻拦**，借此我和三宝谈起了当年和他父亲相识到结婚再到离婚的所有经过，告诉他当年我和他父亲离婚以后，他父亲因为经济问题在监狱服刑了三年，现在已经在另外一个城市再婚并有了一个7岁的女儿，父亲现在自己做一个小生意。这些年当中三宝的父亲并没有尽到一个父亲的责任，他们之间的来往也仅限于电话。因此，三宝认为这些年我忽视他，抱怨我时，我并没有反对他去找父亲，我知道只有让他亲自去体验父亲的人品和性格，他才能感受到我这些年对他和对这个家付出的爱的理解。

"**我不奢望他原谅我**，这些年我已经倾尽了全力爱这个家，爱家里的每一个人，我的精力也是有限的，**我无法找到经济的压力与爱之间的平衡点**。

"我给他买了机票，亲自送他到机场，他很高兴地向我挥手，他带着对父亲美好的憧憬和企盼离开了。**挥手的那一刹那我落泪了**，我知道在三宝的心中对妈妈**这份矛盾的牵挂和恨**，看着他渐行渐远的身影，我在心里默默为他祈祷'一切都会好起来的'，不由得想起龙应台的那句话：'所谓父女母子一场，只不过意味着，你和他的缘分就是今生今世不断地在目送他的背影渐行渐远，他用背影默默告诉你：**不必追**。'

"投奔他的亲生父亲，起初父子俩相处得很好，我相信父亲见到长高长大了儿子心情一定是无比感慨，由于父亲那里还有一个七岁的女儿，家里的经济状况也是捉襟见肘，对于继母来讲，这样凭空出现一个18岁的大儿子，可想而知她是怎样的感受，**我能理解我也能感受得到一个再婚女人家庭的无奈**，因经济压力等原因，他父亲的恶习很快就暴露出来了，他开始酗酒，有时还动手打他的继母。三宝开始主动出去找工作，但是在半年之内他就换了三个工作，他发现了生活的残酷和父亲的无力甚至是无能。有一天三宝给我打电话，说想要回家，我什么都没有问，我说：'妈妈也想你了，只要你想回来随时都可以回家，妈妈也许过去忽视了你，没有照顾好你，但是妈妈也有很多的不得已，希望你能理解，妈妈的怀抱、**妈妈的家永远都欢迎你回来**。'于是我又给他订了机票，他再次返回到我的身边。

"这就是我们家大宝、二宝、三宝的故事，我想对所有的再婚家庭女人说：**照顾好自己，别把自己丢了**，只有你能照顾好自己，你才有足够的力量照顾和平衡好这样一个特殊的家庭关系，只要我们心中有爱，只要我们对生活有憧憬——'**那都不是事**'。"

心灵导航

再一次见到赵女士是一年后的事情，她说："三宝现在在一所专科学院学习平面设计。现在三宝非常懂事，不再抱怨，也不再对抗了，他知道了妈妈的不容易，更加懂得感恩，现在二宝也快大学毕业了，两个兄弟相互照应并交流愉快，我和老王看着他们都很健康地成长比啥都高兴！"

一切都是最好的安排

老子说："祸兮福之所倚，福兮祸之所伏。"这句话的意思是祸与福互相依存，可以互相转化，坏事可以引出好的结果，好事也可以引出坏的结果，可以说并非每一次不幸都是灾难。因此，我们要用辩证的眼光来看待世间的幸与不幸。俗话说"**失之东隅，收之桑榆**"。我们在失去一件东西时，却得到了另一件东西，其实"**得与失，祸与福**"都是相对的，而不是绝对的。

上帝为你关上一扇门，必将会为你开启一扇窗。也许他多给你一分美貌，就会少给你一分智慧；他多给你一分经验，就会让你多经历些磨难……

下面有这样一个故事：

有一天，农民把一个稻草人插在田埂上，稻草人头上顶着一顶破草帽，身上套件宽大的青布衣裳，孤独地守护着一片麦田。

稻草人望着孤寂的麦田，想起那些成群结队的鸟儿时，就自言自语道："我的身躯来自这片原野，我的心依然是那颗朴素的稻草心，可你们为什么要怕我呢？仅仅是因为我披上了人的衣裳吗？"稻草人见没有人理会它，叹着气自语道："这里曾经草长莺飞，也许是我的到来打乱了这和谐的场景……"

稻草人的话还没说完，一只停在它肩头上的**云雀就打断它的话，大声说道：**"不，你错了，我们曾经在这片田野上肆无忌惮，我们的兄弟姐妹为此付出了惨重的代价。但是，**你的到来却警醒了我们**，让我们心存畏惧，用警惕的眼光来看这个世界，因此，我们才得以险中求活，相反，假如没有我们的侵扰，你也不会站在田边。"

稻草人恍然大悟。

这虽然是一个寓言故事，但故事中小鸟的回答却给了我们深刻的启示：**祸与福是能相互转化的**。凡事都有两面性，关键在于你以什么样的态度去面对它。

爱就是理解，是接纳，无条件接受对方的进步，**当心温暖了，安宁了，很多创伤就会无声地慢慢地修复**，心灵康复需要在一个亲密而健康安全的土壤中成长。创伤多的人，想幸福，就需要付出比创伤少的人更多的艰辛，而且很不容易被修复。**处理创伤的能力，把创伤转化成自我成长的机会，就是改变命运的能力。**

精神语言和性是再婚的黏合剂

夫妻生活和精神交流是一个层次的两个方面——它们是相互依赖的关系，**当性生活和谐美满时**夫妻之间就有了精神交流的愿望，反过来当**精神交流**成为一种享受时，它又促进了夫妻性生活的和谐。

中国人谈"性"色变，"性"字本身的含义是：性质（事物的属性）；性情；特性（脾气、秉性）；性别，如男性、女性、雄性、雌性；本性；生命（明心见性）。

在这里，我们谈的仅仅是夫妻性生活，这是一个**再婚夫妻无法回避的重大问题**，它直接影响到再婚夫妻的感情亲密度，许多再婚者恰恰由"性"缺陷导致了感情的沙漠化，使婚姻关系变成了一个徒具虚名的空壳。

对大多数离异男女来说能走到一起的内驱动力是心灵孤独、经济依托、性和生活起居的相互关爱等诸多因素，而与真正意义上的爱情、激情或精神共鸣无关。其中**女人们**往往是因为心灵寂寞和经济支持而寻求一个生活的伙伴，**而男人**则更多是因为忍受不了独身生活的"性缺失"而寻求配偶，他们怀着各自的愿望进入婚姻后才发现，对两个缺乏正常性交流的夫妻来说，**单纯的精神慰藉是空洞的**，因为只有亲密的肌肤接触，才会让一对半路结合的男女迅速进入相依共存的情感氛围中，换句话说，**"性"**是连接一段男女感情历程的源头，当源头枯竭时，情感的河床自然就**是干涸的**，再婚女人企图在婚姻中寻求心灵慰藉的愿望，十有八九会因"性缺失"而**名存实亡**。

丁女士35岁，丈夫周先生42岁，两个人两年前再婚。他们是经人介绍相识的，**仅仅是相识而不是相爱。**

丁女士，风韵尚存的女子，形体较为丰满，脸上略带风霜痕迹。这是一位非知识型非白领阶层离异女人的典型代表，青春早已在第一次婚姻过程中被消磨殆尽，长期的操劳和生育为她们留下了化妆术也不能挽回的枯涩容颜。

丁女士说，"我和丈夫周都出现了'性心理障碍'，其实谈这样的话题**我也是很难为情**，但是没办法，我们的问题到了必须解决的时候了。虽然我在第一次婚姻生活中的夫妻性生活多数时候也是在迎合着丈夫的意愿，但是在心理上毕竟是比较放松的，但是再婚后我和周的夫妻性生活让我体验到三个不同阶段的紧张情绪。

"刚结婚那段时间，我老是担心我无法理解对方的某些暗示或者愿望，**担心**自己不能很好地配合他，**老担心**我不能满足他寻求刺激的心理，这些**担心**分散我的注意力，也让我丧失了对情感交流的体验。

"其次是**我老担心**我在丈夫眼里是一件被人穿过的旧衣服，我发胖的身体和松弛的乳房像一台旧机器，我整个人都对他失去了性吸引力。**我还担心**如果我过于热烈地迎合会刺激对方的性冲动，怕他误会我是放荡的女人，这些都构成了我在夫妻生活过程中的心理障碍，也影响了我对性的热情。

"三是随着我们夫妻生活的周期不断拉长，**和他经常半路失手**的增加，我就开始变得**自卑**起来，我觉得他半个多月才要一次的原因，是因为我不能从外表上吸引他，但最让我受不了的是，他经常半路……每次遇到这种情况我就特别难受，因为那时我的潜在欲望刚刚被点燃，**如果换作是过去，我会公开表达我的不满，但现在**我却没有这个勇气，只能默默忍受，虽然他每次都向我道歉，但他却不告诉我他为什么会这样。

"偶尔，他也只是为了联络夫妻感情而强迫自己和我过夫妻生活，这样的夫妻生活对我却没有任何吸引力，甚至**让我感到委屈**，因为我并没有在这项活动中得到快乐。一开始我还理解他，但时间长了我也不想再伪装我的厌倦情绪，现在我们的关系慢慢变得冷漠起来，我们毕竟不是原配夫妻，**没有孩子作为中间情感连接的纽带**，又没有太多的精神语言，如果性生活又不和谐，还有什么东西为我们俩的白头到老扮演着积累感情资本的角色呢？

"我是不会再次离婚的，**离婚和再婚都是有成本的**，再次离婚对我们都是两败俱伤的结果，我们只能维持着现有的**不温不火**的关系，在今后的日常生活

PART SIX
再婚家庭幸福的秘诀

中再磨出一点感情吧。所以我想试图寻求心理咨询的帮助,希望能和他做一次深入的心灵沟通,聊聊这方面的事情。"

我征求周先生的意见,是希望单独和我沟通还是和妻子一起当面沟通。周先生也很坦诚,希望单独和老师沟通,他说:"我的确有心理障碍,我在再婚前的两年多时间里,都没有过夫妻生活的体验了,所以在刚结婚的头两个月中,强烈的性欲望暂时压倒了我的心理障碍。后来我就开始产生了**'蒙太奇镜头'**的幻想,我每次在抚摸她身体时,我就想到这是一具被另一个男人抚摸了十几年的肉体,她的身体到处都留下了前夫的痕迹,甚至是唾液和气味。我还会想到之前她和另一个男人的……而我只不过是**捡到别人丢弃的东西**再继续使用罢了,我不过是在嚼别人嚼过的没有任何滋味儿的东西而已,这样的念头,让我难以'将爱进行到底'。

"我又不愿意让她知道我的这些怪念头,我知道这样对她太不公平了,可是我的这些蒙太奇的念头**就是挥之不去**,我越是想消灭它,它越是缠绕着我,我的这个反常行为影响了她对我的态度,但是**她的态度又反过来影响了我的'性'趣**。每次在她获得一定的满足后,她都会在随后的几天里对我'赐'以和颜悦色的态度,并主动在生活上照顾我,但如果我连续半个多月不碰她,她的脸色就会渐渐暗淡下来,甚至通过某些方式来向我暗示我的责任,比如在我和她说话时,她经常装作没听见的样子,而当我再次让她得到适当的满足后,她就会重新和颜悦色起来,而每次在我出现失手后,在我因失手而向她道歉时,她嘴上说没关系,但在随后的几天里对我却冷着一张脸。"

"哎,"周先生叹口气继续说,"我不知道是不是再婚家庭多数夫妻都会是这样尴尬呢?其实,丁这个人很朴实,是一个好妻子,现在更多的是我的问题,但**我希望**她能够给我一些时间,首先从态度上给我一些理解。"

心灵导航

没有任何药物能够帮助克服这种"意念型"心理问题,**唯一的方式是**再婚配偶以宽容的心态面对丈夫暂时的性无能现象,通过心灵交流和互相关爱来增进夫妻感情，经过彼此了解和内心深处的情感碰撞，"性无能者们"便会逐步弱化不健康的联想，慢慢恢复一个正常男人的性欲望，最终达到**遗忘历史轻装上阵**的目的。在两性关系中**"性"并不是万能的**，但没有和谐性生活作为基础的婚姻关系则是有缺陷的。

本案例中，**首先**从丁女士自己做起，改变自己的心态，摆正自己的位置，自尊、自爱、信任自己，找到自己积极的资源，提升自信。

其次是，夫妻生活不要再以是否能满足彼此性愿望作为衡量夫妻感情的唯一手段。丁女士自己**先暂时进入禁欲阶段**，不要让丈夫周为了联络夫妻感情而勉强自己做不想做的事情，然后以热情的姿态从生活上照顾他，经常主动和他聊聊天，**通过交流来拉近彼此的心灵**，这期间即使有再次"失手"，也不要计较，而要宽慰他，千万不要通过挖苦或者冷漠、怠慢等表情来表达自己的不悦。以坦率的精神和放松的状态，经常坐下来交流交流，在家庭里创造一些轻松的氛围，并主动邀约他出去散步或者观赏电影等等。慢慢地通过情感的连结和彼此的信任，就可以彻底解决周先生"性无能意念综合症"，只要坚持做，半年以后一定会完全治愈。

1. 尊重不同，男人女人生理大不同

"性"对于一个男人是一个由视觉向心里转化的产物；女人是需要心理和情绪的培养或者罗曼蒂克的气氛。常有人说**"男人因性而爱，女人因爱而性"**，这句话不无道理，因男人女人生理特质大不同而表现出不同的行为反应。现实生活中许多夫妻在结婚多年后性生活呈螺旋下降趋势，多数也是因丈夫对妻子形象的厌倦所造成，他们即使不离婚，也会在私下里渴望着能够获得见异思迁的机会。**"性"，女人想一次，男人已经想了二十次**，男人的精子15天左右就会储存满，就有性的需求，所以，**夫妻应"彼此顾念"**。

2. 善于沟通，学会借力使力

对已经丧失了青春激情和爱情结晶作为感情纽带的中年再婚夫妻来说，和谐的夫妻性生活显得尤为重要，这样可以促使夫妻相依为命，忽略生活上的差异并以宽容的心态看待对方的弱点，因此，彼此要**学会良好的沟通**，即使夫妻一方不善沟通，也要学会借力使力，通过心理辅导或者得到比较亲密的家人及朋友的支持，以促进再婚家庭的稳定和夫妻感情生活的永续经营。

相敬如宾背后的恐惧

因为珍惜而害怕……**因为**面子而担心……**因为**恐惧而虚伪……因为没有因为，一切的障碍都是**你内心的投射**。

许多离异者还没有从第一段婚姻感情的创伤中走出来，又**茫然地**带着心灵创伤进入了下次婚姻中。有的在第一段婚姻中体验到了"门不当户不对，原生家庭不同"的影响所带来的后果，于是在第二段婚姻当中着重"门当户对"这项硬性条件，而**忽视了**夫妻间最重要的是"如何满足彼此的心理需求"。

蓉儿36岁，做金融工作，丈夫赵先生在外企工作，两个人于一年前再婚。两个人都有着体面的家庭背景、体面的工作。

蓉儿是一位看上去比实际年龄要小几岁的少妇，在她端庄秀气的外表背后却透着一丝严谨的神情。蓉儿说，"我原本以为从第一段婚姻中的七大姑八大姨的复杂家庭中走出来是一种解脱。我和现在丈夫赵的结合完全是那些刚性条件的门当户对，在介绍人向我陈述了他的年龄、职业、收入、离异原因和为孩子承担的责任，以及他的住房条件后，我在心里对自己说就是他了。在我们交往的过程中他始终对我很客气，一直保持着儒雅的绅士风度，我想这就是有教养的家庭出身，不一样的男人吧，但是结婚这一年多来结果却不理想，我们之间总是存在着微妙的距离感，虽然我们从没有红过脸，总是相敬如宾，而恰恰是这份相敬如宾的客气妨碍了我们的交流。比如当我为他拿衣服、拿拖鞋、端饭时，他总是习惯说一声谢谢，在我做好饭或干完家务劳动后，他会说一声'辛苦你了'。我曾多少次想和他很好地敞开心扉做一次沟通，但我们的客气关系却一直没有给我机会，再加上作为一名知识女性的我后天养成的矜持与清高，这些因素也都妨碍了我主动向他倾诉的冲动。

"可我并不喜欢他这样的客气,我更希望他能主动拥抱我一下,或者亲我一下,或者说一声'亲爱的我回来了',我希望在我们过完夫妻生活后,他能够抚慰我一会儿再离开我,而不是做完事后拍拍我的脸说一声'让我们睡吧',就不再理我了,我希望他能经常陪我去逛逛商场,甚至我还希望他能在我先睡下时,能握着我的手看着我进入梦乡。

"**我们这场相敬如宾的婚姻让我感到很疲惫**。因为我们还要在亲朋好友面前装出一份婚姻美满的幸福样子。大家都在压抑着自己的喜怒哀乐,都在克制着自己的某些东西,尤其是丈夫赵,我能感觉到他有很多难言之隐,但我又不知道如何去和他交流,我生怕碰触他伤心之处,因为我知道离过婚的男女多少都会有自己的'**暗礁**',我不想因为自己的冒失涉入'雷区',可是我又不知道该如何处理,现在我们的生活就像死水微澜的古墓派生活。"

然而,当赵先生和我交流时却说:"我没想到会这样,我还以为她喜欢眼下这种相敬如宾的关系呢?她为什么不把这一切都告诉我呢?"

我答道,"因为你没给她机会,蓉儿说她几次想和你坐下来推心置腹地聊聊天,说说心里话,但每次都被你客气的语调和表情把她挡在你内心世界的门外,让她欲言又止。"

赵说:"我没有故意想和蓉儿保持一定的距离,我只是觉得我们都是有过一段婚姻历史的人,再加上我们的年龄都容不得再去追求什么浪漫情调了,我只想保持我的稳重形象,这可能在蓉儿那里造成了误会。"

赵沉默了一会儿又说:"何况**我也担心**有朝一日我们一旦反目成仇,我的感情世界就会再次受到伤害,你可能不知道我前妻在离婚时的态度,她把我俩的隐私全部讲给外人听,甚至当着法官的面羞辱我的人格,那场离婚**让我不敢再轻信女人和婚姻关系**,**我怕**有一天我们闹翻后,蓉儿也会像我前妻那样撕破脸皮把我们在一起的老底儿都揭出来,这是让我不愿意向蓉儿主动倾诉内心感受的一个原因吧。"

赵叹口气说:"在经历了那场离婚噩梦后,我已经**不再相信**爱情和婚姻关系牢不可破的神话了,嗯,**不再相信**在这个世间还有什么无私的真情,我觉得夫妻之间永远是互相利用的关系，一旦我没有利用价值了，我可能就会被对方轻蔑，正是这个念头也是我宁愿与蓉儿保持着相敬如宾的关系，也不愿把关系搞得太亲密了。但是，我是爱蓉儿的，我很在乎我们之间的这段婚姻感情，如果她真的那么看重我对她的感情细节，那么我会努力去做的，只是我希望她能主动一些，我毕竟板了这么长时间的脸，让我突然向她表示亲昵，我可能有点不适应。"

蓉儿了解到赵的真实想法后，当天晚上便主动和赵进行沟通："我还以为你并不那么爱我呢，弄了半天你是因为受到第一次婚姻失败的伤害后，才对我仅心存戒备，**所谓一朝被蛇咬十年怕井绳**，可你不能因为你前妻和你反目成仇就否定了天下所有的女人啊，就像一部分妻子在遭遇家庭暴力就全盘否定天下男人一样，我和前夫是因为家庭的复杂关系和性格问题在争吵多年后才分手的。相反，正是因为我们在第一次婚姻中遭遇过不同程度的伤害，所以**我们才应该格外珍惜来之不易的第二次婚姻感情**，我还特别有信心和你建立起超过第一次婚姻的恩爱关系，我们在经历了一次婚姻失败后都能反思到自己身上的某些缺点，**再婚恰恰可以让我们扬长避短**，通过互补建立起更融洽的夫妻关系，如果我们都能放下内心的恐惧，都改变一下对待再婚的观念，我相信我们是可以重新获得爱情和美满的婚姻生活的。"

"刚开始他不说话，看了我好半天才开始向我敞开心扉诉说了他内心的伤痛，说到伤心处他都流泪了，他说他不是不想和我建立恩爱关系，就是因为离婚离怕了，前妻在法官面前把夫妻的隐私都揭了出来，而且在亲朋好友那里造了他许多的谣，甚至到单位去败坏他的名声，这使他对夫妻关系产生了很大的怀疑。他说，在我们结婚这一年多，他一直在暗中观察我，虽然他发现我是一个挺贤惠的妻子，但还是不敢轻易向我敞开他的内心，其实他一直**渴望**的婚姻家庭是能让他摘下面具自由放松的避风港湾，**渴望**着与妻子建立起水乳交融、亲密无间的恩爱关系，可是……恐惧，有太多的恐惧……"

蓉儿说："那天晚上，我们似乎一下子消除了距离感，我们的心因为对婚姻历史的共同遭遇和对未来前景的期盼而贴到了一起，那天晚上我们过了一次自我们相识以来最放松、最好的夫妻生活。

"从那以后，我和赵的关系**提升到一个很高的境界**，我们似乎进入了初恋的那种感觉，每次在我们晚上外出散步时，他总是拉着我的手，经常陪我出去逛商场，帮我物色合适的服装，我们不管谁先下班回到家里，总是会主动到厨房里做上彼此喜欢吃的食物，每当他看我下班后面带疲惫的样子，总会给我端上一杯热水或者牛奶，并说'我来准备晚饭，你先休息'，吃完饭后他会抢着洗碗。每次在吃鱼的时候，他总是把鱼翅弄出去再把鱼肉放到我的碗里，有时还会调皮地让我张嘴直接喂我。我觉得我们两个人还是在互敬互爱，可是我们现在之间的互敬互爱是带着对彼此的尊重，感觉到尊重背后的那份温暖和爱。"

心灵导航

两年以后蓉儿再一次来到我的课堂上学习，她对我说："我们现在的婚姻很幸福，他的女儿和我的儿子都已经大学毕业，两个孩子也经常回来聚餐，和我们相处得很融洽。我们两个彼此间在家里**可以暴露我们人性所有的弱点**，比如随意放屁、打喷嚏、伸懒腰、打哈欠、跷二郎腿，洗澡的时候我们还会挤在一起互相搓背，总之好极了。"

爱，是一切的答案。当一个男人爱一个女人时，他总是通过无微不至的生活细节让妻子感受到他对她的爱，让她获得感情上的安全感。

1. 学习爱的五种语言

肯定的言辞——在言辞中肯定、赞美对方所做的事情。

优质的时间——付出点时间，一起去散步，共度周末。

精心的礼物——能够表达出"他正在想我"的礼物。

服务的行动——为配偶做点事，生活上的服务等。

身体的接触——亲吻、拥抱、拍背、握手、同房等。

所有的这些都是在表达爱，爱的五种方式中一定有你最主要使用的"爱的语言"，夫妻双方要彼此了解对方最常用的爱之语，知彼知己，使再婚夫妻更加幸福和谐。

2. 学习情感存款——把肯定、赞美、认同说出来

婚姻家庭就如同一所银行，夫妻情感就如同钱币，当你不断地索取银行便会出现亏损赤字，家庭就出现了支离破碎和分崩瓦解；金钱是能量，是流动的，需要存储与支出的流动，情感也是能量，是流动的，只有当你相互肯定、欣赏与爱的能量之存储，你才有力量在复杂的再婚生活中平衡爱的收支，不再为爱的付出而抱怨，不再为对方的责任而计较。

3. 尊重爱的序位，彼此顾念

为自己的选择承担责任；为自己的行为承担责任；为自己的情绪感受承担责任。放下期待，保持彼此的界限，彼此顾念：

- 不是去要求，而是向内求；
- 不是去改变，而是去接受；
- 不是变完美，而是变完整；
- 不是求人爱，而是去爱人；
- 不要被激怒，而是去感激。

再婚夫妻亲密的秘诀

两性亲密关系能否幸福美满，跟双方人格健全的程度，以及与是否有心去学习、去疗愈，愿意自我成长有极大的关系。

有了自我觉知，才能很好地处理差异与冲突，深入地经营友情；而**学会有效地处理差异与冲突和刻意经营友情**，才有能力帮助自己和影响亲密之人发展更健全的真我。

两性亲密关系中"多未必佳，少能胜多"。越努力逼自己睡着，越睡不着；越逼孩子学奥数，他就越无法喜欢奥数。在两性亲密关系中你努力讨好别人，但如果别人感受到压力，产生了内疚感，就反而无法主动喜欢你和爱你。所以**爱的艺术是学会"四两拨千斤"**，不是要爱得更努力，而是要爱得更有智慧。

一、学会感情存款——怎样存进1块钱，让伴侣收到100块钱？

男人篇：女人对男人们最大的抱怨是什么呢？女人对男人最大的抱怨就是：男人不跟我沟通，不会倾听我说话，也不和我分享他心中的感受。

因此，**第一个要点是**：学习在沟通上进行存款。

对于男人来讲，请记得：倾听就是爱。不要急着给女人一些建议，当女人心中难受的时候，如果男人马上就给建议，她会觉得自己没有被理解，反而心里感到不好受。

很多时候，当女人来找你，跟你倾吐心中的痛苦时，其实她们心中已经有了答案，她来找你其实就是要得到一些情感上的慰藉与理解。男人们喜欢用语言来交换信息，目的是要解决问题，所以男人的谈话大部分都是在交换信息，但是**女人的谈话重在联系感情**，所以当女人来找你要谈话的时候，如果你能够放下手边的报纸，或是关掉电视，看着对方眼睛专心地倾听，就可以帮助你存 1 块钱，而她却能收到 100 块钱。如果你也能够把心中的一些感受跟女人来分享，那可能就是你存 1 块钱，对方收到 1000 块钱！因为当你分享心中的情绪和感受的时候，可以给女人们一个心连心、彼此信任的感觉。

因此，经常用语言真诚地赞美或欣赏，比如"这件衣服穿在你身上，真好看"！可以让女人感受到你对她的爱。

第二个要点：要从小处着手。

很多时候你辛辛苦苦地工作，要给她买一幢大房子，其实情感上你只赚到了 1 分。但是，你如果能够在一天繁忙的工作中记得给她打个电话或者发个微信，问她："你怎么样？这一天过得好吗？心情好吗？"或是当她去看病的时候打电话问她："今天看医生结果怎么样？"光是这个简单的行动，也同样能使你赚到 1 分。这可以让她感受很温暖，因为女人就是需要知道她在你的思念之中。

第三个要点：常常拥抱你所爱的人，让她从中感受到你的爱。

美国一个非常有名的专栏作家安·兰德（Ann Lander）做了一个调查研究，她向将近一万名女性读者问了这样一个问题：如果让你选择和你的爱人或者丈夫"是温馨的拥抱还是性关系"，你会选择哪一个？结果，**有 90% 的女性都选择要和丈夫或情人有一个非常温馨的拥抱**。因此，如果丈夫能够常常给妻子拥抱和没有性挑逗的抚摸，可以让她感受到温馨的爱。

第四个要点：当她累的时候，主动帮她做一些家务或倒一杯热水给她。这些小小的关怀行动可以帮助她感受到你温馨的爱意。

当然，礼物也是很重要的，千万不要忘掉她的生日或是情人节。送一张小小的卡片，可以让她感受到她在你的思念中。女人就是这样，非常需要知道她在你的思念之中，所以一张卡片、一束花或是她最喜欢吃的水果等，都可以让她感受到很大的爱。

你知道吗？当你买了一个大钻石给她，你只得到 1 分，但是，如果你在路上看到很漂亮的花摘一朵回来给她，这也是 1 分，因为这代表她在你的思念之中。

所以，请记得要用这些存 1 进 100 的绝招。很多时候你买东西给她，并不在乎贵还是便宜，关键是那个心意。比如说花，花会谢，但买花绝对比送她一棵花树要好，因为花树年年开花，你就没有存款的机会。但是，如果你买花给她，你千万不要告诉她，那是大减价的时候买的。

女人篇：男人们对女人最大的抱怨是什么呢？男人对女人最大的抱怨就是：不管我们怎么做就是得不到她的满意，她们常常是挑剔或者指责。

因此，**第一个要点：就是常常赞美、鼓励男士**。

比如说，你看到他把家里的灯、水龙头等修好了就称赞他，让他知道你看到了他的努力。男士们最需要的就是女人欣赏他的才华和女人们口头上的鼓励。

当他穿的衣服跟裤子颜色不对的时候，你可以鼓励他说："你这件衣服穿在身上很好看哟！"过了两天之后再告诉他说："你前天穿的这件衣服如果再配上这一条裤子会更出色。"可以用这种方式去鼓励他成长。

第二个要点：就是学习多接纳他，而不要一天到晚想要"修理"他、改进他。男人最需要被接纳，当他感受到被接纳之后，反而比较容易改变。

男人们能感受到亲密和温暖，是在他们生活中一些固定的作息之中。所以，女人要学习经常花些时间参与他的活动，学习他感兴趣的东西，跟他一起看球，看他感兴趣的杂志，他们会很高兴的。

还有，男人也很喜欢被女人们抱一抱、亲一亲。虽然他们表面上会说"不要，好恶心"，但其实大部分的男人心中都还是可以感受到这份爱，还是很喜欢的。

第三个要点：食、色，性也！

食疗法是一个非常棒的存款方式，做一些他爱吃的东西，可以抓住他的心。有人说：抓住一个男人的胃，就抓住了他的心！

此外，对男人来讲，性是一个非常大的需要。男人大多是通过性来感受到爱，而大多数女人却正好相反，女人是必须要先感受到爱，才能在性方面有所反应。也许在这个方面，男人可以先学习去抓住女人的心，而女人也可以试试看，虽然说心中不情愿，有时候还是可以给他一个性的满足，再观察一下他的反应，总之，男女双方要彼此多疼惜、多体贴，用对方爱的语言先来疼惜对方。

在性的这方面，其实技巧不是最重要的事情，心才是最重要的。要有和谐的性关系，有一句非常棒的话，那就是对男性来说，长度、硬度不如你的态度；对女性来说，深度、紧度，不如你的温度。

最后，请男人和女人都记得，如果能够常常自我反省说："我的这个行为到底让我们更亲近呢？还是更疏离呢？"这样会对夫妻关系很有帮助。

另外，还可以常常问对方："从1到100，你现在爱的账户里大概有几分？"比如对方现在的账户里只有40分，你可以问对方说："我怎么样可以让你爱的账户从40分变成41分或者更多呢？"

当女人们慢慢提高了自己的自尊和自我价值感的时候，对男人的期待通常会慢慢降低。所以，学习怎么样让自己快乐、幸福，是一件非常重要的事，这样给男人的压力就比较少，他们反而容易去改变。从小处着手，可以帮助夫妻增进彼此的情感。

二、建立夫妻亲密关系的关键是：建构"健全的真我"

因为一个真正幸福的婚姻不是一个"巨婴"加上另一个"巨婴"。幸福的婚姻是乘法：**一乘以一得到一**。只有两个健全的、完整的人，才能有效地处理冲突，善于经营婚姻。

伴侣是最可贵的镜子……你可以借此找出你的反应背后隐藏着什么，你或许会发现长久以来一直携带着的某些创伤和内心深处的阴影，那也许是你童年或年轻时的一段伤痛，也许是已经好几世以来的东西，在婚姻中你可以去面对那个经验，那正是自我认识和自我觉察的最佳机会。

遗憾的是，多数人都不喜欢这样"被显露"出来，因而一再否认和排斥那面照出自己真实面目的镜子，那就是**婚姻失合的原因**。

既然结了婚，不能像换工作那样潇洒地一走了之，彼此只能努力"重修旧好"。然而就在这一次又一次"重修好合"的过程中，两个不合的人慢慢得到整合，这就是**婚姻的真意**。

安文化小贴士

"离婚"与"再婚"可以考验你内心安宁的指数;可以考验你平衡内在与外在冲突的能力;是考验你自我价值感高与低的契机。

你是否对上一段婚姻做了充分的总结和经验的提炼:你失败的原因?你的战利品?你缺少的"军需品"是否补足?

只有充分打扫完上一段婚姻战场,并将各种"爱、安全、自我认同等必备的军需品"补充完整,同时还要再看看天气是否允许,你才能整装待发。同时还要有这样的心理准备:没有他我依然很好,有了他我会更好。

只有这样你才能体验到什么是真爱,**爱之前必先经历痛苦**。

PART SEVEN
建立正确的家庭三角形

核心家庭是由**爸爸、妈妈和孩**子组成的，这是个典型的家庭三角关系，这个关系中包含夫妻关系和亲子关系。本书大量的案例中因为父母关系的疏远或者和父母一方过于亲近而内心痛苦的孩子，他们承载了本不该他们承载的内在焦虑和冲突，影响了他们未来生活的情感体验甚至是生命。

一个家庭需要发展正确的三角形关系。以爸爸、妈妈、孩子三个点形成一个三角形，最理想的形状则**是腰长于底的等腰三角形**。爸爸、妈妈亲密地靠近，而孩子在相对较远的地方，分别和父母双方保持同样的距离。当然，绝对的同样等距是不可能的，但如果夫妻双方能够亲密地在一起，给孩子一个可以自由成长的空间，并同时也让孩子感受到爱的连接。因此，**正确的家庭三角关系，一定是夫妻关系优于亲子关系**。

家庭教育是"教育的树根"

刘 虹

苏联著名教育学家苏霍姆林斯基曾经把儿童教育比作一块"大理石",他说,要把这块大理石塑造成"一座塑像",需要六位雕塑家:一是家庭;二是学校;三是儿童所在的集体;四是儿童本人;五是书籍;六是偶然出现的因素。家庭无可争议地被列在首位。

因此,如果把教育比作一棵大树,那么,家庭教育便是树根,学科教育及其他教育便是树干与树枝,心理学是大树的灵魂。

之所以家庭教育是树根,因为家庭教育的对象就是母亲、父亲和孩子这样特殊的三角形关系。而人类的"生命"就是借助于一个男人和一个女人生命的传递,人的"生活"也来源于这个男人和女人的筑巢,使之在这个巢中能够茁壮成长,从一个懵懵懂懂、嗷嗷待哺的全能婴儿,到渴望独立又需要依赖的矛盾;从渴望被关注、渴望被肯定被认同,到自我同一性的整合进而完成社会化功能,这每一个环节无不需要父母亲这样一个神圣的"职称"义无反顾地支持与推动。

因为人类的生存法则就是这样的无限循环,今天的父母是昨天的孩子,今天的孩子是明天的父母。因此说,家庭乃是人的第一所学校,而父母便是这所学校的校长和老师,不仅是给予孩子吃、穿、住等衣食照顾,还需要培养孩子的独立、人际交往和快乐的能力;更要培养孩子人格的健康成长。父母就好比是学校的语文、数学、音乐、体育等各科老师,考验父母的智慧、考验父母的多元化能力,因此,父母这份天职不仅是承载着人类的繁衍更是承载着人类灵魂的永续,过去那种无师自通的行为必将被**父母上岗培训**而取代。

纵观中国教育历史的沿革，中国教育曾发生过三次重大变革。

第一次是春秋末年私学的创设和随之而起的先秦时期的诸子百家争鸣；

第二次是北宋时期书院的创设和随之而起的理学的广泛传播；

第三次是清末民初新学制系统的厘定，而这正是中国教育现代化进程的端始。

每一次的变革无不是因当时社会经济发展、政治进步、文化创新和新形势的广泛影响，因此被视为中国的三次教育创新。虽然，从清末民初到新中国成立近70年中的教育事业也几经变革和创新，但是从没有在根本上改变，仍停留在文化知识的传播和人才能力的培养，"健康人格的塑造"更应是当今中国教育的当务之急。

14岁的浩浩已经是初三的学生，浩浩无声的离家出走给浩浩妈妈、浩浩爸爸和学校及社会重重的一击。浩浩妈说："浩浩小学期间成绩一直很优秀，当年以优异的成绩考上了××附中（某盛名的重点中学），那时候他是我们全家的骄傲。自从进入这所重点中学之后，浩浩就没有再高兴过，本来我们以为进入了名校应该是高兴的事情，可是由于学校的学习任务很重，他们班又是快班，班级里的孩子都个顶个聪明，每次考试浩浩都是中等的成绩，这和他自己的目标也和我们的期待差得太远了，他的课余时间就被消耗在功课作业上，他是个听话的孩子，虽然他只有14岁，已经是业余五段的围棋选手了，为了让他专心学习，我们把他下围棋的时间也取消了，开始他有点情绪，但还是听从了，我们家是严禁看电视、玩电脑和手机游戏的，有一次浩浩借了同学的游戏机回来玩，结果被他爸爸打了一顿，可我没想到他会离家出走啊……"

在亿万个中国家庭和中国式家庭教育中成长的孩子里，浩浩不是第一个离家出走的，更不是最后一个。面对此情此景，与其只是的同情和理解浩浩出走背后的心理，不如冷静地思考一下我们的教育特别是家庭教育中存在的致命因素和败笔。

教育是每个人健康成长的关键和基石，是一个复杂而系统的工程。教育应该由家庭、学校和社会三部分共同组成，而现在我们教育的残缺和教育的分割尤其家庭教育的弱点更是暴露无遗。

浩浩选择的离家出走就是一种无声的抗争；一种沉默的妥协；一种融合了理智与冲动的极端路线，对浩浩又何尝不是自我救赎呢？

但同时，对于浩浩妈和浩浩爸何尝不是追悔莫及、爱恨交织、悲伤与失望？不合理的家庭教育忽视了必要的道德观念，忽视了家庭的亲情，忽略了人格的独立与尊重。

总结以下家庭教育的误区：
第一，**过分溺爱，忽视孩子精神需求的培养**。

孩子是父母生命的延续，爱孩子是天性使然，但溺爱孩子却是人类独创的另类之爱。在世界各国的家庭教育中，中国父母对孩子溺爱的程度是首屈一指的。

除了溺爱，严厉的父母们对孩子非智力因素即对孩子精神需求的忽视也相当可怕。很多父母按照他们自己的思维方式，严重扼杀幼小孩子的心理、情感、意志和兴趣等非智力因素，正如浩浩在家里不可以看电视、不可以玩电脑游戏，很小就开始念唐诗背宋词……孩子爱玩的天性，孩子的自由、自尊等精神需求被扼杀。

第二，**心灵施暴，扼杀独立人格的树立**。

有一个关于教育的小故事很有意思，说的就是中国家庭教育和国外家庭教育的区别：一个中国儿童拿着自己画的图画让父母鉴赏，说，"你看，我画的像不像？"国外的孩子向父母说，"你看，我画的好不好？"这一"象"一"好"，仅一字之差，却有天壤之别。道理自不必多解释什么，两种不同的教育方式和理念跃然纸上。

第三，**过度控制或者过度放纵，缺乏人生远景规划**。

两个极端的现象：一是家长完全控制或者奴役孩子，父母的话一言九鼎，让你睡觉不许关门你就必须敞开门；二是家长对孩子不管不问，完全"野生生长"，父母对你从来没有任何期待，孩子怎样努力都得不到父母的认同和鼓励。无论怎样，在家庭教育中完全漠视或过分掌控，给孩子带来的后果都是不健康的生命状态。

孩子在这样过分掌控或者过分放纵的家庭中，找不到人生的航标，他们内心常感到茫然和空洞，许多家长自身都不清晰自己的人生航标，又如何指导和引领孩子的未来人生目标？因此家庭教育就是使得父母们有机会和孩子们一起成长，提升家长自身的素质。

第四，**精神灵性，孩子是父母最熟悉的陌生人**。

经常可以听到家长们这样说：终于轻松了，我孩子住校了，有学校老师管了，咱该歇歇啦。孩子进入新环境，开始与新朋友建立人际关系，孩子和父母不经常见面，见面后只能是不冷不淡的几句客套话而已。最终，孩子成为家长们最熟悉的陌生人，熟悉的是孩子的过去，陌生的是孩子的精神和未来。

第五，**性的启蒙教育，孩子顺利成长的绊脚石**。

好问是孩子的天性，从很小的时候，很多孩子就问妈妈，我是从哪来的？很多母亲会不假思索地回答：你是我从垃圾箱里捡来的，或者从哪里哪里捡来的等等。有一篇报道写过这样一则故事，一个小学校二年级的女孩经常放学后到垃圾箱里翻找东西，后来才知道她是去找她是怎样被妈妈在垃圾箱里找到的。这样的母亲编造的故事只有一个目的，就是变着法地回避"性"教育，但这也不能怪父母亲的无知，因为传统的父母就是这样一代一代地传承着中毒父母的"家训"，因此，终止上一代愚痴家长的无知，开展家庭教育势在必行。

家庭是人生的第一所学校，是每个人永久的学校。父母是孩子的启蒙老师，承担着对孩子的"摇篮教育"，**家庭教育是整个教育的奠基工程**。今天的中国教育已经不以光宗耀祖考取功名为目的，更重要的是人性的精神给养和人文关怀。让孩子从传统的应试教育中解放出来；让孩子从父母的"思想、兴趣、爱好"统治中解放出来，因此，家庭教育培训的系统化、实践性势在必行。

智慧父母这样做：不是让孩子成为听话的孩子，而是帮助孩子成为他自己和实现他自己夙愿的推动者。

智慧父母这样做： 不是只让孩子好好学习，而是自己学习"天天向上"。学习系统的"家庭教育指导师、婚姻情感咨询师、儿童情商训练师、沙盘绘画游戏师……"等等系列心理学相应课程，陪同孩子一起成长，**父母是孩子最好的身心灵指导师。**

爸爸在 家更安

赵 君

> 爸爸是天
> 为我遮挡着每一片雪花
> 父爱伟大
> 让我在他那宽广的臂膀下长大
> 世间万物
> 让我学会了如何去接纳
> 岁月年华
> 我耳边始终回荡着这段话
> 爸爸在，家更安。
> 每个家庭更需要他！

在当下日新月异的社会形态里，每个家庭作为社会的元素，都在以同样的呈现模式彰显着各自迥然不同的存在方式。然而，无论世间如何变幻，爸爸、妈妈、孩子作为家庭的基本元素，他们的互动方式以及切身的内心感受，在显现着每个家庭今天的同时，也铸就着每个家庭的明天。

我们每一个人无一不是在妈妈的子宫里孕育十个月后，来到这个世界上的。十个月和妈妈同为一体的经历，使婴儿形成了与妈妈之间那种既说不清、道不明又割舍不断的情感体验。温尼科特曾经说过这样一句话：**世上就没有婴儿这个说法**，言外之意，也就是说，每个婴儿的存在都是在妈妈的眼睛里才"看到"（镜映）自己的。

PART SEVEN
建立正确的家庭三角形

我们从小到大几乎都是在赞颂妈妈的歌曲和诗歌中长大的,《世上只有妈妈好》这首歌道出了每个人对妈妈的眷恋之情。

那么,但凡每个家庭都需要有一个完整的架构。婴儿在离不开妈妈的同时,**爸爸在哪里呢?**这也就是为何"爸爸去哪儿"这个节目深入人心的缘故。对这个节目的热捧,恰恰反映了人们潜意识中对爸爸这个家庭不可缺少的重要角色的寻觅。

为什么无论是社会主流还是人们意识层面似乎对"爸爸"这一概念没有像妈妈那样深入人心,而常被忽略呢?其实,爸爸在孩子心目中的作用没有像妈妈那样地外显,但**却在孩子的内心深处起着潜移默化的巨大作用。**

下面,我们就从婴儿的诞生说起。

每一个新生命的诞生,都是在伴随本能的驱使下形成的。首先需要经历的是"不愁吃不愁喝"的"子宫时光"。这个阶段,妈妈是婴儿本能需求的供给者,妈妈在把婴儿的需要当作自己的需要的同时,源源不断在给婴儿提供着他(她)所需的一切。其次,随着婴儿和妈妈身体的分离,婴儿依旧在"没有供给不能活"的驱使下,时刻在寻找着自己赖以生存的"粮仓"——妈妈的乳房。在吃饱喝足的同时,还在寻求着在妈妈的子宫里和妈妈"同体"的那份安全的愉悦感,此时的妈妈就是婴儿的"天"。当婴儿从经历自闭(0—2个月)——共生(3—6个月)——分离个体化(6—24个月)三个阶段以后,就相对完成了从"生命诞生"到"心理诞生"这一巨大的飞跃。由于分离个体化的产生,婴儿的角色也从"婴儿"成长为"幼儿"。随着心智的不断成熟,此时的孩子就开始寻找机会尝试着离开妈妈,到处走走、想和不是妈妈的家中另外一个人去接触,同时也用他自己的身体去感受这个奇妙的世界,来实现他自我存在的价值感。从某种程度上来说,此时的爸爸有点"受委屈",因为他不可能让孩子在知道"他是爸爸"的前提下一起玩耍,只能委曲求全,当一个孩子的"玩伴",这个阶段的爸爸内心的确会有些许失落,因为他把父爱的热情投注到孩子身上后,极难得到从孩子那里反馈回来的对父亲的爱。此阶段**爸爸的作用在于:**成了孩子心中从妈妈身边走开的第一人,也就是他的重要客体,爸爸对孩子的陪伴和呵护决定着他感知自己是否被这个世界所接纳;也就是形成孩子与外部客体链接所带来的安全感的指数。由于妈妈们在哺乳期期间劳累所带来的心理的疲惫和倦怠，再加上妈妈同时也感觉到自己的孩子已经差不多会走路了，就会不自觉地希望让另外一个人（爸爸）出面承担一些抚养孩子的义务。如果此时爸爸的角色缺失，不仅仅会给孩子带来一些心理上需求的欠缺，更为主要的是会造成妻子情绪的极大波动并形成巨大的心理压力以及产生产后抑郁的症状。如果爸爸没有及时担当起自己角色的话，有可能就会导致现实中"一个年轻的妈妈抱着自己年幼的孩子坠楼"——这个使妈妈和家人都匪夷所思的事件发生。这种事件发生，从深层次心理动力来分析，就是：妈妈内心深处感觉到了自己似乎孤立无援、精疲力竭，无法无力支撑这个现实，就会潜意识地不愿让自己的孩子也在这个境况中继续过活，心存疼爱孩子的内心感受，带着孩子一起离开这个不让自己舒服的"地方"。诚然，这种事件的发生是极其个别的，但是，这无时无刻地在给一些年轻夫妻敲响警钟。

爸爸在孩子面前及时地出现，并较好地充当孩子的"玩伴"，也会促使孩子在妈妈暂时不在场的时候，有一个稳定的心态来面对一切。现实中，幼儿园的早上那撕心裂肺的场景无一不在彰显着幼儿承受着离开妈妈所带来的那种巨大的恐惧，这是我们成年人无法感受到的。一是因为孩子在离开妈妈想独立玩耍的时候，由于爸爸没有及时地充当好孩子的安全客体，致使孩子缺乏对外部世界安全感的需求；二是因为他太幼小、太无助了。

人类有三大属性：

第一，生物属性——寻求满足；

第二，心理属性——寻求安全；

第三，社会属性——寻求关系。

当一个生命稳稳地在这个世界上呈现以后，也就是满足了第一属性；那么随着心理的诞生，第二个属性尤为关键，这一属性的安全感指数决定着第三个属性的形成。我们试想一下，如果一个人感觉不到这个世界是安全的，他如何在社会现实中和别人去建立关系呢！"**关系**"是我们人这个生物物种赖以生存的首要条件。

之后，随着孩子年龄慢慢长大，加之心智的成熟。孩子慢慢就莫名其妙地

PART SEVEN
建立正确的家庭三角形

进入到了"儿子缠妈妈、女儿缠爸爸"的阶段,正式进入到了心理学所命名的"俄狄浦斯期"(3—6岁左右)。

这个阶段,爸爸的作用再一次被推上了风口浪尖。

为此,大致阐释一下此时爸爸的作用。

先说男孩。**作为男孩**,妈妈原以为和爸爸玩得好好的儿子,不知道什么时候开始黏自己了。不管妈妈是忙碌着还是闲暇着,儿子总会一直缠着自己。爸爸稍微有点和妈妈亲近的迹象,就立刻会引起儿子的极大愤怒,**不让爸爸靠近妈妈**。更有甚者,儿子和妈妈睡的床绝不会让爸爸上,这个时候的爸爸一定要"忍耐"住儿子对自己"不公平的对待",知道那是孩子在完成他内心自己也不知道的一个情结——"恋母情结"而为之。有的儿子还会说出:"爸爸,你怎么还不出差?"(言外之意是:你走了后,就没有和我抢妈妈的了。)"我长大后和我妈妈结婚,我妈妈是世界上最漂亮的妈妈!"(完成独自霸占妈妈的愿望。)诸如此类的话。爸爸需要做的是应该耐得住性子,让儿子"放飞"一下他的梦想。如果此时,爸爸忍耐不住,对儿子大加指责并付诸强制行为的话,那就会阻止儿子自己"独占"妈妈的强烈愿望的实现,从而扭曲儿子内心深处对异性那种爱慕的感觉,极有可能影响到长大后儿子对待妈妈以外的其他女性的真实感受。随着儿子"恋母"时间的延续,父母双方在沟通达成一致的前提下,爸爸应该理所当然地从后台走向前台,让儿子离开妈妈走到自己身边,和儿子成为知心朋友。比如:经常有意地单独和孩子郊游、探亲、访友等等。儿子就会在和爸爸的互动中慢慢觉察——男人应该怎么做,知道和懂得如何像爸爸那样,做男人该做的事情。假如此时由于妈妈的自恋不让儿子离开自己走到爸爸的身边;或者是说,爸爸始终缺位,最重要的是爸爸的缺位,就会有可能造成儿子长大成人后在性别认同方面的错位。从妈妈身边离开,儿子的潜意识里会不自觉地感觉是自己激怒了爸爸,爸爸才这样做的,所以他就会在内心怨恨并害怕爸爸:为何不让我和妈妈在一起。但由于自己年幼,无力和爸爸高大的身体进行抗争,他就会自然地把这种感觉压抑到了自己的潜意识里,和爸爸进行和解。为了不受怨恨爸爸给自己带来的惩罚,随着和爸爸在一起时间的增加,儿子慢慢会去顺从爸爸对自己在行为和言语上的要求。儿子在认同爸爸的同时，也铸就了儿子人格结构中的一部分"超我"，为他以后踏入社会形成自己的行为准则和价值观奠定一个可靠的人格基础。否则，他就会"我行我素"，随意触及他人的底线，造成与他人关系上的不畅，带来内心的困惑。严重者，就会无视各种各样的规矩，把自己推向痛苦的境地。

如果儿子是在只有妈妈在场以及是在认同和内化妈妈的环境下度过这一时期的，那么就极有可能出现"伪男"现象，很多大龄男青年难以走进婚姻殿堂的原因与之也有一定的关系。

再说说女孩。**作为女孩**，像男孩一样，也是在完成了和妈妈的依恋以后，寻找妈妈以外的其他客体（爸爸）的存在，并竭力与之建立关系，为的是给自己找到一个新的"玩伴"。由于性别的差异，此时的爸爸很难像用和儿子玩耍的那些玩具一样与女儿一起玩耍，但此时的女儿或许更关注的是有一个"玩伴"在，她就心满意足了。所以，作为爸爸来说，此时的陪伴重于一切。当男孩进入"恋母期"的同时，女孩也相应地进入了属于她的必经之路——"恋父期"。进入这个时期，女儿也是特别地缠爸爸，她会骑在爸爸的脖子上"耀武扬威"，也会坐在爸爸的腿上，搂着爸爸的脖子，左右摇晃着引起爸爸对自己的密切关注。此时的女儿只想在爸爸那里得到一些在妈妈身上从未体验过的内心感受。同时，爸爸给女儿的内心感受，也就筑起了女儿长大后对除了爸爸以外其他男性的情感架构。如果爸爸在家中的角色缺失，引起妈妈的反感致使妈妈不允许女儿走近爸爸的话，或许就会影响女儿长大成人后对待异性的应对方式和链接模式。此阶段，特别需要爸爸注意的是：女孩在"恋父"期的情感反应不像男孩"恋母"期的情感反应那么强烈和外显，所以，要细心观察，并做好适时回应。更要密切关注这一个时期女儿内心世界的微妙变化和心理需求，更好地做好女儿的陪伴者。

下面说一下女孩的恋父阶段。此阶段爸爸对女孩的影响，对于她的心智进程至关重要，同时也具有不可替代的作用。由于种种原因，而致使女孩的恋父期没有顺利度过的话，她就会带着这个未被满足的缺憾，长大后在她的情感生活里不太会关注同龄男孩，而是再次出现寻求有爸爸感觉的年长者，以弥补心理上的需要。现实中出现的"大叔控"现象大都与此相关。

鉴于性别的缘故，当一个女孩度过自己的恋父期后，会重新回到妈妈的身边，去完成她对妈妈的认同。进入这个阶段的女孩，会经常出现的现象是：你一会儿看不到，她就会穿上妈妈的红色高跟鞋，从这个房间走到那个房间；拿起妈妈的口红往自己的嘴上擦；参与到妈妈洗菜做饭的家务中；梳一个和妈妈一样的辫子……这些举动在女孩内心深处都是为了完成一个对妈妈——女性的认同。如若顺利度过，女孩就较为顺利地经过了性别认同这一关。反之，女孩或许就会在认同方面出现一定的偏差。此时，爸爸在女儿面前的作用暂时或许被忽略，但"此时无声胜有声"。

女孩和妈妈在一起的时候，妈妈也无时无刻地传递着属于女人的那些"规矩"和"防范"意识，从而形成女孩内心中人格结构的一部分"超我"。

爸爸，作为女儿的第一个男性身份在内心深处所带来的切身感受和架构的男人形象。长大以后，女儿就会带着这种感受去找一个不是爸爸的男人去爱，共同走进婚姻殿堂，**爸爸再亲手把女儿的手交给另外一个男人手里，此时传递着这样一个信息**：我把她交给你了，你要向我保证，你要像我爱她和呵护她那样去爱她、去呵护她。

不然，为何有这样一句话："女儿是爸爸上辈子的情人！"

爸爸，在整个家庭里，是赖以依靠的臂膀。

爸爸，在男孩的心里，是楷模，更是方向。

爸爸，在女孩的心里，是依托，更是向往。

妈妈"温和而坚持"的态度陪伴孩子成长

王彩红

很多妈妈在养育孩子过程中要么过多地控制、要么过于娇宠,有的还在这两个极端之间反复摇摆,缺乏一致性。下面,教会妈妈运用"温和而坚持"的态度陪伴孩子成长,使孩子感受到"严中有爱,爱中有严"的好妈妈,具体养育方案如下:

方法一:只做,不说。

很多时候妈妈和孩子之间的亲子矛盾,都是妈妈说了很多的话,孩子充耳不闻。这种通过话语(这么做,别那么做)的养育方式,是妈妈们错误地将权力交给了对自己的话充耳不闻并且不按照父母之话去做的孩子的一种方式,然后妈妈们会给孩子贴上不听话的标签。

错误的说法 →	你愿意系上安全带吗? 你愿意来吃饭吗? 你可以整理你的床铺吗? (孩子的答案通常都是"不、不、不")
正确的说法 →	请系上安全带; 吃饭时间到了; 我们在离开房间前要整理好床铺; 星期六是我们洗床单的日子; 我们需要这么做,吃完饭后收拾自己的餐具,放到洗碗机里。

请妈妈在孩子很小时候就练习正确的说法跟他们说话，那么长大以后，他们在自己的家里也会按照同样的方式去做或者去管理她未来的家庭。

但是，前提是良好的亲子关系在前，方有成效！因此，成就孩子一定先成就自己。

方法二：坚持到底

"温和而坚持"，这是妈妈要谨记的"严中有爱，爱中有严"的核心理念。

坚持到底能让妈妈在教给孩子有规律生活技能的同时，极大地减轻孩子的挫折感以及内心的冲突。坚持到底是一种行为方式，也是让孩子倾听并合作的一种有力方式，当你使用坚持到底这一工具，你就会是积极而有力量并且是有边界的。

但要注意以下几点：

1. 感受孩子的感受，表达出孩子的感受；
2. 告诉孩子要做什么，而不是不要做什么；
3. 同孩子一起，找出一个解决的方案；
4. 妈妈说出自己的感受，并设立限制。
5. 用行动坚持到底。

例：王女士发现女儿总是拖到快要睡觉时才去做作业，然后就着急地请妈妈帮忙。王女士采用"温和而坚持"的态度对女儿说："我会在每晚7点到9点之间，随时愿意帮助你并陪伴你完成作业。"第一次，女儿在9点半过来找她帮忙做一项测试，妈妈微笑着说，"我知道你很着急需要我的帮助，我很乐意在每晚7点到9点之间帮你，这次你只能靠自己了。"王女士有勇气坚持自己的诺言，结果情况会大有改变。因为妈妈是在让孩子从他自己的行为中学习，

因此，妈妈们要记住，只有你不再唠叨、提醒和说教时，这种方法才管用。

方法三，妈妈要用正常的语气语调

妈妈说话的语气语调也很重要。过高的声音和带着怒气的声音——情绪失控，孩子们就会更容易采取试探行为，因为他们敏锐地感觉到你已经乱了阵脚。

作为妈妈，你的语气应该传达出这样的信息：你的目标坚定不移，你完全能够掌控局势，而且孩子们必须照你所说的去做，你对此的态度非常坚决。要

传递出这种期望的最好方式，就是用平常而平淡的语气就事论事地说出你的想法和要求。

坚定的界限并非需要严厉的口气来陈述，要让孩子相信你是认真的，并不需要大声嚷嚷、惊声尖叫或者刻意提高嗓门，如果需要采取行动的话，那么行动传递出的信息会比你的语言更有力，你只需要用正常的语气说出你对他们的要求，并且准备好随时采取行动就可以了。正如王女士，对待女儿拖沓的行为，就是用了正常的语气和坚定的语调。

因此，运用正面管教方法的妈妈，不是对问题置之不理，也不是去控制和娇宠孩子，而是在保持平静中温和而坚持的应对问题，但同时又使孩子感受到妈妈的爱！

最后对所有成长中的妈妈说：爱孩子就接受他的一切，包括孩子所有的缺点；爱孩子就陪伴他，只是陪伴没有指责；爱孩子就先爱自己；成就孩子就先成就自己！

妈妈的自我成长是脱去旧衣穿上新衣，放下旧思想，勇敢面对我执，重建人格尊严，发展健康的自我概念。

妈妈的自我成长是学会运用杯中所剩的半杯水，而不去抱怨为何另一半是空的。

妈妈的自我成长是学会接受自己和孩子的不完美，同时不断发展自己的潜力与天赋，每日在友爱、感恩、品德、学识、说话态度上求进步。

妈妈的自我成长是必须付出代价的，要面对未知、尝试新经验，扩展个人的极限，面对自己的不习惯。

因此，成长是痛苦的过程也是喜悦的过程！妈妈们，请勇敢的和孩子们一起成长吧！

孩子是未来的父母

郎 迪

你的儿女

纪伯伦

你的儿女，其实不是你的儿女。
他们是生命对于自身渴望而诞生的孩子。
他们借助你来到这世界，却非因你而来，
他们在你身旁，却并不属于你。
你可以给予他们的是你的爱，却不是你的想法，
因为他们有自己的思想。
你可以庇护的是他们的身体，而不是他们的灵魂，
因为他们的灵魂属于明天，属于你做梦也无法到达的明天。
你可以拼尽全力，变得像他们一样，
却不要让他们变得和你一样，
因为生命不会后退，也不在过去停留。
你是弓，儿女是从你那里射出的箭。
弓箭手望着未来之路上的箭靶，
他用尽力气将你拉开，使他们的箭射得又快又远。
怀着快乐的心情，在弓箭手的手中弯曲吧，
因为他爱一路飞翔的箭，也爱无比稳定的弓。
　　曾经的你是父母的孩子，现在的你是孩子的父母；父母是孩子的缔造者；孩子是父母的复印件。

爸爸妈妈，您准备好了吗？我的未来是今天的您……

未来我会是怎样的呢？

是自信、快乐、健康、成功的人？

是充满爱、善良、温柔的人？

还是……

公园里，一个三四岁的小姑娘在开心地跑着，妈妈严厉并呵斥她："跑什么跑，每次周六都要带你出来，一出来你就跑，真是累死人，再跑我就不要你了。"原本开心的小姑娘像被霜打了的茄子，蔫吧唧唧地跟在妈妈身边，丧失了所有活力。

孩子的心声："妈妈我好害怕，我不知道怎样做才是正确的。妈妈我错了，都是我不好。"

一个渴望被欣赏、渴望被肯定的小女孩，然而，今天的妈妈给了她个透心凉……

未来的我会是？

没有被温柔对待过的孩子，怎么会长成为温柔对待自己孩子的父母呢？

我们都是从孩子慢慢长成为大人，在成长过程中，我们都会经历一些事，沮丧的、恐惧的、内疚的、羞愧的、被忽视的、委屈的、愤怒的等等。这些事在我们的记忆深处留下一个个涟漪，带着这层层叠叠的涟漪，我们组成了新的家庭，孕育了自己的孩子。但在养育孩子的过程中，有一些涟漪竟然慢慢变成了波浪，甚至汹涌到倾覆我们的生活之船。

因为那些深深埋藏在内心深处的、一直没有被看见的无力、沮丧、害怕、茫然等痛苦情绪，在相同情境（养育情境）下被触发、被反射出，开始迸发出各种能量，更多时候是负能量，这个负能量是如此强大，足以毁灭我们的生活，继续毒害我们的孩子。

因为我们都是父母之子，我们感知世界的方式最先在家庭中形成雏形。有人说"我小时候特别讨厌爸爸粗暴地对待我，但是当我长大了有了孩子，竟然和爸爸的表现那么像，我也粗暴地对待我的孩子"。是的，作为孩子，我们会效仿父母说话的声音，会效仿父母的行为方式和沟通方式，并且效仿的期限长期有效。

我们的安全感、亲密感、责任感，自我概念的形成，根基都在家庭里，都在父母对待我们的方式里或者我们与父母的关系里。过去的经历会持续影响到现在，在我们成年后进入其他体系，比如新的家庭，我们往往会复制自己在原生家庭中学到的应对方式或生存法则。

但是，要知道，这些应对方式和生存法则也许并不一定适用或能够良好地运转。这些适应不良的模式和法则就会影响我们的夫妻关系、亲子关系。我们的孩子也会复制我们的这些方式和法则，不断"传承"下去。

亲爱的，为了让我们的孩子在未来成为更好的父母，请斩断这根复制的链条，请温柔地，充满爱地对待我们的孩子，让他长成为心中充满爱的、能够爱自己并能滋养他人的源泉。

心灵导航

第一，教会孩子表达爱

中国人普遍含蓄，心中有爱也不知道表达。很多人觉得自己生养的孩子，能不爱吗？这还用说吗？要知道，爱是一种情感，孩子那么小，你不说她也许真的感觉不到。

向孩子表达爱有很多种方式，可以拥抱，可以亲吻，可以直接说"宝贝，爸爸妈妈好爱你"，当然，最好的方式是形成固定的仪式。仪式是现在很多家庭缺失的东西，固定的仪式不仅使这件事情更庄重，也让人更加重视此事。

向孩子表达爱也要形成固定的仪式，比如每年生日的时候，为孩子精心挑选礼物；儿童节的时候，给孩子惊喜或者带孩子出去玩。如果关注每天的生活，那可以每天早上一个 kiss goodbye，每天晚上一个 kiss goodnight。让孩子一天都徜徉在爱的海洋中。

不过，切记，向孩子表达爱，千万不要条件化。也就是说，不要演变成，你做了什么，我就爱你，你做不好什么，我就不爱你了。条件化的爱会让孩子变得胆怯，变得畏首畏尾，因为她会害怕自己一不小心就会失去你的爱。或者，她会一味讨好你，压抑自己的个性，以此来得到你的"爱"，但最终她会丧失了自己。这都不是我们为人父母所期望的。

所以，有爱一定要说出口，无条件地向你的孩子表达爱吧，让这份爱越流动越浓。

第二，教会孩子不评判

"蠢死了，这点事都做不好，真丢人。"

"怎么这么不听话，玩具扔地到处都是。"

不评判，三个字，说起来容易做起来实在难。怎么才能做到不评判呢？

《非暴力沟通》中说"不带评论的观察是人类智慧的最高境界"。不带评论的观察，可以让我们获取更多的信息，不致主观臆断成分太多。尤其是在养育孩子的过程中，孩子的本意也许并不是我们看到的那样，但有时候，我们大人总是将自己内心的想法投射到孩子的行为上，急匆匆地下一个"评判性"的结论，给孩子戴一个"高帽"。

地板脏了，那都不是事儿，擦擦就好了；衣服脏了，那都不是事儿，洗洗就干净了；身上脏了，那都不是事儿，洗洗就白了。

所以，下次在评判开始前，减少一些自动化的反应，先闭紧嘴巴，多动大脑和眼睛，多做一些思考和客观的观察，想想自己冲口而出的话，在孩子内心呈现的是一片乌云，还是一片蓝天。

慢下来，多观察，多思考，不评判孩子，也教会孩子不评判，让孩子成为未来不评判的好父母。

第三，教会孩子尊重与自信

"看看别人家的孩子，学习、才艺样样好，看看你，废物。"

不管男人还是女人，不管大人还是孩子，我们都希望被认同，被肯定。被肯定的越多，我们越会承认自己是有价值的人。

每一个孩子生来都有独特的个性特点，有些孩子是安静的，有些是活泼好动的，有些是演讲型的。认同、肯定，就是看到孩子的价值，看到孩子独有的"亮点"，不断培养孩子的优势能力。

认同、肯定孩子，一定要从事实出发，"宝贝，玩完玩具你能主动收好，真棒"。从事实出发，能让孩子知道自己的行为被看到了，而"被看到"会让他有受重视感，会觉得自己很重要。一个经常"被看到"优点的孩子，也能学会"看到"他人的优点。

一个经常被肯定、认同的孩子，她的内心会充满相信自己的力量，她会更加尊重自己的个性，她会积极正面地看待自己，遇到困难也不会退缩，而这样的品质在未来的父母身份中同样可以发挥着神奇的力量。

第四，教会孩子沟通的技巧

"孩子这么小，懂什么呀，不用管他。"

相信，这是一些家长经常说的话。我们更习惯对孩子说一些指令性的语言："放那儿别动""快点穿衣服"，好像没必要向孩子解释理由。我们通常认为，孩子年龄还小，他们不理解我们成人的一些规则，或者我们做出的一些决定，他们只需要照做就好了。

由于孩子认知能力有限，要想让孩子准确地觉察我们的真实意图，一定要将心中的想法与他们分享，将内心的想法解释给他们听。只有当我们和孩子共享的是同一个信息的时候，孩子才不会对我们产生误解，才不会因为误解产生不安全感、恐惧、被抛弃感、无力感。

所以，不要看孩子小，就欺负他不懂事，请尊重孩子作为"人"的特性，请将所有与孩子相关的事情都耐心详细地解释给他听。这一点，不仅适用年龄小的孩子，年龄大一些的孩子同样适用，因为详细的解释意味着重视，意味着尊重，一个被重视被尊重的孩子，难道学不会重视和尊重身边人吗？

第五，要教会孩子处理自己的情绪

"你根本不理解我"，相信这句话在各种亲密关系争吵的时候都会出现，对孩子来说也是这样。冲突发生后，当你不理解孩子，不耐烦或者指责他的时候，他可能会发脾气、哭闹，也可能会隐忍、压抑。前者可能会让你头疼，后者可能表面上看起来安然无事，但是后患无穷。

要解决问题先解决情绪。当面对问题或冲突，你的情绪是稳定的，孩子的情绪才会稳定，才不会认为这件事是自己的错而因此内疚，才会在心里种下一颗平稳、自信的种子，在成长过程中发芽并长成为稳固的人格大树。

当你关注了孩子的感受——"你是在生气吗？我看到你现在很生气的样子"。

理解了他——"我知道你现在想看电视，但是我们却不让你看，这让你有点生气"。

接受了他的情绪——"你有这样的情绪很正常，妈妈有时候也会这样"，与他共情，他的情绪才会平稳下来。

也许他还不会表达，但是他小小的脑袋瓜里已经发生了神奇的反应："妈妈或爸爸是爱我的，我是被接受的，他知道我要什么，或想什么"。有了这个前提，后续你的问题解决办法或者建议，他才能听得进去，你才不会总是因此而焦虑。

所以，耐住性子，稳住情绪，教会孩子处理情绪的方法，不仅能处理眼前的冲突，教孩子情绪管理，成为情绪稳定的人都有很长远的意义。

拥抱你自己

艾 香

> 向内看的人醒着,向外看的人做着梦。
>
> ——卡尔·荣格

"醒着" 意味着了解,了解自己,了解他人,了解社会,能在适当的时候自然地做恰当的反应,并且你的本质是广大、无条件且自由的,能容纳一切。

女子安天下安,心安天下安,只要安定下来,世界就是你的!

安是什么?

安就是让我们安住当下,安住于心,安住于身,安住于神。

在我们大量的心理咨询案例中,可以毫不夸张地说,百分之九十的人是把自己丢了,丢在了内在不成熟的自我里;丢在了内在那个过于承担的小大人自我里;丢在了那个曾经缺失了爱的自我里。换个具体点的说法,就是丢在了"责任"里,丢在了难以逾越的小时候父母对我们的要求里,丢在了免除焦虑的从众心理上,丢在了不能自拔的感情中,丢在了控制不住的情绪里……

安,意味着一个女人要有一个家,也意味着家里要有女人,也意味着这个家不是外部栖身之所,而是自己的身和心在一起,身心在一起才是安。一颗出走的心,向外到处去找栖身之地,颠沛流离,寄人篱下,是不可能"安"的。

如何安住呢?

安,从爱自己开始,爱,从拥抱自己开始,让心回家,和自己来一次心的亲密之旅吧!

一、爱自己，停止抱怨，为所能为，为所当为

一位中年女性向我倾诉说："我这一辈子都没做过对不起任何人的事，都说我是好人。我忙里忙外，到头来却得不到家人一个'好'，还嫌弃我管得太多，我屈死了。"我说："您不能算'好人'！在这世上，您至少对不起一个人。"她疑惑地望着我，我继续温和地说："您最对不起的就是您自己——您把自己丢了！"她不住地点头，热泪盈眶。

我们常听到一句话："我把心都掏给你了，你对得起我吗？"甚至这句话有可能从我们嘴里说出。说这句话的前提是，你为他做了许多，而他没有回报或没有给你期望的回报。这种有条件的付出，往往发生在亲人、恋人之间，披着"爱"的外衣，甚至牺牲自己很多利益，包括经济、自由、事业等。这一份沉甸甸的爱，让人无法回避，只能接受。

这种爱看起来很伟大，伟大到"不图回报"，只图"被人念自己个好儿"。其实这种爱非常自私。有时这种爱会让人却之不恭，受之有愧。

这种爱看起来很无私，但它也有可能剥夺了别人尤其是子女成长过程中必须亲自尝试的成功和失败，从而从中获得成就感或经验教训而使他们更加自信和成熟。

这种爱看起来不求回报，但它需要的是更大的回报——感恩。它不像市场上的一手交钱一手交货，然后各不相欠。它无法用金钱衡量，全在自己的内心感觉，他觉得对你够好时，你可能还觉得他无视你的存在。你也可能需要他考上你希望的学校或选择你希望的职业等等，当别人没按你的期望做时，失望、愤怒、沮丧等负面情绪吞噬了你的心灵，接下来，你会怎么做呢？

通常有两个方向：忍或发泄。忍的结果会使自己一身病痛，不过这也是让亲人就范的一个武器，但是杀伤力很重的武器；发泄的结果直接导致关系紧张，也不可取。

小时候，我们常常会因为想得到家长的夸赞认可而努力，长大后这种希望得到认可的模式有可能被启动成为我们的行为模式，让我们的付出显得有条

件，双方都不舒服。如果你爱自己，爱家人，就停止抱怨吧。

心灵导航：停止抱怨，活在当下，做对得起自己的女人，活出自己。只有自己最了解自己要什么，就像你的付出未必是被人需要的一样。平衡外界和自己的需求，把别人该做能做的事情还给对方，安排自己喜欢做的事情，比如：旅游、看书、访友、健身、美食等等，当然，你有你自己的追求，去做就是了。

开始让自己"变得自私"会比较困难。首先你会不经意间感到有双审视的眼睛盯着你，你会不由自主地紧张。请坐下来，做几个深呼吸，平复一下心情，内心对那双眼睛说：照顾好自己，每个人都有为自己生活的权利，我也不例外，我知道您希望我快乐，让我按照自己的意愿做，祝福我吧。克服了心理障碍后，还有个习性反应问题，你已经很久习惯为别人而活了，你要不断提醒自己，你只是把属于照顾自己时间拿回来而已。

二、爱自己，做自信的自己

很多女性把幸福和快乐寄希望于找一个疼爱自己的好丈夫、有个好工作、生个好孩子等条件的满足，否者，就是不幸的和可怜的。有时，我们会看到一个有意思的现象：很优秀的一个女孩，找一个"渣男"，摆脱（或被抛弃），再找，还是"渣男"。

出现这种情况的原因是女孩对自己没有正确的评价，自我认同感差，或缺乏爱和爱的能力。从小被肯定的少，无论多优秀，都会使女性带着自卑的阴影生活，而小时候爱的匮乏，容易使女性错把讨好当真爱，这就要撞大运了，遇到成熟的好男孩，你内心的小孩会慢慢长大，遇到"渣男"，死都不知道自己为什么会是这样。这样的关系像不像我们小时候张着小嘴儿伸着小手向妈妈要拥抱、要哺育啊？小时候如果得不到妈妈的哺育，我们的生命会受到威胁，是件很可怕的事情，我们还需要妈妈拥抱我们来确定我们是可爱、值得爱和生命是有保障的。那时妈妈是全能的保护者，她保护我们顺利成长。

爱情婚姻关系中，最好最持久的关系是让自己与他站在同一个心理高度，不接受他俯视，像两棵树，肩并肩却各有各的天空，

 心灵导航

提高自信心。你需要区分小时候父母对你的指责挑剔是否正确，你真的就那么"差劲"吗？寻找答案有几条途径：一是从周围人对你的认可中了解自己并不像父母说的那样；二是自己跟周围人比较，发现自己的长处；三是不跟别人比较而只是有意识地发现自己的优点，并把它写到一个你能常看到的地方。比较的结果如果是不错的，你还有什么可自卑的呢！记住，我们小时候常有个"别人家的孩子"把我们打败，所以增强自信要跟一个人比优点，而不是"别的女人"优点的总和。四是让自己兴趣爱好丰富起来，同时，掌握更多的技能，使自我效能感提高，使自信不仅成为一种感觉，更有能力的支撑。

长久稳定的婚姻关系，是靠相互欣赏，两个人精神上需要门当户对，而不是对方的怜悯和施舍。其他关系也同样需要"两情相悦"，讨好奉承等都不是很好的方式。对事也是如此，相信成年的女性朋友都有了很多的经历，在遇到那个人之前我们也有快乐，也把自己管理得很好，我们不再需要谁的哺育也能让自己生命存在下去，很好地生活下去，所以，相信你也有能力经营好自己的家庭或坚定地与婚姻告别。做到这些，你只要克服心理上的不自信就可以了。

三、爱自己，找到自己的使命和人生目标

每个人来到这个世上都有自己的使命，充分发挥你的优势，做自己生命的主宰而不是陪衬他人的背景。没有目标的人生就像没有靶心的射击，能量不知道朝那个方向聚集，浪费生命和精力。我说的使命和目标不同于成功学上的使命和目标，你不需要一定得出人头地衣锦还乡给别人看，只要确定那是你内心想要的就好。当然，你也可以有背负改变世界的大使命，这个世界本来就是能量越大责任越大，这个动力来自你的内心而不是外界的欢呼赞美，所谓"你若盛开，清风自来"，这样你才不至于迷失。

四、爱自己，调整你悲观消极的态度

小时候邻居老偏家的盲人老婆去世了，盲老婆是婚后害眼疾盲的，为治疗

眼疾病花掉了家里所有的积蓄，家里是家徒四壁，留下四个未成年的孩子，老大不超过七八岁，最小的男娃还在吃奶。邻居劝他把第三个孩子送人，既能换些钱粮也减少些负担，可他不舍。那年三十儿晚上，老偏带着孩子们借了些面粉包了一锅盖饺子被老鼠偷吃完了，大年初一的第一顿饭他们吃的是玉米粥加咸菜。但他每天都乐呵呵的，常高兴地跟大家说：看着孩子们一年一个样儿，真高兴啊。老偏由贫穷的代表成了大家学习的榜样，每遇到谁说自己不容易，就会有人说：你不容易还有人家老偏难吗！

美国著名心理学家塞里格曼研究表明，人对待问题的看法有积极和消极两种。积极的看法带来积极的行动，消极的看法则相反。

老偏是不幸的，老婆去世、孩子年幼、饺子被偷吃……相信艰难而漫长的岁月中，一定还发生了许许多多"难事儿"，老偏没有怨天尤人，心里充满了希望，把那些不易统统看成孩子们成长过程中的必经之路，家里始终洋溢着欢笑，孩子们在欢笑的滋养中长大，这种积极面对生活的态度给孩子们巨大的精神财富，后来孩子们都有了自己幸福的家庭。

反过来，我们做个假设，假如老偏整日愁眉不展、痛苦不堪，再不行，拿孩子撒撒气、酗酗酒，孩子们在贫困和恐惧带来的身心双重压力下长成什么样，不堪设想，甚至，有理由怀疑他们能否顺利长大。

塞里格曼认为，人的乐观或悲观性格是从幼年抚养人对自己的看法和抚养人自己对待世界的看法中就形成了。可喜的是，乐观是可以习得的，乐观需要妈妈这个家庭角色创造环境和创造幸福的能力，因此成就孩子一定先成就妈妈。

心灵导航

一是任何事情不要总看阴暗面，阻碍自己去行动的反面就是光明，成功的销售人员大都是乐观的人，他们在遭到无数次拒绝后依然坚信下一个也许会成功，爱迪生在寻找灯丝材质时失败了一千多次，依然乐观地说"我排除了一万种材质不能用"，才有了最后的成功，当然，生活中大概用不了那么多的失败，若你不是天生的乐观主义者，只要将自己的悲观适当减少些，让其更接近事实更有利于心理健康和执行力就可以了，所以，你完全可以驾驭自己。二是当你感到沮丧时，停下你的负面思维，想想这种沮丧来源于哪里？也许它只是你童年失败的记忆或小时候父母对你的评价，告诉自己，那是过去，我长大了，我已经有能力把这件事情做好了！一个身心俱已长大的你，完全有能力面对生活中遭受的一切！

五、爱自己，调整你的不合理认知

生活中常常会看到一些看上去令人羡慕的人，自己却感到逃不脱的痛苦，而那些看上去有种种不容易的人却像朝阳一样，充满朝气地生活。家家有本难念的经，人人有首难唱的曲。相信那些痛苦的人有我们不了解的苦衷，但更多的，是你对你认为造成痛苦的原因的看法出现了偏差。

认知心理学认为，造成人们负面情绪的原因，往往是你对发生事件的看法，而不是事情本身，而这种看法往往是不正确的或失效的，所以叫作"不合理认知"。不合理认知有很多，归纳起来大致有三类：以偏概全、糟糕之极和过度概括。

张女士和丈夫感情很好，不幸的是，丈夫车祸意外身故，张女士感觉天塌了，痛不欲生。

中年丧夫是人生悲哀之一，悲痛至深可以理解，但她的"天塌了"了的感觉就是"以偏概全"的不合理认知。想想，除了丈夫，她的"天"还应该包括：父母、子女、事业，甚至其他。丈夫固然重要，但事实不能改变，我们能做的是调整生活重心，过一段丈夫不在的日子。这让我想起了杨绛先生，她在晚年很短的时间里相继送走了爱女和丈夫钱钟书先生，内心不知经历了什么，但她又淡定地独自走完了十几年的岁月，完成了许多巨著，令世人敬仰。张女士的不合理认知如果超出正常哀伤期一直持续下去，可能影响身心健康和工作生活，就要找心理咨询师进行咨询调整了。

所以，很多时候，在事实无法改变的前提下，你需要调整不合理认识达到内心和谐。

 **心灵导航**

一是当你意识到自己有不良情绪时，冷静下来，想想发生了什么事儿，这件事儿发生时你想到了什么？心理学上称之为"自动思维"，你会发现，你的这个想法有可能是不正确或荒谬的，或者是正确的，但它可能是功能不良的，因此你试着去寻找替代的有积极意义思维来改变情绪和行为；二是要时刻记住，改变能改变的，接受不能改变的，让自己不过久沉浸在负面情绪中，否则形成习惯再启动行动程序将付出更大的代价；三是当自己觉察到靠自己的力量无法摆脱负面情绪时，倾诉、找同盟陪伴和提醒你是有必要的，这不丢人，寻求帮助是成熟的应对问题方式；四，这和上一条有些像，就是你的不合理认识，很可能来自童年被教育的经历，和你的核心信念有关，这时候，找个心理咨询师就更是明智之举了。

写在最后——

杨绛先生曾经说："我们曾如此渴望命运的波澜，到最后才发现：人生最曼妙的风景，竟是内心的淡定与从容。"

当你真正从内心深处知道，我是值得爱的，不管我觉得自己怎样，不管我在想什么，不管我举止如何，不管我外表如何，不管我是健康还是有病，不管我来自何种家庭，不管我做什么工作，不管我做出怎样的成绩，不管我拥有什么，不管我这一生做了什么，不管我是谁或者干什么……你就获得了一份内心的淡定与从容、平和与富足。

平和，富足，美好，自我价值感高，不依赖外界进行身份认同，有自己热爱的事业（或仅仅是事情、爱好），并享受每个过程给自己带来的喜悦，就像一场奇妙的旅游。爱安于心而显于外，何愁世界不爱你！

去除外界给我们的束缚，无条件的爱自己，拥抱自己，安住于当下，安住于心，安住于家，让女人安住于家的爱，让家的爱彼此流动，**让妈妈的爱永相伴。**

后记
POSTSCRIPT

让爱回家

孩子因你而来，不是为你而来！

所有看到此书的妈妈们，你好！从拿起这本书的这一刻，你就为成就你的孩子迈出了一步，踏上了一个从普通的妈妈向智慧的妈妈转变的幸福之路。我相信你非常爱孩子，并愿意为此付出努力，但很多时候结果不如所愿，究其原因：你不是不爱，而是不会爱；你不是不爱，而是不懂爱。

《成就孩子先成就妈妈》这本书，以大量真实的生活案例，来解读我们家庭中的亲子关系、夫妻关系、父母关系、兄弟姐妹关系，尤其是妈妈角色在家庭中核心纽带的重要地位，以心理学的视角来解析目前"中毒"家庭背后的心理成因和"剪不断理还乱"、"爱恨情仇"的心灵奥秘。这是一本既有问题现象的呈现，又有方法传授的实用书籍。

《成就孩子先成就妈妈》其核心就是唤醒妈妈们主动去学习，并在学习和教育孩子过程中探索出一套适合自己孩子特色的教育方法，使家庭成员都会爱、懂得爱，让爱归位，做合格的父母，沟通顺畅，让爱流动，懂得尊重"自己、他人、情境"这三个维度，做自己的好父母，尊重爱的序位。

知道不一定做到，大部分中国家长都"理论大于实践"，为了让更多的妈妈们踏上成长之路，安先生工作室为你提供了更多的公益课堂和免费课程（请关注公众微信"安心社"），希望智慧的妈妈们通过看书、听课学习后知行合一，让我们的妈妈们"习"起来、"做"起来——成就孩子先成就妈妈！爱是需要方法的，方法是需要学习的，通过学习成就妈妈，你的孩子会越来越优秀，你的家庭会越来越幸福。

刘　虹

临床心理咨询师　家庭教育专家

参考文献

1. 赵学林《再婚家庭状况调查》北京 经济日报出版社 2002.4
2. 郭阳《单亲妈妈教子方案》北京 中国妇女出版社 2007.11
3. 林文采《心理营养》上海 社会科学出版社 2016.3